胥口放舟入邓尉

吴眉眉　著

凤凰出版社

总　序

范小青

我从小在苏州长大，刚懂一点事，刚用眼睛看世界的时候，看到的就是苏州，而在苏州的几十年中，大部分时间都生活在吴中，住在吴中，吃在吴中，行走在吴中。虽然不敢说已遍历吴中山水，尽观吴中风物，但那青山绿水以及悠久而深厚的历史文化气息，就像阳光雨露那样滋润着我。许多年来，无论我身在何处，眼前总会浮现出一幅幅引人入胜的画面：春天光福的梅花，夏天太湖的碧波，秋天陆巷的落叶，冬天灵岩的风雪，还有那水巷橹声，粉墙黛瓦，小桥流水，太湖三白，石家十菜，乃至农家小院里的吴侬软语……既让我沉醉，更让我怀想，让我遐思。吴中不仅是典型的江南鱼米之乡，不仅集天下山水之秀，集天下工艺之精，集天下饮食之美，更是文化丰厚，人物鼎盛，人文历史源远流长，并且形成了风雅、秀慧、细腻、柔和的文化特征。

追溯吴中历史，当秦始皇统一中国之前，就置吴县，为会稽郡首县，千百年来都与苏州郡城同城而治。因为吴县是春秋吴国的中心，迟在汉初就别称“吴中”，后来的苏州，甚至以苏州为中心的更大范围，也别称“吴中”。直到 2001 年，分吴县（市）设吴中区，一个流芳千古的地方别称，正式成为地名。

吴中文明的曙光，出现在远古时期。三山岛遗址是长江下游惟一发现的旧石器时代文化遗址，它将长江下游特别是太湖流域的人类历史推至一万年前。张林遗址、陈湖遗址发现了崧泽文化、良渚文化的大量典型器物。近年木渎境内春秋古城遗址的发掘，被列为 2010 年中国十大考古发现，它对“吴大城”的研究提供了颠覆性的最新资料。迄至于今，吴中区下辖七个镇中，有三个中国历史文化名镇，两个江苏省历史文化名镇，五个中国历史文化名村，六个中国传统保护村落；区级以上文物保护单位一百二十四处，其中全国重点文物保护单位七处，江苏省文物保护单位十九处。就非物质文化遗产来说，总有五十项，其中联合国教科文组织一项，国家级四项，江苏省级五项。在一个七百四十馀平方公里的区域内，拥有如此众多、如此丰富、如此厚重的文化积淀，实属罕见。

崇文重教，人文化洽，这是吴中代代相传的优秀传统。进入二十一世纪的今天，更应该将前人留下的物质和精神财富传承下去。中共吴中区委、区政府审时度势，作出了编辑历史文化丛书《吴中文库》的决定，并由我来主持此事。这让我十分惶恐，深感力有不逮。但吴中区委、区政府对文化传承的那份热情和真诚，让我深受感动，更何况我自己深受吴中大地恩泽，能够为吴中文化的传承和推广作一点自己的努力，也是一种荣幸。说起《吴中文库》的编辑，不能不提到我的故交，吴中区委书记俞杏楠先生。他生于斯，长于斯，踏上工作岗位以来，从未离开过他深爱着的这方故土。经年累月，他对文化尤其是吴中文化有了自己独特的体会和感悟。文化是有生命的，需要呵护和打理，吴中文化与灿烂的中华文明是一脉相承的，它不仅属于吴中，属于苏州，也是炎黄子孙乃至全人类的共同财富。在他看来，发掘、整理并用文字和图片来记述吴中的优秀文化遗产，既是对历史的负责和尊重，也是我们这一代人的使命和责任。

近年来，吴中区着力打造“山水苏州，人文吴中”品牌，以“文旅融合”、“惠民富民”为抓手的文化旅游服务业蓬勃发展。光福、舟山的玉雕、核雕，甪直的水乡服饰，洞庭两山的碧螺春、红橘、杨梅、枇杷，无不饮誉海内外；西山、东山、光福、木渎、甪直等地，逐渐成为长三角地区的经典旅游景区；香山工坊、中国工艺文化城等载体的构筑，再度张显吴中工艺大观，使全国业界精英的目光向吴中聚焦。吴中文化既是吴中人民的智慧结晶，也是吴中人民的精神家园。将文化打造成产业，铸造成品牌，在保护中利用，在传承中弘扬，让文化惠及民生，走出了一条“保护发展两相宜”的文化创新发展新路，在传承和创新中续写吴中文化的现代篇章。

《吴中文库》凡二十种二十四册，涵盖了吴中的历代人物、名胜古迹、风物特产、民风习俗、工艺文物以及诗文等地方历史文献，无论是涉及的广度，还是深度，都堪称吴中历史文化的集大成者，可读性、观赏性、史料性并存。作为一名文学写作者，我还深切地感受到，吴中清丽的山水和璀璨的文化，也是文艺创作取之不尽、用之不竭的源泉和宝库。

在《吴中文库》即将付梓之际，请允许我代表编委会，向所有作者和摄影者，向凤凰出版社和编辑者、装帧者，表示由衷的感谢和深深的敬意。

2014年10月18日

目　录

小 引

天目山馀脉向东北延伸，由东岸散入太湖，在陆为山，在水为岛，大致形成四组山丘岛屿群：七子山至东洞庭，穹窿山至渔洋山、长沙岛、西洞庭，邓尉山至潭山、蟠螭山、漫山岛，东渚至镇湖。凡湖山交错的地方，呈现原野锦绣、河渠纵横的景观，而隐隐青山，迢迢绿水，间或衬着片片渔帆，映着峰峦塔影，组成一幅幅动人的画面。

归有光《吴山图记》说："郡西诸山皆在吴县，其最高者，穹窿、阳山、邓尉、西脊、铜井，而灵岩吴之故宫在焉，尚有西子之遗迹。……而太湖汪洋三万六千顷，七十二峰沉浸其间，则海内之奇观矣。"那里峰连岭接，层林叠翠，而诸山之胜，也得之于碧波万顷的太湖。山上树木葱郁，清泉潺潺，名刹古观，园墅楼台，殊特妙好；湖上波光粼粼，帆影点点，阴晴雨雪，烟鬟镜黛，不可名状。正由于山光水色与人文故迹相得益彰，胥口、香山、穹窿山和光福诸山水，也就成为天下的胜观。

就形胜而言，胥口最为险要，"吴大城"以此为门户，故旧时无事则设汛稽查，有事必驻兵扼守；香山与穹窿山连属，南址近太湖为胥口，与胥山气脉相接；穹窿山最为高峻，为郡之镇山，岩壑亭台，俱作赤城景象，山间泓泓清泉，明澈洁净，醇厚甘洌，不竭不溢；而光福四面皆山，中有巨浸，两峡一溪，画峦四匝，虎山桥跨其上，东称东崦，西称西崦，更有光福寺塔屹立龟山之上，风景佳妙。

郡西既有秀丽的山水，又有缤纷的花事，更有丰饶的物产。郑逸梅有《谈山家十八熟》就说，香雪海之梅列第一，二为石壁之桃，三为窑上枇杷，四为熨斗柄杨梅，五为藕，六为菱，七为七十二峰阁前之笋，八为潭山桂，九为玄墓樱桃，十为桑，十一为茶，十二为野蕈，均产于马驾山中，十三为杏，十四为枣，十五为柿，则错落于铜井、邓尉之间，十六为菘，十七为玉蜀黍，十八为石斛。这"十八熟"贯穿一年四季，不但是当地重要的经济命脉，且让生活在这里的人们，眼饱秀色，鼻嗅馨香，口尝时鲜，可见"山家"的得天独厚。

旧时游历郡西山水，坐船最宜，通往胥口的胥江是苏州古城去西太湖的主要水道。在没有高楼大厦的过去，在城中西眺，诸山只是淡淡一抹，遥遥环峙。当行船游山入湖，则山夷水旷，自然可亲，一路景致伴随，风日也似乎更为清朗。文徵明《自胥口入太湖》

诗曰："蒹葭缭绕带胥塘，百里沿洄笠泽长。新水浮天波浩荡，远山沉日树苍凉。风烟西去堪乘兴，鸡犬中流别有乡。咏得鲈肥人脍玉，自敲渔榜答沧浪。"除了乘船，也可以从陆路走，坐轿子，坐马车，骑马骑驴，悠悠而行，一路赏景。可以想见，春秋佳日，西郊道上，辚辚之声不绝，一鞭残照，马嘶人声，烟色满眼，也是赏心乐事。晚近以来，还可乘坐小火轮，从阊门或胥门码头上船，沿胥江而西，薄暮时分才到太湖口岸，然而这一路风景，似乎也惟有这样才能细细领略。

虽然这种慢生活方式，被现代人所向往，但时代改变生活，随着交通设施和交通工

光福诸山

具的现代化，从古城出发，到达太湖沿岸，车程不到一小时。对很多都市人来说，途中风景固然很重要，而目的地毕竟是出行的初衷，无可苛求。本书介绍的就是今吴中区胥口、香山、穹窿山、光福一带的自然景观和人文胜迹。

伍子胥与胥口

相传胥口以伍子胥得名，朱长文《吴郡图经续记》卷下说："胥口，在姑苏山西北十二里，因胥山得名。"范成大《吴郡志》卷四十八说："胥山，在太湖口，上有伍子胥庙，舟行自此入太湖，故名胥口。或曰吴王既杀子胥，盛以鸱夷，投诸江。《史记》谓吴人为立祠于江上，号曰胥山。"就地理形势来说，东边的胥山与西边的穹窿山馀脉香山，在太湖之滨形成一个豁口，这个豁口即胥口，那是出入西太湖的主要水上门户。

胥口西受太湖之水，经木渎、至横塘，至胥门与环城河汇合。张内蕴等《三吴水考》卷三说得很具体："胥口塘，太湖之滨，两山对峙，南曰胥山，北曰香山，中界一水，为胥口。西引湖水，东北流经木渎镇，香水溪在焉。自香水溪分派，绕西山而东为上沙泾，其北落星泾、东沙泾，又东过跨塘与越来溪水会，曰横塘。由跨塘折南为走狗塘，自胥口东出胥门永安桥，通谓之胥塘。"这条水道，称为胥江，也称胥塘，人称是"吴县境太湖泄水第一要处"（金元理《太湖备考》

太湖图轴　明文伯仁绘

卷二）。相传此乃伍子胥所开凿，明张内蕴等《三吴水考》卷七说："吴相国开苏州胥口塘、柳胥港，泄太湖积水，开溧阳银林河，以通伐楚饷道。"

因胥江是西太湖进入郡城的捷径，胥口的地势也就显得十分重要，历史上成为兵家必争之地。例如嘉靖三十四年（1555）五月，倭寇进犯，焚劫木渎等处，兵备副使任环等提兵至木渎，追至胥口，倭寇逃入太湖，焚劫洞庭西山，十数日后又从胥口入，由胥江而至郡城，绕阊门、齐门外，至常熟官塘而去。故郑若曾《江南经略》卷二《胥口险要说》就说："胥口者，胥门往太湖莫釐（即洞庭东山）、包山（即洞庭西山）之渡口也。太湖东壖，两山对峙，南曰胥山，北曰香山，胥口介于其中。湖寇若从此入，则或由木渎东行而犯胥门，或由木渎西北逾灵岩、支硎而掠枫桥，犯阊门。故吴县之险，太湖为最；太湖设险，胥口为最。往年倭舶之犯洞庭，往返俱在于此，木渎镇巡司不能御也。故自胥门迄于胥口，设营者三，一曰胥门营，二曰东跨塘营，三曰胥口营，内外相维，远近互援，三者废其一不可也。"由此可见，胥口是古城门户之一，形势所在，不可不慎。

承平时的胥口，因地缘太湖，波光映照，绿树浓郁，又有竹林茅店，小帘遥招，可供吃茶休憩，如皮日休《胥口即事》诗曰："波光杳杳不极，霁景澹澹初斜。黑蛱蝶黏莲蕊，红蜻蜓袅菱花。鸳鸯一处两处，舴艋三家五家。曾把酒船偎荻，共君作个生涯。"陆龟蒙有和诗曰："雨后山容若动，天寒树色如消。目送回汀隐隐，心随挂鹿摇摇。白蒋知秋露裛，青枫欲暮烟饶。莫问吴趋行乐，酒旗竿倚河桥。"当时胥口一带景色，堪称诗情画意。由胥口而入太湖，则更是壮丽的景象，《吴郡志》卷十八说："胥口在木渎西十里，出太湖之口也。上有胥山，舟出口，则水光接天，洞庭东西山峙银涛中，景物胜绝。"

伍子胥自刎后，吴王夫差盛之以革囊，弃之于江水，吴人悯之，立祠于江上，那个地方后来就称为胥山。今胥山是清明山的西南坡，清明山作北西走向，长约三千米，最宽处约一千五百米，主峰高海拔一百九十一米，今胥王庙就在西南山下。

胥王庙，又称伍员庙、胥王祠，始建无考，自汉以来皆祭子胥于此。刘宋元嘉二年（425），吴县令谢询将庙移置山中，北宋乾道间复建胥山之庙，因岁久迷其故处，故建山上还是山下，已失依凭。明正德十一年（1516）重建，莫旦撰《重修胥王庙碑》，张鼐有《谒胥口伍相国墓文》。清初，吴伟业来游，有《胥王庙》诗曰："伍相丹青像，须眉见老臣。三江筹楚越，一剑答君亲。云壑埋忠愤，风涛诉苦辛。平生家国恨，偏遇故乡人。"乾隆中里人张绍能重修，咸丰十年（1860）毁于太平军战火，同治间里人张达言募赀重建。

1926年，李根源考察苏州西郊文物，他在《吴郡西山访古记》卷二中记道："达胥口，渡河谒胥王庙。殿悬江苏巡抚刚毅额。碑六，一、《重修胥王庙碑》，正德十一年，莫旦撰，卢雍书；二、《伍氏义烈金姬碑记》，康熙戊寅，李实撰，周钫书。三、雍正六年碑；四、《重修吴相伍大夫祠碑记》，乾隆五十四年，王鸣盛撰、李文达书；五、《吴相国伍公鸱夷藏处碑》，江从湘立；六、吴县知县蔡口口《吴相国伍公口口碑》。"李根源在《伍氏义烈金姬碑记》下注道："金姬，明伍存敬妾也。碑载金姬死义及浣纱女子事，为立双义祠，祀金姬、浣纱于胥王庙侧。今祠虽不存，两女子之义烈昭然千古，读之令人起敬。"关于浣纱女子是一个传说故事，说是伍子胥自楚国逃亡，途中遇一正在浣纱的女子，子胥对她说："后有追兵，至切勿他言。"那女子遂投江死以绝口。后人祀之，立浣纱女庙在仪真县西四十里。由此可见，伍子胥的事迹在民间流传，有很广泛的社会基础，后人编排出很多传说故事，使之更加深入人心。就道统而言，伍子胥也被历代所推崇，列入国家祀典。唐垂拱二年（686），冬官侍郎充江南巡抚使狄仁杰，奏毁淫祠一千七百所，惟留夏禹、吴太伯、季札、伍员四祠。

伍子胥并无棺椁，他的尸首置之革囊，即所谓鸱夷，然而也有安葬之地，即所谓"鸱夷藏处"。伍子胥墓的所在，众说不一，或说在浙江嘉兴胥山上，或说在湖北监利七十里梅林院，都是属于"争墩"故事。苏州之墓，记载最早，《元丰九域志》卷五平江府古迹就有"伍子胥墓"。清雍正六年（1728）吴县知县蔡益仁重修胥王庙的同时，缮葺了庙中的伍子胥墓，李根源《吴郡西山访古记》记的《吴相国伍公鸱夷藏处碑》，应该就是这次修墓时所立。

从1950年代拍摄的一张照片上可以看到，当时胥王庙殿门上有"福庇三吴"额，应

胥王庙内伍子胥墓　1950年代摄

该就是李根源见到的刚毅题额，殿前为伍子胥墓，乱石垒堆而成，呈八角形，前有石碑，墓上有两株梓树，一株上挂着一口钟，因伍子胥临终有遗言：“必树吾墓上以梓，令可以为器。”见《史记·伍子胥列传》，《正义》解释说：“器谓棺也，以吴必亡也。《左传》云：‘树吾墓槚，槚亦材也，吴其亡乎？’”墓上树梓的意思，乃在于此。“文革”前，胥口小学教师陈根大曾手绘胥王庙地形图，庙为四合院式，大门朝北，伍子胥墓位于中央，北为胥王殿，西为观音殿（供奉观世音菩萨像），东为大王殿（供奉地藏王菩萨像），庙的后门外，有一株高三米多，需四五人才能合抱的古银杏树。

至“文革”期间，胥山上的庙和墓都给毁了，古树也被砍伐殆尽。1985年，为配合纪念苏州建城二千五百年活动，由吴县文管会拨款，在胥口乡香山嘴东侧另建伍子胥墓，墓碑由胥口乡政府和吴县文管会立，上书“吴故伍相国员鸱夷藏处”。1995年，胥口民众自发集资，于故址重建胥王庙，屋仅一间，立有伍子胥及大王、本府等塑像，香火旺盛，成为胥口一带的民间神庙。

2005年，胥口镇政府筹资三千万元建胥王园，占地五十一亩，建筑面积二千六百五十平方米，有伍子胥功绩碑、胥王庙、申胥阁、吴越史馆、挹江楼、伍子胥墓等建筑错落有致地点缀其间。分墓区、祠区、园区、园外园四个部分。园内小桥流水、曲廊假山、花草树木、台榭荷塘交相辉映，四区中墓区为重点，透过“伍子胥墓”石牌坊，可以看到墓前设有祭台，由花岗岩砌成上下两层，底层面积一百六十九平方米，上层面积七十五点六平方米。四方各有三级踏步、四角缀以望柱。拾级而上，方能看清墓碑上刻“古吴伍员鸱夷藏处”八个篆字，为石灰石和花岗石镶嵌而成，由伍氏宗亲敬立。墓周以不规则石块镶边，墓上外围植一圈矮松，中部绿草茵茵。现在偌大的胥王园内仅存一截石碑，据说为明代旧物，

伍子胥像 《吴郡名贤图传赞》卷一

除此再无古迹可寻。

伍子胥自刎后，被盛以鸱夷，浮之江中，以这样的方式告别人世是悲惨的。正由于他的尸首浮之于水，成就了他作为潮神、涛神的神格，王充《论衡·书虚篇》说：“吴王夫差杀伍子胥，煮之于镬，乃以鸱夷橐投之于江。子胥恚恨，驱水为涛，以溺杀人。今时会稽、丹徒大江、钱唐浙江，皆立子胥之庙，盖欲慰其恨心，止其猛涛也。”赵晔《吴越春秋》卷三说伍子胥死后，夫差“乃弃其躯，投之江中。子胥因随流扬波，依潮来往，荡激崩岸”。袁康《越绝书》卷十四也说：“胥死之后，吴王闻以为妖言，甚咎子胥，王使人捐于大江口。勇士执之，乃有遗响，发愤驰腾，气若奔马，威凌万物，归神大海，仿佛之间，音兆常在。后世称述，盖子胥水仙也。”可见迟在汉代，伍子胥作为潮神、涛神的神格已经完备。

这一民间信仰，实出于对狂涛巨潮的恐惧，认为必有凶猛之神主之，而伍子胥正是合适的人选，他既秉性刚烈，屈死后又投尸于江，遂将两者合一。伍子胥作为潮神、涛神，其所辖范围，本在吴越一带，以后信仰转盛，不仅扩大到扬州一带，而且在荆楚以西，甚至安徽、福建、广东一带也遍立子胥庙。但一般认为，他的神职范围主要还是在长江中下游水域。

胥口的胥王庙，既毗太湖，又邻胥塘，历代祭祀，主要是祈求当地水域的风平浪静。皇甫汸《谒伍相祠》前小序说：“按志，城西南三十里胥山上有胥王庙，汉以来咸秩祀。”另外，洞庭东山杨湾有灵顺宫，祀伍子胥，创自唐贞观二年（628），《江南通志》卷四十四记道：“宋高宗南渡时，扈跸官军分道经湖，风涛不可航，祷神立应，为遣官赍金葺治，封员为忠武英烈显圣安福王。里人杨嗣兴捐地若干亩，益恢其故。”伍子胥的这一神格，

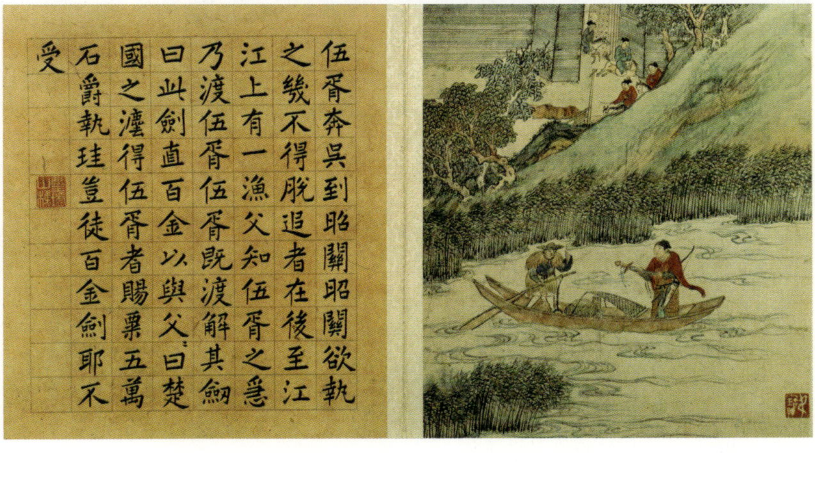

迁史神交故事图册·伍子胥逃难　明钱穀绘

与太湖的水平王相类。

伍子胥的故事，在胥口民间传播很多。如相传清初太湖大盗赤脚张三，拟入香山掳掠，因胥王庙遥对香山塘桥港，张三船过时，猛一抬头，看到胥王庙前站着一位白袍神，正居高临下地注视着他，吓得他急急返棹而去。又，张郁文《木渎小志》卷六记光绪二十年（1894）七月某日，“胥口大网船二，遇风打入田圩，水骤退，船阁不得出。舟人至镇雇数十人，曳之不动。如是二日，舟人急，乃持香虔祷胥王庙，乞借神力。下午骤雨，水涨高两尺，船遂入湖。方雨时，仅占里许，他处则微雨数点，若不知其事者。后数日，两船演剧谢神，欢欣而去。以是知风伯潮神之灵异非他祀比也”。由于胥王庙相传灵验，除春秋两祀外，平日香火也很旺，为方便乡人入庙，清咸丰七年（1857），里人张达言倡捐建桥，距庙约百馀米，跨胥江上，名曰胥定桥，为单孔花岗石拱桥，有桥联曰：“潮平震泽开明镜，波定胥江锁彩虹。”

数年前，自胥口至渔洋山建造了环湖公路，风景一带如画，胥王园就立于东方。每当节假日，看着川流不息的车潮，徜徉于湖边的人流，伍子胥那张受尽委屈而扭曲的脸，

胥王园内胥王庙

太湖公园

是否渐渐舒展，露出久违的灿烂笑容？若是圆月之夜，满天星斗倒映在胥湖上，天上与人间闪烁着同样的光芒。置身于此，恍惚间仿佛成了穿越剧里的主角，在二千五百多年前的吴国流连。

美人香山

“美人曾此浴，魂销水又香。可怜清冷泉，照此妖冶妆。不濯郎衣尘，孰比华清汤？只今开宝林，曹溪源更长。”这是元末诗人周南老《吴宫香水溪》中的几句，读着读着，仿佛回到很久很久之前那个美丽故事中。

灵岩山乃吴王阖闾离宫所在，后来夫差又增建馆娃宫、响屧廊、琴台等，成为美轮美

香水溪

奂的宫苑，吴越春秋浪漫而又香艳的故事在此演绎。那里有一条河流，西施等美人们常在此沐浴洗妆，芳香四溢，后人就称那条河为香水溪，俗称脂粉塘。

香水溪在春秋时，属于吴宫范围，陆焕《香水溪和高青丘韵》咏道："寂寂苏台月正溶，层层锦水绕吴宫。独有一溪含粉腻，美人曾浴春波红。"香水溪源自太湖，经光福东崦湖、光福塘、善人桥、石码头，又东流经木渎斜桥口与胥江汇合。自古有"香溪九里十三桥"的说法，自斜桥西北行，先后有虹桥、王家桥、方家桥、胡家桥、石马桐桥、庙桥、长史桥、高木桥、塘沥桥、福寿桥、鸾和桥、汇源桥，凡有桥十三座，前人有"十三桥畔柳，犹自舞春风"之咏。这"九里十三桥"即是香水溪的起止。入清以后，则统称木渎山塘河为香水溪。香水溪两旁婆娑的烟柳，恰似一帘幽梦，见证了吴国的兴亡。如今，吴越争霸时的刀光剑影早已烟消云散，化作一曲曲渔樵闲话，化作那古宅内的深深庭院，弄堂里的娉娉娘子，流水中的悠悠波影，游船上的软糯吴歌……

在灵岩山前，香水溪与南来的采香泾汇合。采香泾南受太湖之水，经香山而北流。香山是吴王种植香花香草的地方，西施等美人时常泛舟去那里采香，采香泾由此而得名。相传当年西施为了方便去香山，让吴王夫差开一条捷径，夫差依顺西施，叫人拿来弓箭，对着香山放了一箭，令照此开凿河道。不久竣工，果然泾直如箭，故又被称为箭泾。杨备《采香泾》诗曰："馆娃南面即香山，画舸争浮日往还。翠盖风翻红袖影，芙蓉一路照波间。"

在春秋时，香山也属于吴宫之内，张郁文《木渎小志》卷一说，其山麓有南宫，"亦吴王离宫也，在小园岭下，尚有两石门臼，宛然相对"。香山的形胜独特，岩峦秀丽，悦目怡人。自古以来，因为有西施留下的故事传说，引起很多游人的兴趣。顾闻《香山怀古》咏道："吴王昔游日，歌舞艳山川。径草承雕辇，林花避翠钿。春风开锦队，暮雨接珍筵。自爱离宕揭，俄悲战垒迁。金庭成寂寞，玉洞罢婵娟。麋鹿荒台上，松萝峭壁悬。恨留双佩月，愁入五湖天。千载沉升地，惟看牧竖眠。"香山寄托了夫差的绮丽梦境，又是夫差国破身亡的见证，人们凭吊之馀，都会感慨万分。

吴王在香山种植香花香草，相传是在北麓的大宴岭和小宴岭。大宴岭也称大苑岭、大园、上园，小宴岭也称小苑岭、小园、下园。袁学澜《姑苏竹枝词》咏道。"上下园花开满蹊，采香春女被花迷。花飞遍绕香山路，花落还流香水溪。"

香山古有香山寺，三面环山，面向太湖，据说始建于唐仪凤年间，规模不大，仅佛殿数楹而已，供乡民进香。约乾宁年间因一个传说故事，改名还带庵。徐翥先《香山小志·寺观》说："还带庵在香山嘴，唐裴晋公有香山寺还带故事，借以命名。"裴晋公即裴度，唐绛州闻喜（今山西闻喜东北）人，字中立，贞元五年（789）进士，自校书郎起，数次为相，历事四朝，他审时度势，抵制权臣，挫折强藩，名震华夷，以身系国家安危者二十年。在唐代历史上，他的威望侔于郭子仪。裴度的“还带”故事，传播很广，记载大同小异。王定保《唐摭言》卷四记道：

“裴晋公质状眇小，相不入贵，既屡屈名场，颇亦自惑。会有相者在洛中，大为搢绅所神，公时造之问命。相者曰：‘郎君形神稍异于人，不入相书。若不至贵，即当饿死。然今则殊未见贵处，可别日垂访，勿以蔬粝相鄙。候旬日，为郎君细看。’公然之，凡数往矣。无何阻朝客在彼，因退游香山佛寺，徘徊廊庑之下，忽有一素衣妇人，致一缇縚于僧伽和尚栏楯之上，祈祝良久，复取茭掷之，叩头瞻拜而去。少顷，度方见其所致，意彼遗忘，既不可追，然料其必再至，因为收取。踌躇至暮，妇人竟不至，度不得已，携之归所止。诘旦，复携就彼。时寺门始开，俄睹向者素衣疾趋而至，逡巡抚膺惋叹，若有非横。度从而讯之，妇人曰：‘新妇阿父无罪被系，昨告人，假得玉带二、犀带一，直千馀缗，以赂津要，不幸遗失于此。今老父不测之祸无所逃矣。’度怃然，复细诘其物色，因而授之。妇人拜泣，请留其一。度不顾而去。寻诣相者，相者审度，颜色顿异，大言曰：‘此必有阴德及物，此后前途万里，非某所知也。’再三诘之，度偶以此言之。相者曰：‘只此便是阴功矣，他日无相忘，勉旃，勉旃！’度果位极人臣。”

这个故事发生在洛阳龙门香山寺，并不是太湖边的香山寺，附会之由，不外是裴度拾金不昧的高崇品德，《香山小志》说“借以命名”，是不错的。

关于还带庵，明代时在后山建下院吉庆庵，俗称娘娘庙，专供渔民进香。清代不止一次修过还带庵，李根源《吴郡西山访古记》卷二说：“行经还带古刹，额嘉庆庚申兵部尚书金士松题。”同治年间，乡绅募资重修，民国年间仍有殿宇十九间，由林达法师住持。1958 年，林达法师被“献庵还俗”，还带庵成为村里的仓库。至“文革”期间，庵中建筑拆除殆尽。直到 2003 年 8 月，由明诚法师自筹资金重建，现有大雄殿、地藏殿、天王殿、观音殿、药师殿、福德殿、伽蓝殿以及山门、斋堂、僧寮等，占地六十亩，建筑面积约六千平方米。

1926 年，李根源一行自藏书庙南行出小宴岭，逾岭之南到香山，《吴郡西山访古记》卷二记道：“一路村树新绿，杂以夭桃秾李，柔艳如画，豆荚菜花复香满阡陌，真极春游之乐。出香山北麓，翠屏森削，如幛幔然。南转至香山嘴，东望胥山，南滨太湖，即水入口处，有江徐氏节孝坊祠，祠左侧倾倒石坊一，旗竿夹石四，询为谁氏墓？乡人告曰：‘此钱状元坟，及其祖墓也。’余意吴人得一甲一名，惟钱公棨一人，此必三元钱公之墓。

遂携乡人往观，旗竿夹石内有大冢一，问曰：‘此钱状元墓否？’答：‘非也。此本村岳姓坟。状元坟在上方。’登视之，距岳坟十馀丈有三冢，问之，再指曰：‘右后者状元祖墓，发坟也，向太湖，有古松一株生坟顶；左者向清明山为状元坟，状元坟左之冢，亦状元家之坟。’问：‘岳氏坟何以葬在状元家旗竿夹石内？’答：‘本山岳姓所有，非钱家山，仅状元葬坟一段，状元家所买。状元葬后不久，岳家葬此坟，为状元家所毁。岳家兴讼，县官亲来踏验，此坟断归岳家云云。’问：‘状元家近有人来上坟否？’答：‘长远无人来。’余再至岳家询问，男子外出，仅一妇人在，所答亦同。湘苓先生督学吾乡，有善政，未满任，病殁于昆明，归葬吴中。”

香山并不高，石齿嶙峋，北与穹窿相连，南濒太湖，与胥山对峙，气脉相联。山下川原平衍，丘壑无多，纵横十馀里，教场山、小横山、舟山、蒋墩等春秋遗迹点缀其间。香山占胥湖三四十里，泄太湖之水以灌输香山腹地田亩的南宫塘，沿穹窿山西蜿蜒十馀里，首东南而尾西北，自太湖入香山门户，于舟山东面西折，出吕浦桥入太湖。其支流，由郁社、姚社等处以达蒋墩，旱涝有备，舟楫可通，实在是一条十分重要的水上通道。港汊则渔帆、墅巷、梅社、花泾、唐墓门等，疏泄太湖之水以济内地，深处为南宫塘灌输不到的地方，居民常于农闲时疏浚，不使之淤塞。

南宫塘上横跨十几座桥梁，自入口处起，依次是外塘桥、兴福桥、乐善桥、中和桥、渔帆桥、水桥、方家桥、三节桥、后塘桥、西沚桥、钱忠

香山位置示意图 《穹窿山志》卷首

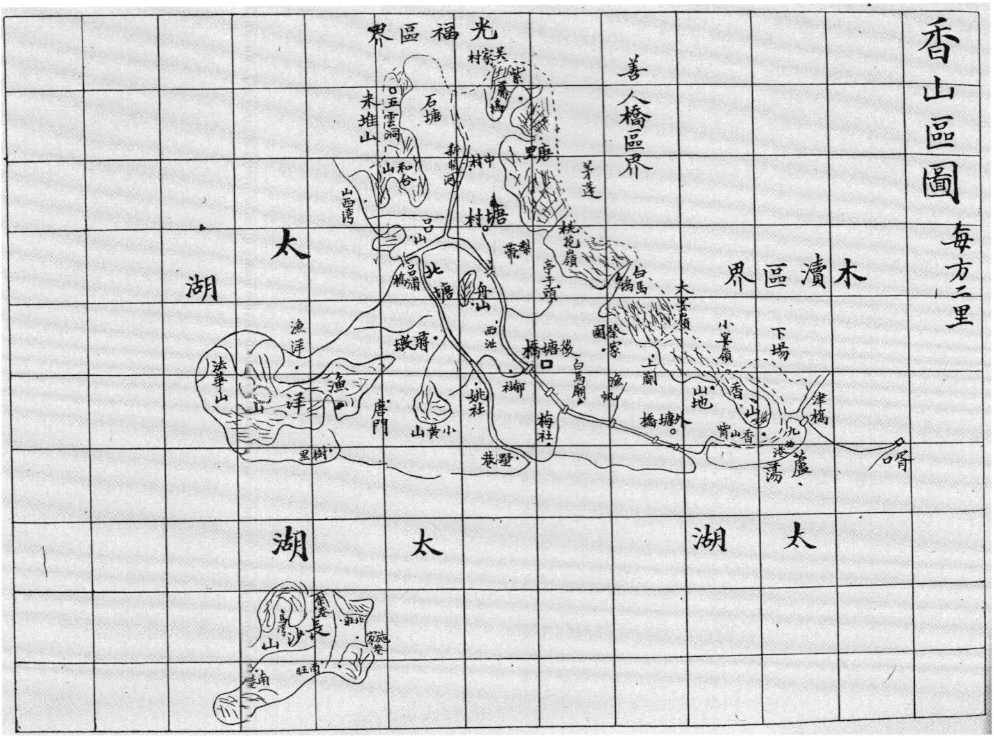

香山区图　民国《吴县志》卷一

桥、舟山桥、吕浦桥。其中的中和桥，俗称“捉鱼桥”，疑即所传专诸故事的炙鱼桥。三节桥，相传三节妇创建，光绪初重建。后塘桥，建于道光九年（1829），北堍有喻节孝坊，南堍有郭节孝坊。钱忠桥则有一个故事，说是北宋治平中，有隐士钱忠经过此地，爱其风物之美，留恋不去。一日，看到一美丽女子在塘上棹舟。不由心动，便赠诗一首，有“满目生涯千日浪，全家衣食一纶竿”之句。女子携诗而归，呈其父，其父欣赏这位年轻人的情操，将女儿许配于他。后来，钱忠携妻泛舟入太湖，不知所踪。

塘上之桥，不仅多而密，并且形制各异，或精致典雅，或伟岸恢宏，或玲珑小巧，或石阶连云，它们为南宫塘增添了亮丽的风景。而每座桥梁的建造，几乎都得到过好心人的捐助。就这样，随着一座座桥梁的诞生、修缮、重建，同时上演着一幕幕感人至深、发人深省的慈善故事。

香山南麓湖边有九曲港，东通采香泾，西接南宫塘，上跨香山桥。港深入二十有里，乃太湖舟楫之避风港也。据说伍子胥为方便去胥母山（东山）而凿。明成化五年（1469），吴县知县樊莲应乡绅禀请，将淤塞已久的九曲港重加开浚。清光绪十九年（1893），吴县知县凌焯重浚，桥梁增高，使有大船也可扬帆而过。

往西过南宫塘，沿湖是“香山帮”祖师蒯祥的故乡渔帆村，钱思元《吴门补乘》卷八记道：“香山吴璠村有蒯侍郎坟，石碣仅存，已成没字碑，应即前明加衔侍郎蒯祥、蒯福父子。今山中上蒯、下蒯二村，蒯姓尚多，或其后裔，惜无宗谱可考矣。”再西墅巷、西庄、陆家社、墅里，往北唐门，东为小横山，稍北为教场山，再北蒋墩、黄渠、沙潭、吕山，东有姚社、郁社，再北为舟山。

在香山诸多古迹中，以教场山最古老也最赋传奇色彩，相传孙武教女军、斩爱妃的故事就发生在这里。因为吴语“教场”与“小娘”音相近，前人将此山形象地比作裸女，《香山小志·山》说：“有言此山形如裸女，故名小娘山。巅平坦袤长，其胸腹也；气墩高耸，其双乳也；两臂一伸向蒋墩，一伸向唐墓之西；两股一伸向姚社，一伸向唐涧；实相寺在其胯下；后有坟起，低凹者阴也。所不足者，首为王家磡，而不与此山联合耳。”此说虽是戏言，然教场山的形势也就很清楚地展现在我们面前。

教场山较平坦，南麓的实相寺，濒临西太湖之滨，旧名实相院，南朝梁大同十年（544）重建，宋大中祥符元年（1008）赐额实相院，明洪武易名实相寺，清顺治十一年（1654）修。寺前有实相寺桥，明天顺四年（1460）重建。每年春来，这里的花事盛于他处，清人廖文锦《香山杂咏》咏道：“闻说南朝敕建来，金容千载俯山隈。算来实有庄严相，留得天花满院栽。”“五千甲楯困英雄，从此君王尚武功。十里教场行迹断，飘零石马卧秋风。”石马山就在教场山西麓，如石马孤立榛芜中。教场山北是蒋墩山，相传为吴王拜将台，此处有保华庵。

殊福庵在后塘桥南堍之西，宋高僧梵超修行结庵于此。元至正四年（1344）重修，有黄夔撰记、张澂书、梁师立篆额碑记。清乾隆间造文昌殿于观音殿后，顾潮撰记；并设

远眺香山

惜字局，名同善堂，徐华岳撰记。咸丰十年（1860）遭兵燹，同治三年（1864）绅士杨丕烈等重建，按月会文，士风大振。再西，郁社有水平庙，旧传水平王为后稷庶子，佐禹治水有功，所以百姓祀之。一说神为汉惠帝时吴人郁使君，召拜雍州刺史，郁社就是神钓游的地方。

吕浦桥北面的吕山，也称鲤山，西距玄墓山二里许，有名为汪汪泉的小庵，供奉蚕神。在民国前的地图上，米堆山与吕山之间有一座小山，名和合山，清代时山上有一座马头娘庙，也称蚕娘庙，不知是否即是汪汪泉庵。蔡云《吴歈百绝》有曰："蚕家多半太湖滨，浮店收丝只趁新。城里那知蚕妇苦，载钱眼热卖丝人。"由于过去沿太湖地区多植桑养蚕，每年蚕时赛神，被蚕农视为最重要的日子，村女个个盛装前往进香，临出门前还要再三照镜，重画蛾眉，生怕自己的妆容不够完美。廖文锦《香山杂咏》就咏道："马头娘庙闹如何，料理香篮付阿婆。换好衣裳还对镜，再添一笔改双蛾。"

每逢清明节，太湖一带常常会看到卖"蚕猫图"的场景，民间艺人用稻草扎成一马形，身披胄甲，骑在马上，扮做马明王菩萨，口中喊道："蚕将军来哉！"手中敲打木鱼、小锣，串门走户，将红纸剪成的蚕猫卖给养蚕人家，口中说唱吉利语，俗称"念佛句"。蚕农怕老鼠伤害蚕宝宝，蚕室内都要贴上蚕猫图。

离教场山不远处的小横山，形如土龙横卧，龙首东北旧有二妃庙，又称吴王庙、爱姬祠，乾隆《吴县志》卷八十二说："吴王庙在香山南址，庙貌有二妃侍，相传即孙武所诛二队长也，又曰爱姬祠，今为土神。"据《香山小志·寺观》说，二妃庙塑二妃像，"神珠冠霞帔，姿媚照人"，但"时为祟于乡里，益以村巫邪说。乡人苦之，就寝楼下塑孙武子像以镇之"。清后期改名永福庵，祀圣母，大概就是五通之母，旁袝鲁班殿，有点不伦不类。龙

张士诚像 《中国历代人物图像集》

尾之西南是西庄，旧有苏公庙，因元末张士诚据平江称王，虽被朱元璋所杀，但受到苏州人的爱戴，尊称他为苏公，西庄苏公庙即祀张士诚。当秋风萧瑟的晚上，住在附近的人往往能听到庙中传出马嘶声，说是苏公正作夜游呢。廖文锦《香山杂咏》有曰："生据三吴死一丘，庙前东望月如钩。谁知泥马嘶风意，只道苏公爱夜游。"

西庄大场以徐姓为多，据说都是徐籀后裔。徐籀字也史，明崇祯六年(1633)举人，高才博学，风流蕴藉。清康熙初，由靖江教谕迁湖北黄冈知县，平息争讼，降低赋税，爱民如子，见民居火灾，即捐二千馀金分赈，又修建学宫，补葺古迹文物，卒后葬于小横山。他著有《吾邱集》、《寓黄小草》等。据记载，清代时山上有两株百年朴树，虬枝屈曲，一仰一俯，顾盼自喜，遥望如狮子欲斗状，故名双狮树，可惜早已没有了。

姚社下马桥边有关帝阁，毁于咸丰年间，光绪年间重建。姚社还有一所范文正公祠堂，范仲淹事业彪著，妇孺皆知，香山有他的后裔居住，分布在塘桥、黎带村、姚社三处，惟黎带村范氏最著名，文人辈出，代表人物有范仲淹二十三世孙范来宗，字输尊，号芝岩，擅长书画诗词，著有《洽园诗稿》等。旧时扶乩之风盛行，凡大户人家都设有乩坛，范家也不例外，相传乩判范来宗命运说"翰苑清贵，惜乎不寿"，又问延年之术，判曰："此上天注定，非积大阴功不能挽回造化。"范来宗于乾隆四十年(1775)中进士，任翰林编修十馀年，不过当年的乩判一直是块心病，遂无意仕进，乞假养亲。

当范来宗回到故里，义庄面临衰颓，经理人变卖公产，私吞赡族经费，祠宇任由废圮。范来宗召集族人开会，力加整顿，变卖的追回，私吞的吐出，将废圮的祠宇修缮一新，一一恢复旧观。于是婚葬有助，孤寡有养，子弟有教，就这样经营二十馀年，增置义田一千八百多亩。范来宗寿至八十一岁，当时算是高寿了，或许正是他做了许多善事，积了乩坛所说的"大阴功"吧。

黎带村旧时梨树甚多，故又名梨带里。不知是否会有一天，又"忽如一夜春风来，千树万树梨花开"，素雅如云的梨花开出别样美丽，那么吴中西南的春天，又有一处胜观。

穹窿山上真观

穹窿山距苏州古城四十里，距木渎十五里，东抵尧峰、乌龙诸山，西峙凤凰、玄墓，北控灵岩、天平，南绕太湖，山势延绵数十里。它的东西两岭相趋，形如钗股，高峻深邃迂曲，列嶂攒峰，排青耸翠。以海拔三百四十二米之高，成为苏州诸山之冠，吴中俗谚道“阳山万丈高，不及穹窿半截腰”。明人吴宽《登穹窿山》咏道：“我闻吴中谚，阳山高抵穹窿半。壮哉拔地五千仞，始羡吴中有奇观。铜坑邓尉作屏扆，天平灵岩当几案。其间法华与雅宜，水边横亘如长岸。何人著山经，宜作吴山冠。但嫌地势高，山家每忧旱。舟行半日青已了，却被浓云忽遮断。水回路转二三里，依旧诸峰青历乱。人云山顶百亩平，合结茅庐倚霄汉。龙门胜迹未遑游，坐向船头先饱看。”真所谓盆盎太湖，儿孙众岭，自是独擅形胜。

穹窿之巅方广平坦，约有百亩之大，上有炼丹台、升仙台等，相传为远古仙人赤松子的遗迹。《越绝书·外传记吴地传》记道：“由锺穷隆山者，古赤松子所取赤石脂也。”刘向《列仙传》卷上说：“赤松子者，神农时雨师也。服水玉，以教神农，能入火自烧。往往至昆仑山上，常止西王母石室中，随风雨上下。炎帝少女追之，亦得仙，俱去。”“水玉”即水晶，服之为登仙初阶，然后才能达到“入火自烧”的境界。赤松子也称赤诵子，他炼

三茅真君像 《神仙传》卷五

丹所用的赤松脂，是风化石的一种，以色理细腻者为上。穹窿山不但有赤石脂，而且还产自然铜，故《初学记》引董监《吴地记》称山为“铜岭”，陆龟蒙称山为“铜阙”，而赤石脂和自然铜恰好是炼丹之所必用，于是穹窿山自然就成为江南的道教胜地。

穹窿山巅有大茅峰、二茅峰、三茅峰，依次高下，大茅峰和三茅峰极为相似，山顶宽广，状如浮笠，俗称为箬帽岭。相传东汉初平年间，穹窿山巅建上真观，祀三茅真君。《穹窿山志》附有“断碑”插图，图注说，断碑“在大茅峰，砂啮藓剥，不可辨识。依稀见‘上清司命三茅真君’字及宋延祐年号，盖信此峰有三茅殿宇。千百年来仅馀数尺残碑，掩映于斜阳蔓草之际，非施炼师于三茅峰别开堂构，则真君显化之迹，无从记忆矣”。“延祐”是元代年号，显然记述有误。不过据此可知，上真观原是建在大茅峰上，后来才移建三茅峰的。

不管怎么说，至少在宋代，大茅峰上还有一些祭祀三茅真君的建筑。《光福志》卷八说：“宋天禧间，诏天复废业重建穹窿上真道院为观。”“天复”是唐昭宗的年号，可见唐天福年间穹窿山有上真道院，到了北宋，已经圮毁，宋真宗下令重建，并改名为上真观。南宋时，上真观改名朝真观。元末，道观毁于火灾。至清初施亮生重建上真观前，那里仅剩三间破败的真君殿，且久无道士居住，负责看管的，居然是附近寺庵的僧人。

三茅真君的传说，见于《神仙传》、《三教搜神大全》、《神仙通鉴》等。三茅为兄弟三人，汉景帝时生于咸阳。长兄茅盈，字叔申，相传他出生时，红霞蔽天，三日不散。十八岁时入北岳恒山修炼，悟道三十载，四十八岁返家，后隐于江东句曲山华阳洞。他时常为百姓疗治沉疴顽疾，药到病除。他的两个弟弟仕途亨通，仲弟茅固，字季伟，官至武威太守；季弟茅衷，字思和，官至西河太守。

当茅固执金吾时，官绅父老数百人前来相送，茅盈便对大家说：“我虽不作二千石卿相，亦当有神灵之职，来年四月初三，将升天成仙，诸君能来顾如今日否？”此话谁会信呢。不料“至期，门前数顷地皆自平治，皆施青缣，幄屋下尽铺白毡，众宾并集，数乃倍于送弟时。至于金盘玉斝，奇肴异果，光景翕赫，不可名状，复有天乐丝竹之音达数里外，少顷，迎官来至，朱衣玉带者数百人，旌旗甲仗，光彩耀目，盈乃与家人亲友别，登车乘云，冉冉而去”（《穹窿山志》卷三）。两弟见了，无比羡慕，便辞官入山，从茅盈得道，羽化成仙。

据说太上老君拜茅盈为大司命君，茅固为定箓中君，茅衷为保命小君，世人又将他们分别尊称为大茅君、中茅君、小茅君，并称三茅真君。茅氏三兄弟当时都在句曲山修炼，百姓就将句曲山改名三茅山，简称茅山，为道家第八洞天。

穹窿山全景

在道教史上，有茅山派，为梁陶弘景创立，因于茅山筑馆修道，又尊奉三茅真君为祖师，故以茅山为名。此派主修《上清经》，兼修《灵宝经》、《三皇经》，以符咒劾召鬼神，兼修辟谷导引及炼丹术。隋唐时的王知远、潘师正、司马承祯等都是茅山派的重要人物。茅山与龙虎山、阁皂山同为符箓派三大道场，元时归入正一道。因为相传三茅真君掌吴越生死，神灵尤著，故江浙地方都有祀奉，苏州城里有三茅观巷，因宋淳熙中建三茅观，明成化初又重修，故有此巷名。

清顺治初，吴江人、前任永州推官吴晋锡邀施亮生上穹窿山，当时墙屋倾颓，香火断绝，特遣人下山取火，焚香发愿兴复。吴晋锡在《本山始募建殿缘引》里说："昔年远迩之捧香进者踵相接，今则寥寥矣，古观荒落，有风雨飘摇之虑。虽然真君之为灵昭昭也，岂遂昔盛今衰，焚修者无一人，钟鼓之声久绝，孰向虚空而瞻礼焉！非得有道高之人居之，欲使香火之复盛，其道无繇，亮生施炼师为法门龙象，今特延炼师偕法侣焚修此中。"

施亮生，名道渊，号铁竹道人，吴县新郭施家村人。因家境贫寒，他十三岁即上穹窿山学道，后闯荡江湖，时值明末兵荒马乱之际，据说施亮生曾投李自成部，在大顺政权枢密院工作。十九岁受礼于龙虎山学五雷法，后筑室吴山修炼，又住持于穹窿山。正由于施亮生的努力，顺治七年（1650）起，便在三茅峰上大兴土木，重建上真观。为何择地三茅峰呢？因这里山居水回，形势雄整，土石膏美，含灵聚秀，右臂东行，转身作白虎案。风水之好，自然不必说，更重要的是，穹窿山作为道教胜地，有着悠久的传统。

施亮生率众先是"创正殿，以祀三茅，创天门者三，以祀护法诸神，而大士、三元、真武旧各有像，亦创而新之，以祀焉"（《本山始募建殿缘起》）。由此开始，殿堂楼阁一一依山势而筑，占地百亩，规模宏伟，全盛时有三十六殿，殿房五千零四十八间，可容万馀

人，钟鼓之声，昼夜不绝，“几分龙山一席”的盛况不难想见。汤本沛《赠穹窿山施亮生法师》诗曰：“穹窿山势郁崔嵬，俯视群峰亦壮哉。右控洞庭螺髻出，北连邓尉象王来。雷风喷薄天心见，土木经营地轴回。宰相山中曾曳履，崆峒访道侍仙台。”又，钱继登《赋穹窿上真观并赠施炼师》诗曰：“穹窿福地镇三吴，铜岭双趁拥玉都。鱼吏自饴松下石，樵夫犹恋袖中符。紫藤春烂湖峰黯，白马秋空山寺孤。重见真人开化宇，始知尘世有蓬壶。”

顺治十五年（1658），道教五十三代正一真人张洪任因敬佩施亮生的节行，奏于朝廷，敕赐上真道院原额，并赐其养元抱一宣教演化法师的称号，从此声名更加显赫了。当时，城内玄妙观殿宇倾圮，太傅金之俊请施亮生前去主持修复工作，先后修葺了三清、雷尊诸殿堂，又重建弥罗宝阁，规模宏大，费用超万，但他分文不取。施亮生晚年云游闽越，度仙霞岭，逾五岭，探真访道，并一路赈灾捐济。康熙十五年(1676)入都设醮，大著灵异。十七年（1678）七月，他于穹窿山上真观羽化，葬在上真观左侧，彭定求撰墓表。

据说当初建上真观时，遇到如何搬运木材的大难题，于是施亮生大显神通，将一根根原木从井中拔出，相传至今尚有馀木留在井中，那口井就称为馀木井，这当然是好事者编出来的传说而已，范广宪《蠡墅杂咏》就咏道：“一角施村诞炼师，穹窿殿宇此开基。传来拔木通神井，谰语无稽未解疑。”施亮生的一生充满传奇色彩，民间流传着许多关于他设斋建醮、降伏妖魔、驱邪除病、超度亡灵、轮回转世的故事。道家研究道经，兼通医药，炼丹修行、制药行医是他们的传统，加之穹窿山上多奇异药草，施亮生常常取它们来为村民看病，更因他广行方便，得到百姓的尊敬。他一方面重视斋醮科仪、普施善举，另一方面广交地方名流，如宋实颖、凌一飞、陆世廉、郑敷教、张适、郑树珪、许王俨、俞南史、顾丁璪、卞三魁、张穆、彭定求、徐崧等，这些人个个能诗善文，纷纷为他延誉鼓吹，使得声名大著。从客观上说，施亮生对苏州道教发展作出了重要贡献，特别是将斋醮仪礼和道教音乐推向了一个新起点。

清高宗弘历南巡至苏州，曾驻跸穹窿山，《南巡盛典》卷八十五记道："穹窿山在苏州府西南六十里，相传赤松子采赤石脂于此，《吴都赋》云'赤须蝉蜕而附丽'盖指此。其顶方广，可百亩，有赤松子炼丹台、升仙台遗迹。名泉三，而法雨下注，可以溉田。东岭下有盘石，相传为朱买臣读书台。梁天监中建穹窿寺，明改为拈花寺。乾隆丁丑，御书玉皇殿额曰'穹宇清都'，又御书联曰：'百尺耸丹梯，郁罗最上；群峰环紫盖，颢气常清。'壬午，御书联曰：'太湖万顷在襟袖，穹窿亿丈凌星辰。'"高宗《穹窿山上真观》诗曰："见说古由锺，乘闲陟碧峰。上真严祀帝，四牖切祈农。奚必逢茅固，无劳学赤松。具区眼底近，可以畅心胸。"又《穹窿山望湖亭望湖》诗曰："震泽天连水，洞庭西复东。双眸望无尽，诸虑对宜空。三万六千顷，春风秋月中。五车禀精气，谁诏陆龟蒙。"从《南巡盛典》名胜图中可以看到，高宗当年的上山之路，就是现在说的"乾隆御道"。

姚鼐于嘉庆三年（1798）秋雨后游山，作《穹窿山真一观》诗曰："山前雨歇日初升，盘道穿松出雾登。匝地湖光连海曲，垂天云影落吴兴。遥遥上古思蝉蜕，澹澹秋空纵鸟凭。周览便辞高阁下，几时重宿看神灯？"写上真观所见，一片高旷疏朗。至清末民初，穹窿山上真观尚有殿宇三十六座，道房二千馀间，金碧瑰丽，宏伟奇巧，层楼叠阁，回廊曲折，不熟悉的人，要是没有人引导，真会迷途的。廖文锦《香山杂咏》有曰："危峦复磴绝攀跻，福地犹仍铁竹栖。未到仙宫三十六，斜阳已下笠峰西。"上真观在江南道观中名声甚著，春秋两季，穹窿道上，人舆络绎，殿上钟鼓之声，昼夜不绝。

上真观前馀木井

1926 年 4 月，李根源来游，他在《吴郡西山访古记》里说："舟泊善人桥，登陆游穹窿。过宝宁寺，入谷，旁建顾子山方伯文彬副室乐善好施坊。直上有凉亭、半山泉、南天门，两门大树参天，杜鹃盛开，至可玩爱。抵上真观，时际香期，远近男妇老幼来者约二三千人，山门嘈杂如市，云每六十人合一级，设醮一坛，每坛观中收费二百四十元，日有三四坛之多。山门天库纸钱灰山积，迷信如斯，可愍极矣。"当时观中尚存清代碑刻十方，书条二石，木刻九块，康熙五十九年（1720）沈必抡造铜圆炉一、嘉庆十三年（1808）陆荣庭造方炉各一，以及孤本《穹窿山志》一部。正殿有联曰："位尊而上之无上，道妙而玄之又玄。"李根源说："走狮峰北面，观施亮生墓碣，题'开山祖师铁竹施真人墓'，戊山辰向。穹窿，吴中主山；狮峰，吉穴也。彭定求表，嘉庆六年钱大昕补书。"

某年，谭正璧游光福，顺道一游穹窿山，他在《邓尉一日记》里说："时候还早，便和轿夫说明，乘便一游穹窿山。山比较玄墓为高，所以轿夫邪许之声不绝。山上有道观，规模极大，可惜不在香汛，游人也少，所以连大殿都紧闭着。吾们出观，走上山脊去，下有深谷，杳无人迹，远望太湖半湾，明媚如画，比在玄墓山看太湖，别成一种境界。"苏州沦陷时期，画家朱竹云无所事事，就邀张辛稼同游穹窿山。两人雇小船至善人桥，上岸沿着山径缓缓攀登。晚间万籁俱寂，从穹窿山下上望，见半空灯光闪烁，与天上的星星相互辉映，时现时隐，道观中的鼓钹声随风飘来，又断断续续，此情此景，仿佛置身仙境无异。

随着时间推移，上真观已不复当年盛况，但在 1950 年代，依然可称得上是江南著名的道教胜地，仍有建筑一千多间，几座主要殿宇如关帝殿、龙王殿、吕祖殿、财神殿等，画栋雕梁，饰以金箔，描以金粉，可以用金碧辉煌来形容。每逢香汛醮期，远近男女老幼仍

乾隆御道

络绎不绝地前来进香。有一次，苏州画家崔护、周天民等四人先期去灵岩、天平山，夜宿高义园。次日，崔护和周天民又翻花山，来游穹窿山。时值天雨，御道湿滑难行，过半山泉，拐弯后沿台阶直上，苍松古柏中有门楼突现，十分崔嵬，门额书“上通虚皇境”五个大字。过门楼，转弯再上，就进了上真观殿门。道士见他们被雨淋湿如落汤鸡，赶紧煮姜糖汤给他们御寒。当知道是苏州来的画家时，就拿出观藏的书画来请他们鉴赏，其中就有开山祖师施亮生的墨梅图，那是极为简单的写意笔墨，但由于年代久远，原画一裱再裱，钤印已漫漶残缺，但精气宛然，确有方外神韵。

令人心寒的是，进入“文革”的第二年1967年，造反派上山“破四旧”，有几个手持铁锤，欲先将嵌在山门墙上的几方石碑砸去。山门左首第一方是康熙元年（1662）镌刻的《穹窿山重建上真观碑记》，相传那人扔起铁锤朝碑中心砸去后，石碑安然无恙而铁锤反弹在自己身上，顿时滚下石阶，右腿折断。众人见了心生害怕，急忙将伤者抬下山去，这几方石碑得以侥幸保留下来。

消息传到苏州城里，崔护、王锡麒等急忙赶去，见上真观殿宇已全部毁坏，景象惨不忍睹。山道上，不时有人将拆下来的巨大梁柱，用绳索拴住往山下拖。昔日金碧辉煌、钟鼓悠扬、香火绕缭的地方，已面目全非，一片残殿破屋，凄凉而又阴森；枯藤老树上，乌鸦的啼声在山谷间回荡，令人毛骨悚然；昏暗的殿堂里，落满灰尘的佛幡，蛛网萦结，没

清高宗手植玉兰

穹窿山图　清高晋绘

有一丝人间的迹象；一位干瘦的老道士，蜷缩在墙边的灯台旁，张着一双无神的眼睛，呆呆地不知望向何处。

1991 年，上真观在原址上重建，恢复了头山门、茅君殿、龙王殿、玉皇殿、望湖亭等建筑和景点。值得庆幸的是，沿茅君殿廊屋南行，小道左边，原为清高宗行宫，虽然早已不存了，但高宗亲手种植的那株玉兰树还在，它之所以会保留下来，是由于树身早就倒在露台墙边，后又顽强地盘虬上长，曲度之大，恰似蟠龙，即使砍伐了也难以作材，因长相“奇丑”而逃过一劫。2007 年，由吴中区道教协会发起，上真观在原址上开始重建，现有山门、三茅殿、玉皇殿、三清阁、望湖亭等建筑。

如果在上真观南边的望湖亭西眺，与西边一脉山岭隔坞相望，这山岭就是三茅峰西北背后的大茅峰馀脉，自右至左逶迤西南，直奔浩淼的太湖而去。俯视足下，就是浓树密林的茅蓬坞自然保护区。不远处的光福诸山，起起伏伏连绵不断，太湖半湾波光粼粼，明媚如画，人道是“水是眼波横，山是眉峰聚”，秀丽的湖山历历在目，自是动人心魄。

建文帝与皇驾庵

穹窿山不仅是道家的风水宝地，也有佛教寺庵，不但有僧人，还有尼姑。一山之中，佛道并存，那是很多的，正可见得两者的兼容，清高宗弘历有《拈花寺》诗曰："绀宇祇园栖碧峋，庄严相好坐佥身。满庭白白红红者，都是无端微笑人。僧寺居然道观邻，底须同异辨疏亲。名山缀景由来久，惟愧何方牖此民。"佛道之间的互相宽容在此得到充分体现。

穹窿山的寺院，都在深幽纡曲的山坞里。茅蓬坞东有一座积翠庵，也称积翠禅寺，初建年代不详，万历间重修，明末重建，有山门、佛殿、禅堂各七楹，因庵中有一棵冲霄蔽日的菩提大树，故又有观树堂三楹。张有誉《积翠庵纪略》说，积翠庵规制简而不陋，精

穹窿山

而不靡，修篁之外，乔松森立，人在树外竟然听不见寺里的钟声和梵呗声，树林之密，可见一斑。《江南通志》卷四十四记道："积翠庵在穹窿山北，即皇驾庵。相传明建文帝逊国，曾税驾于此。万历间其名始显，崇祯末重建。"靖难之役后，建文帝朱允炆不知所终，相传从地道出逃，后出家为僧，还曾幸驾于此，皇驾庵的名字就是这样来的。不过也有人说两庵并非一处，因为相距不远，故志书混为一庵。如乾隆《吴县志》卷八十七就分作两条记录，一、"皇驾庵在穹窿山，相传明初有僧隐于此，崇祯间僧戒宣重建"；二、"积翠庵在穹窿山，宋咸祐间创，明万历间里人重建，未久倾圮，僧扩南重构"。真相究竟如何，已不得而知。值得一谈的是，建文帝和永乐重臣姚广孝与穹窿山寺院的关系。

姚广孝，明初苏州府长洲县人，幼名天禧，十四岁时削发为僧，法名道衍，字斯道。他出身医家，潜心内典，得其精奥，且旁通儒学，至诸子百家无不贯穿，文章闳严，诗律高简，又擅长绘画。初住相城妙智庵时，他又师事相城灵应观道士席应真，得其阴阳术数之学。但他从不炫耀，深自退藏，以期所遇。洪武中以高僧荐，选侍燕王朱棣，深见亲信，从至北平，住持庆寿寺。野史笔记中有更为具体生动的故事，据蒋一葵《长安客话》卷一记载，朱元璋将封十王，并规定每个王可选择一位高僧辅佐自己。姚广孝主动对朱棣表明心迹，"殿下若能用臣，臣当奉一白帽子与大王戴也"。"白"加"王"之上为"皇"字，听闻此言，朱棣喜在心里，就到朱元璋前要了他。有一天特别冷，朱棣出句："天寒地冻，水无一点不成冰。"姚广孝应声道："国乱民愁，王不出头谁作主？"朱棣听了很是受用。

建文初年，朱棣密谋发动靖难之役，姚广孝起了最重要的作用。功成后的永乐二年（1404），姚广孝被拜为资善大夫、太子少师，复其俗姓，赐名广孝；朱棣与其说话，呼少师而不称名。但姚广孝始终保持低调，命他蓄发，不肯，赐他宅第及两宫人，也不受，终年

姚广孝像轴　明佚名绘

居住寺院里，上朝穿朝服，退朝仍着缁衣。曾监修《太祖实录》，又主持纂修《永乐大典》。年八十四岁卒，赠荣国公，谥恭靖。

姚广孝生前死后，备受朱棣推许，并御制《姚广孝神道碑》，从碑文中不难看出，似乎没有姚广孝也就没有永乐的天下。就是这样一位人物，相传他初出家时，曾住过穹窿禅寺，功成名就后，又回过穹窿山。《明史·姚广孝传》有“出振苏、湖，至长洲，以所赐金帛散宗族乡人”的记载。因此，永乐年间敕改穹窿禅寺为显忠禅寺。据说姚广孝又在穹窿山前的麝香坞建净念精舍，作为退藏之所，一径而入，窈邃衍夷，凤凰山如几当其前，穹窿山如屏在其后，竹树苍翠，池泉澄渟，喧嚣不闻，靓深可爱。中奉西方教主阿弥陀如来像，取《楞严经》中大势至圆通法门净念相继之语，故名之净念精舍。又因为姚广孝在籍食禄，特筑一条运粮甃路以达寺中，称之为运粮道。

姚广孝重返穹窿山，大概与寻找建文帝有关。

洪武三十一年（1398）闰五月，朱元璋病死，因太子朱标先已亡故，传位皇太孙朱允炆，即建文帝。七至八月，建文帝接受齐泰、黄子澄的削藩建议，先后废削周、齐、湘、代、岷五王，或死或囚，其馀众王皆惶惶不安。次年，即建文元年（1399）七月，燕王朱棣在北平起兵，史称靖难之役，战事延续三年之久。建文四年（1402）六月十三日，南京陷落，宫中大火，未见建文帝尸首，这就给朱棣留下了一个隐患。朱棣分遣胡濙、郑和等人，海内海外遍行大索建

大茅峰　《穹窿山志》卷四

文帝，且一索就是二十馀年。

积翠庵有过建文帝的踪迹，大概也不是空穴来风。据《黄溪志》记载，建文帝在南京陷落后，仓皇出宫，与翰林院侍读史仲彬会于神乐观，恰值史家来舟，史仲彬便奉帝去家乡吴江黄家溪，居史宅清远轩，帝改名为水月观，并亲题一匾（毁于万历三十二年），至八月方匿去。在以后的永乐二年（1404）八月、永乐二十二年（1424）十月、宣德九年（1434），建文帝又三次去过史宅。从穹窿山到黄家溪并不遥远，从太湖走水路可达。建文帝当时很有可能就隐居在江浙一带的山林里，直到万历二十六年（1598），明神宗诏复建文年号，有关建文帝下落的流言和书籍才开了禁，特别是记载建文帝出亡的书，如程济《从亡随笔》、史仲彬《致身录》和《逊国臣记》，在苏州一带多有刻印流传。

后人根据相关线索加以想象，又勾勒出建文帝这样一个逃亡过程，建文帝当时为僧录司主录僧溥洽所救，藏匿在苏州城西太湖洞庭西山缥缈峰下的普济寺内。建文帝旧臣姚善、黄子澄等当时均在吴中，正意图联合苏、浙军民反击燕兵。不料走漏风声，朱棣派兵前往缉拿，结果只抓到溥洽，而建文帝从洞庭西山横渡太湖，逃到穹窿山中。建文帝在穹窿山的消息，给姚广孝知道了，他便旧地重游，名为退息，实为察访。

此时穹窿禅寺被成祖敕赐给了姚广孝，耐人寻味的是，姚广孝并不忍拘捕建文帝，而是把他秘密监护在积翠庵内，建文帝得以安度时日，至永乐二十一年（1423）卒，年四十五岁。成祖至此方知建文

二茅峰 《穹窿山志》卷四

帝已不在人世，这才将悬着的心放下，便授意胡濙，以简单的天子礼殓葬。相传建文之陵在穹窿山拈花村（今农林村）山坡上，当地村民呼之皇坟。值得一说的是，穹窿山山坳口有条小径，人称万人泾浜，有人说这是吴语“犯人泾浜”的谐音，可能是当年皇坟建成后，为避免泄漏消息将筑墓的犯人全部杀了埋于浜底。

这些传说颇多荒诞，且相互矛盾。但《明史·姚广孝传》于其临终有记载：“十六年三月入觐，年八十四矣，病甚不能朝，仍居广寿宫，车驾临视者再，语甚欢，赐以金唾壶，问所欲言，广孝曰：‘僧溥洽系久，愿赦之。’”溥洽就是帮建文帝外逃的那个主录僧。成祖答应了，姚广孝顿首谢恩，端坐而逝。这其中折射出姚广孝与建文帝、溥洽等人的微妙关系。

章太炎先生似乎也相信这段野话，徐沄秋在《春在山中宰相家》中说，当时穹窿寺壮哉楼楼上，挂着章太炎写的一副楹联：“燕飞来，竞啄皇孙，后嗣休随和尚误；龙角葬，当致天子，此中惟许去王居。”注道：“穹窿寺，明姚广孝出家处也，近地为人侵夺，欲以营葬。余友李根源见之，曰：‘地有王气，非所宜葬。’迫令归之寺僧，为筑以楼，故记其事如此。”“燕飞来，竞啄皇孙”，隐指燕王朱棣取代建文为帝；“后嗣休随和尚误”，希望后人不要再误听和尚之言，骨肉相残。章太炎显然是同情建文帝的。

三茅峰 《穹窿山志》卷四

距积翠庵不远，又有海云庵，据乾隆《吴县志》卷八十七记载，始建于南朝梁天监年间，唐禅师贯休复创，赐额万寿。北宋熙宁年间重建，明初归并白云寺。庵以连理山茶最为著名，吴宽于明成化十四年（1478）五月邀约史鉴作郡西之游，过海云庵，观连理山茶，读虞道园百丈泉遗墨，写下了《光福山游记》。此行历时四日，舟行六十里，舆行四十里，总得诗三十首，写成诗卷，交于史鉴保存，史鉴又请沈周为作图。《观海云院连理山茶》便是其中一首，诗曰："奉慈山茶好标格，花开如杯呈玉色。海云山茶更绝奇，奇处不论红与白。两株并植东轩前，密叶如屏遮几席。枝柯一一相交加，为是同根忍分拆。初疑一人独叉手，忽作两人仍促膝。少焉掉臂才跬步，又复控拳当肘腋。碧玉磨沙成玦环，青丝绚索分徽纆。我来庭际稍摩挲，引子春蛇忧毒螫。试量旁干得三围，每扫落花凡一石。风霜饱历三百年，未识何人手中植。寻常绕树多诗客，阶下莓苔留古迹。河中曾辱昌黎文，西蜀休夸孔明柏。世间大树尽有之，似此山茶何处得。"在吴宽眼中，这株连理山茶，红白两株共植轩前，枝柯相交疑似一树，初看像一人独自叉手，再看像一对两小无猜的玩伴，时而促膝谈心，时而打闹玩耍。三百馀年的树龄，长势极为繁茂，主干粗得三五人才能合抱，花开时灿烂满树，花谢时落英缤纷，难怪吴宽观后连连赞叹。

沿山坞深入，一片浓阴之中坐落着穹窿禅寺，它背负高峰，面临深谷，从三茅峰而下，有峰回路转之妙。此地相传为朱买臣故宅，至今尚有三米多大石，上刻"汉会稽太守朱翁子读书台"，为明人都穆所题。梁天监二年（503）创为福臻禅院，至唐会昌灭佛圮废，会昌六年（846）重建，名穹窿禅寺，北宋景德四年（1007）重修。南宋乾道八年（1172），周必大往游，《吴郡诸山录》说："又三四里乃至福臻禅院，古碑云朱买臣舍宅为之，殆不可信，或曰吴越忠懿王时德韶国师道场也。因山垒基，砖壁十馀重，登陟虽劳，而气象淳古，大兄谓甚类南岳诸寺。元丰八年七月米元章和仲殊诗亲题壁间。"据说，米芾所书之诗足足有两大壁，惜已久毁不存。寺内有法雨泉，清洌可饮。

至明嘉靖年间，寺僧将其地卖给乡民。崇祯十三年（1640），僧宏彻复购地于小灵山麓，建拈花禅院，又名微笑庵，以示相承之意。清康熙五年（1666），建韦驮、药师两殿，时缁素云集，为最胜丛林。嘉庆年间，郡人韩是升重修，并有《重修拈花寺碑记》。寺在积翠庵之东，上真观南下三里许，坐落丛篁灌木之中，旁无居民，人迹罕至，石梁曲涧，东向启扉。廖文锦在《香山杂咏》注中说，拈花寺本名瑞智，康熙间赐额并诗，命僧重建。其后殿下相传为宋代祖茔，俗呼赵皇坟。

赵皇坟一作赵王坟，一说在寺内，一说在寺侧，有一紫芝庵，庵中塑像，貌似关公，杨循吉《穹窿山志》记其人为赵伯和。赵伯和字希怿，生于南宋绍兴二十五年（1155），为燕王赵德昭八世孙。淳熙十四年（1187）进士，赵汝愚帅福建，其为属吏，后受荐于辛弃疾，调江东运司干办，改太平州通判，在昭信军节度使任上致仕。嘉定五年（1212）卒，年五十八岁，封成国公，敕葬于此。相传他的墓畔，雨后每每生出紫芝，故名为紫芝庵。近人范广宪《光福竹枝词》咏道："瑞芝传说吐灵芬，邻寺拈花日沐熏。华表鹤归碑碣没，乡人犹唤赵王坟。"

值得指出的是，《宋史》等书将他的名和字错置了，他的同辈有赵伯琮，立为太子后改名眘，也就是宋孝宗，还有崇王赵伯圭、浙东兵马钤辖赵伯驹和州防御使赵伯骕等。赵伯和并不曾封王，民间讹为赵王，大概就是宗室子弟的意思。至晚近，拈花寺为比丘尼静修之所。徐沄秋在《穹窿杂写》中说，赵王坟在小王山相邻的岳峙山顶，有宋理宗御题"瑞芝庵"三大字。

据李根源《吴郡西山访古记》卷四《访获赵正惠公墓记》记载，他寻访赵王坟颇费一番周折，"自小王山北行，经周正字墓，至职坞（今名南竹坞），遵上真观故道登山。山径徒削，石槎枒怒张，攀跻不易。山半迤北，古墓巍然，坤山艮向，青石罗城，莲柱丈五，巨制也。年久失祀，碑碣仆而碎，罗城石凌乱满山，睹之增慨。循墓前古路北去二十馀丈，现旧寺基一区，余喜曰：'赵正惠之墓在是矣。' 考冯《志》，记韩忠武王世忠墓，嘉定间以景献恩例敕葬希怿于穹窿，相传即磨韩碑为赵茔者，其后韩墓始树碑，为楼三成以覆之，正与穹窿相直。今墓对灵岩，与韩碑相望。《志》又言，忠武葬不数月，韩氏首丧其长子。时有术者言，少须几时，穹窿亦未易当。继报景献薨。此地孤露山巅，四无环护，朔风砭骨，确为凶地。《志》又载，正惠墓在穹窿山，冢左右多生紫芝，故庵名瑞芝，理宗御题也。墓北之废基，当属瑞芝庵无疑"。这令李根源兴奋不已。为赵王坟题"宋赵正惠公希怿之墓"石碑，再命门人郑伟业篆书"瑞芝庵址"，分摩岩上，以记其略。1975 年夏，苏州一带多旱，时赵王坟仅为一个凸起的小山包，中间草木尽皆枯死，但其四周依然葱郁，形成一个方圆五六十米的怪圈，应是盗墓所致。1978 年，一姓朱村民建房需要石料，结果在坟前挖到数十块长约一米，宽约零点三米的墓道石条。

茅蓬坞西南为桃花岭，与之相接的是镬沿岭，树林丛杂，飞鸟乱啼，东望太湖，风景可观。廖文锦《香山杂咏》咏道："桃花岭削镬沿平，讨胜人惊怪鸟啼。遥望镜光微蚀处，五湖云影不分明。""万安西去列烟鬟，稠叠山容指顾间。且向烧香岭东下，一天花雨叩禅关。"自注："从上真观东下为烧香岭，岭下禅刹极多，若茅蓬、积翠、许庵、楞严、梅庄，棋置其间。"茅蓬寺在烧香岭下王家坞中最深处，后即朱买臣读书台，四山围绕，非午不见天日。

山北麓宁邦坞有宁邦寺，相传唐代之前称为海云禅院，南宋绍兴十二年（1142）韩

赵皇坟遗址在茂密的森林中

世忠部将战还，剃发隐此学禅，赐额宁邦禅。元末毁，明永乐间复建，万历间重修。因年久失修，寺宇几毁。令人欣慰的是，寺内至今尚存明代石刻两方，它们记录了宁邦寺曾经辉煌的历史。一方是徐枋所书“山辉川媚”四字，另一方是文震孟撰文、赵宧光篆额的《重修穹窿宁邦寺记》。文震孟说：“余尝同赵隐君凡夫一过其地，林纡径窈，始秋而寒，古木参天，皆数百年物，其为古刹无疑，虽荒落岑寂，然僧雏楚楚，梵诵不辍，余固知佛土之将隆矣。阅十年，寺僧云川为重葺之，山有门，佛有殿，空谷穷山，虡虡翼翼，遂为穹窿最庄严处。”

2008 年，宁邦寺开始大修，历时三年，基本竣工。寺院占地面积近一万平方米，建筑面积三千平方米，坐南朝北，中轴线上有山门殿（天王殿）、大雄宝殿、钟鼓楼等，依山高下而建，从下面的山门殿到山上的海云精舍，落差百米有馀，使整个寺院显得格外峻险雄伟，气势磅礴。

寺外西侧有玩月台，也称望月台，相传为韩世忠所建，徐沄秋《穹窿杂写》说：“寺对面，还有一座韩蕲王的玩月台，唉！在这‘万方多难比登临’的时候，凭今吊古，真有说不出的伤心，记得前年苏翰章将军、郭竹书秘书，约我游穹窿未遂，他们回来给我看了二首《登玩月台》的诗，句子现在还记得，是‘独上蕲王玩月台，何堪北望起悲哀。当年未尽清凉泪，留待今朝一哭来’。‘痛心三字鉴前车，寂寞空山度劫馀。一片丹忱无寄处，料应对月更欷歔’。今天走上这台，想起这诗，益觉感叹异常。”徐沄秋还说，宁邦寺门前有一道泉水，名百丈泉，清鉴映人，王行曾作《百丈泉记》，当时有滇南孙少元题一碑，说这泉是赤松子拿来洗过药的。寺里僧人告诉他，大殿里十八尊石罗汉，是宋代的遗物，明遗民徐枋曾隐居于此。

沿宁邦寺前山道蜿蜒而下约六十米处，有承接百丈泉的一泓碧潭，每当雨天，山泉倾泻而下，蔚为大观。关于百丈泉，据传为宋代高僧佛慧禅师卓锡于此时，因寺内僧多水少，就将锡杖插入百丈崖，泉水随即涌出，于是便将山泉引至寺内香积厨，以为生活用水。吴宽《饮海云院百丈泉》诗曰："白云翻海涛，行人渺无踪。兰若因以名，秀倚青芙蓉。兹山非百丈，泉名与山重。问泉所发源，寺僧偶相逢。涓涓出乱石，瀌瀌循长松。山中不凿井，饮足忘深冬。始知白云多，护此蜿蜒龙。品评藉道园，遗墨无尘容。所恨生也晚，操杖何由从。步来当长夏，坐挹清心胸。纪事强追和，岂图碧纱笼。谪仙咏瀑布，

苏台十景图册·百丈泉　明文嘉绘

宁邦寺

莫访香炉峰。”

穹窿山南与香山交界处的白马岭有白马禅寺，为穹窿禅寺所析，相传东晋高僧支遁开山，北宋景德四年（1007）重建，元季毁。明洪武间为丛林寺，永乐元年（1403）僧德瑊又重建，万历、崇祯先后重修，在当时颇具规模。徐源在《白马禅寺新建藏殿记》中说：“香山之麓，有白马禅寺，说者谓萧梁时作钱塘禹庙，取兹山之梅以为栋，树有神异，取之不得，则祀白马神于坞，树遂可伐，寺因以名，故寺又里有梅泉亭云。亭之前有双梧堂，堂之前法堂，法堂之前有天王殿、佛殿，殿之前左有钟楼，东西有两廊。风景幽绝。峰峦环绕，登据其巅，则穹窿、岞崿枕其北，林屋、华严奠其前，具区汪洋，浩渺千里。远而望之，则吴兴、阳羡诸峰出没于天际。然以其去城颇远，而游人罕造焉。世代推迁，寺屡兴废，前住持约庵起废兴颓，殿宇亭庑，一尝新之矣。今宝峰，其徒也，又能恢弘旧规，乃度空地于佛殿前，作藏殿三楹，峙钟楼于东，左以为配，又撤故更新，作两廊，廊之后作斋厨。”此后，清顺治、道光年间均增构修葺，同治二年（1863）遭兵毁，遂废去。白马寺内有泉瀵出梅根，称作梅泉，味极清腴，穹窿、香山、光福一带土茶甚佳，用梅泉煮茶自是妙不可言，廖文锦《香山杂咏》有“曾带一旗春雨去，寒梅树下斗茶无”之句。

穹窿山半有双髻庵，古指月禅师所建，俗称草庵。庵中有古桂二株，花开极盛，廖文锦《香山杂咏》就咏道：“双髻深深隐翠岚，等闲着屐访瞿昙。我来不爱香严界，为觅天香到草庵。”民国期间，草庵已破败不堪，更无僧人居此，仅有“心静云闲”和“岩桂轩”两额，并有范来宗所书一联，曰：“绿树阴浓新雨后，青山籁寂夜禅初。”此外，山中还有双松庵，因宋人植松两株而得名，元至正间僧寂当建，明嘉靖间圮，万历间僧隐空重建。

可惜的是，无论是穹窿寺，还是积翠庵，抑或拈花寺、海云庵、净念精舍等，如今都已灰飞烟灭，欲证其事，欲求其迹，均不可得矣。

李根源在小王山

小王山是穹窿山馀脉，又名小黄山、琴台山。晚近以来，与小王山因缘最深的是李根源先生，也正因为有了他，小王山遂远近闻名。

近代掌故家郑逸梅先生，有《我所渴想之小王山》，其中这样写道："彼小王山之名胜，渴想已久，不知何时始得登临其地，谒阙墓而望松涛，一涤尘怀俗虑也。小王山距城西南四十里，为穹窿之馀脉，印泉葬其母阙氏于此。印泉事母殊孝，有古老莱子风，定省之馀，曾撰《娱亲雅言》一卷，为海内所传诵。母死于民国十七年，乃卜吉山中，种松以为点缀，松凡万株，涛声云影，喧眩耳目，因名之曰松海。更披荆剔藓，辟径疏泉，有所谓听泉石、吹绿峰、梨云涧、湖山堂、孝经台、卧狮窝、万松亭、西井、寒碧、灵池、石林、可桥、小隆中诸佳地。名人题识，琳琅满目，如于右任、陈石遗、陈去病、金鹤望、朱疆村、费迁琐、谭茶陵、陈弢庵、赵云壑等，悉留墨迹，而朴学大师章太炎题小隆中云：'予昔为印泉作楹语，称治世之能臣，乱世之奸雄，盖戏以魏武相拟，以印泉尚在位也。退处十年，筑室松泉，自署小隆中，又追慕武侯其人，盖仕隐不同，故澹泊宁静，亦山林之趣，予因据其所称榜之。'叶恭绰题石林云：'印泉先生于小王山之阴，种松十万株，石遗翁为题曰松海。地多怪石，印泉属予题识，因名曰石林，取吾祖石林公弁山旧号也。公本籍吴郡，晚

小隆中

小王山摩崖石刻

乃居吴兴，今苏城古邑遗址犹在，卞山奇石遍岩谷，不减小王山，予有意葺治，以复兼山碧琳之胜，而力不能及，迄今无成，识此适增愧羡。’同社眠云、烟桥，均曾往游，归而道其胜如此，则彼嵯峨秀矗者，益复萦我梦寐矣。”

李根源，云南腾冲人，字印泉，又字养溪、雪生，别署高黎贡山人。光绪二十四年（1898）中秀才，二十九年（1903）入昆明高等学堂，次年留学日本，三十一年（1905）加入同盟会；三十四年（1908）回国，先后兴办并担任云南讲武堂监督，旋升总办。辛亥武昌起义后，与蔡锷等发动新军响应，成立大汉军政府，任军政总长兼参议院院长，又参加“二次革命”，反袁时任军务院北伐联合军都参谋。1917 年任陕西省省长，1922 年任北京政府航空督办、农商部总长、代总理，1923 年因曹锟贿选总统，愤而辞职，寓居苏州葑门内曲石精庐。在此期间，李根源收集苏州地方文献、金石碑文，著有《吴郡西山访古记》五卷，辑录《洞庭山金石》两卷，参与《吴县志》编纂、吴中保墓会诸多事务。1927 年，母阙太夫人因病亡故，暂将灵柩停放于上方山治平寺湖山堂内，开始寻找葬母佳域，最后选定小王山。

苏州西郊有诸多山水胜境，李根源为何偏偏选中小王山呢？金松岑在《阙茔石刻序》中谈及其原因，穹窿之山，自大茅峰而下，起顶蜿蜒东走，如神龙赴海，麟甲生动，不可控勒，而小王山为其中干结穴。当时李根源经吴荫培介绍，由善人桥殷惕生陪同到小王山踏勘。选穴时，李根源带着大小格盘，时而登山环视，时而下坡俯察，乡人以为他是风水先生。

小王山虽不高，然背靠穹窿，面对灵岩，北望阳山，南临太湖，加上这里民风纯朴，又是朱买臣的故乡，具备这许多优势的小王山，李根源自然一看就中了。在其母亡故的第二年，李根源就扶柩落葬于小王山麓，并建阙茔村舍，庐墓十年。值得一说的是，时任大总统的黎元洪向阙太夫人墓捐赠两千株松柏，积翠森森，映衬着那古色斑斓的墓碑。墓旁有一座石砌的大碑亭，里面并列着四块近七米高的丰碑。后面山壁上，刻满了曾参与会葬和后来谒墓人的题名，不下五六百处，其中有博习医院西人苏迈尔的英文题名，可算得是摩岩石刻中别开生面的一处。

李根源在小王山期间，为当地农人办了许多实事，他与张一麐等人一起创办了农村改进会、阙茔小学、成人夜校，凿井筑路，植树造林，还辟浴室、苗圃、菜圃、竹园、羊圈、马棚，棚内养三匹驴子二匹马，既可供代步，又可利用它们的粪便滋养土地。又于山上广植松柏，连年栽种，十万株松树将原本光秃秃的小黄山变成了绿油油的大碧山，学者陈衍题名“松海”。李根源的老师孙光庭在《松海题记》中说：“印泉于小王山前，安阙茔，遍镌题识于石，琳琅满目。今又辟松海于山后，苍翠连云，山为生色矣。第起视山外之尘寰，氛垢弥天，安得移此手笔扫荡之，一如此山之清凉。士君子固当整顿乾坤，不仅藻缋山林。虽然印泉随地随时，无不有所设施，无不胸有千秋，然则兹于其松海也，固也经纶天下之所见端云。”

李根源在松海中颇多营筑，有小隆中、湖山堂、万松亭、梨云涧、灵池、吹绿峰、听松亭、听泉石、孝经石、卧狮窝，凡十景。湖山堂面对岳峙、烂柯两山，凭栏一望，真是气象万千，那峰岚缺处，正露出一片银亮的太湖水光。某年，章太炎偕夫人汤国梨来访，汤国梨口占一绝：“探胜不辞远，栖山莫怨深。苍茫松海里，应有蛰龙吟。”自称不爱做诗的李根源，跟着很高兴地和了一首，诗曰：“苟全于乱世，不觉入山深。高卧小隆中，聊为梁父吟。”汤国梨特别喜欢小王山，到了这里，置身山明水秀之中，不禁动了故乡之思，又作诗一首：“偶来世外说桑麻，何处云山是我家。苕水弁峰劳怅望，长林羡煞晚归鸦。”李根源笑指岳峙山麓一带树林说，那儿尽多空地，希望太炎先生也来经营几间房子，我们做个山邻，岂不甚好。汤国梨当即表示同意，在小王山巅湖山堂前，远望太湖时，又得一诗："登高望太湖，湖在白云里。浩然发长啸，万山松风起。"李根源也诗兴勃发，又和了一首："湖在山之巅，山在松之里。松声与水声，涌地掀天起。"并对她说，你诗中第一句中的"望"字改作"观"字，第二句中的"白云"改作"云影"更好。你如买山就可用这两字作为园名。因汤国梨别号就叫"影观"，这诗改得真是巧妙极了。

小隆中后面石壁上，有邓孝先的《松海铭》。下面便是卧狮窝，窝中石上刻有张溥泉的一首："大王卜宅小王山，野服芒鞋意自闲。遥指吴宫无限恨，太湖明月一沙湾。"屋北石台，宽八九米，马相伯题的"枕涛"，上面是于右任题的草书"寒碧"，下面是章太炎题的篆书"听泉"，北面有章太炎题的篆书"听松亭"，均题于1935年。亭与善人桥遥遥相望，李烈钧原题"射虎"，章太炎觉得略有火气，遂改为"听松"。卧狮窝西侧里，有一块突出的山峰，上面满绣着碧油油的苔草，翠骨峋嶙，青苍可爱，徐沄秋信口凑了一首七绝："穹窿三叠翠浮天，我欲移家作散仙。更爱隆中幽绝处，松风吹绿一溪烟。"李根源见后，便有了"吹绿峰"一景。

本来岳峙、小王两山之间有条溪涧的山坳，当时已干涸，李根源把岳峙山涧的泉水引过来，开辟了一个大池塘，那绿汪汪的涧水，其味甘洌，水声清潺，可饮可听，映衬着满山松翠，到此如处仙境，李烈钧题为"灵池"，上面筑有"池上亭"。池南约有两亩地，遍植梨树，春来花开时节，万枝雪萼，十里缟云，月下来游，景致倍增，陈衍题"梨云涧"，确实也是景名两相宜的。

小王山的正面是阙太夫人墓，墓后有一处十二米左右见方的大平石，陷伏在山坳里，上面刻有章太炎篆书《孝经·卿大夫》章，每字约有零点四米见方，李根源将此处称之"孝经台"。立于台前，仿佛置身于泰山经石峪中。墓的前面，右边是李根源从兄李希

李根源像

章太炎篆书石刻

白墓，再东去便是三国时顾雍的古墓，由左边去，有宋朝进士周南墓。以上便是徐沄秋在《穹窿杂写》中记载的小王山“松海十景”情状。

李根源不但于此经营松海，还在小王山后的岳峙山上建了三间瓦屋，题名“岳峙山居”，常常领友人穿越松海，去到比小王山高出许多的岳峙山居登高凭眺，后来索性雇人从岳峙山顺势筑一石径小道，逶迤盘旋至穹窿山上真观。这样李根源和来小王山的友人，可以随时随地去附近的朱买臣读书台和韩蕲王玩月台了。徐沄秋在《穹窿杂写》中就记了他骑驴上穹窿山宁邦寺的过程。让我们跟随他的游踪，一起享受片刻大自然的美景：

“十九日，我骑了一匹驴子，翻过小王山的霁月岭，上穹窿山宁邦寺来。骑驴上山真不容易，那驴儿必须歇息几次。到三茅峰望灵岩、天平、天池、白阳等山都小得像土堆般，真如众星环拱。这时暮霭渐渐浓厚起来，使我联想起金松岑老师常讲的‘黄山云海’的胜境来，一轮隐身在浓雾里的红日，也逐渐敛光匿芒地躲到山坳角下去，带着松林中寒绿色的冷风吹来，真有些‘高处不胜寒’的感想，同时证实了袁中郎说的‘穹窿高深，甲

小王山全景

于他山，比阳山尤高'，和俗语说的'阳山高高高，不及穹窿半截腰'那句话。"

山中夜深，更觉寒冷，李根源的公子季郦拿出一件当年冯玉祥将军送的皮大氅，给徐沄秋御寒，这件皮氅足有十多斤重，穿上后都站立不住了。第二天清晨，徐沄秋和季郦从晓雾笼罩的岚光山翠中，由二茅峰经飞升台，翻过凤凰岭向小王山走去。季郦边走边指给徐沄秋看，"这三茅峰上一簇白色的粉墙，是上真观，殿宇比邻，据说真有五千零四十八间啦。这面望下去，翠柏成堆的地方叫博士坞，是金圣叹葬身之处，还有乾嘉时藏书家黄荛圃的坟墓，也在一起。那灵岩山下巍峨卓立的大碑，就是韩蕲王的坟了"。

李根源在小王山时，宾客很多，题咏也很多，他特地长期雇用两位石匠，将来访名人的题词随时刻于石上，于是关切国家兴亡的激扬文字，变成一方方摩崖石刻，字字句句无不寄托他们浓厚的爱国情思。在这近代难得的摩崖石刻群中，有章太炎、陈衍、于右任、李烈钧、马相伯、叶恭绰、张大千、邵元冲、章士钊、吴昌硕、黎元洪、蔡锷、谭延闿、沈钧儒、张默君等所书数百石。李根源将小王山的石刻和题咏编为《松海》一书，包括《松海集》、《松海石刻》、《阙茔石刻》及徐沄秋《穹窿杂写》四部分。

小王山的摩崖石刻，虽饱经沧桑，但至今尚有百馀方，大致可分为阙太夫人墓穴石刻、墓周石刻、松海石刻（小隆中一带），以及岳峙山数十方石刻留题与游穹窿诗文四部分。墓穴石刻部分，作者有吴昌硕、章太炎、曾熙、黎元洪、张一麐、郑伟业等，如吴昌硕书"笔挽兹晖"、孙光庭书"漪兰"、李根源书"曲石精庐"等。墓周石刻部分，作者有于右任、章太炎、黎元洪、谭延闿、邵元冲等，都属挽辞一类。

松海石刻是小王山石刻中的精华，有诗文，有题名写景，词丽意深。如章太炎在霁月岭题的"霁月"，展示的便是一幅雪霁月夜图，还有他的万松亭石联"此老能知千古事，

李根源墓

先生共有后凋心”，更是突出了李根源等人的高风亮节；李烈钧的“灵池”，含有“水不在深，有龙则灵”之意；王謇的“苍洱遥拱”，王同愈的“大茅西峙，小王东下，白云无尽，中有亲舍”，李根源自题的风木堂联“空望白云依子舍，种将红树点秋山”，都绘形绘色，情真意切。

附近岳峙山数十方石刻留题和游穹窿诗文，则记录了李根源与友人的游踪。岳峙山上，又有朱梁任先生父子墓，两墓前都立有章太炎题的碑碣，碑亭石柱上刻着张一麐撰书的墓联：“乃翁因罗汉捐躯，载酒谁过扬子宅；有儿与曹娥比烈，看山长傍赵王坟。”朱梁任父子是因参加甪直保圣寺古物馆开幕典礼，中途覆舟遇难的。

李根源为苏州作出了诸多贡献，其中对苏州古墓的保护，意义尤为重大。1932 年“一二八”淞沪抗战爆发后，李根源更是积极参与救护工作，亲临战地劳军，营葬阵亡将士，并拟组织“老子军”抗日，还参与营救“七君子”出狱。1937 年 11 月中旬，日军迫近苏州，李根源才赴南京，经武汉，辗转西安、迪化，到四川，返云南。1950 年李根源重返小王山省母墓，后应中央人民政府之召，离苏赴京定居。1965 年 7 月 6 日，李根源在北京逝世，遗嘱归葬阙茔之侧，墓向着灵岩山下的韩蕲王墓。

李根源晚年，时常怀念在苏时交往密切的友人，曾作《吴门赠友诗二十四首》、《赠顾颉刚、汪旭初、杨千里三先生》、《怀张仲仁、金松岑两先生》等，读来首首真切，饱含对友人的怀念和对第二故乡的思念。

如今，漫步在苏州西郊山中，不经意间就会发现李根源当年留下的点点屐痕，可以说李根源因苏州而留名，而具有广阔胸襟和历史底蕴的苏州，也因为有了无数像李根源这样热爱苏州的新苏州人，更充满人文情怀，不管是过去还是现在。

舟山核雕与“香山帮”

舟山，旧时也称周山，地处太湖之北，东离穹窿山里许，中隔南宫塘，西北有吕山、玄墓山，渔洋山则坐落在西南一隅。舟山山势平圆四垂，居民植桑其上，垦成层级，望之如笠形，故又名箬帽墩。这里湖光山色秀丽，文化底蕴深厚，村口石牌坊镌刻的对联，简单明了地道出舟山的前世今生：“千秋教场，名满古今，且听造舟史话；百代营匠，技闻天下，还看雕核传奇。”

舟山村所处的香山一带，有着众多的春秋时代遗迹，如教场山、蒋墩山、小横山、南宫、南宫塘、大宴岭、小宴岭、香泾、炙鱼桥等，每个地名背后都有一段脍炙人口的故事。众所周知，二千五百多年前伍子胥建造了阖闾大城，不过阖闾大城的位置，一直存在争议。近年经考古研究发现，在今苏州城之外的木渎一带，有一个春秋大城，其范围在七子、尧峰、清明、灵岩、穹窿诸山之间，以山脉为城墙，以山隘口为城门，很可能就是当年的阖闾大城。如果此说成立，那么舟山临近城墙，太湖相距不远，无怪乎吴王选这里当作造战舰、练水师的地方。虽然吴越争霸吴国未能赢得最终胜利，而舟山这个充满传奇故事的地名，却一直延至今日。

舟山不仅历史悠久，传统工艺更是种类繁多。蜿蜒十里的南宫塘流经此处，潇潇洒

舟山村口

洒地折西拐了个弯，又温温柔柔地将孤零零的舟山拥入怀中，本就人杰地灵的山村，就越发锺灵毓秀起来，梓人、墁人、髹工等能工巧匠不断涌现，故而工匠制作特别兴盛。廖文锦《香山杂咏》有曰："学得攻坚亦大难，不居奇货不求官。昨宵结伴湖南去，细嘱家人拜鲁般。"徐翥先的《香山小志》就记了大到木雕、石雕、砖雕等，小到竹根、竹节、黄杨、紫檀、象牙、牛角、桃核、橄榄核等，所刻山水人物、花卉鸟兽等，题材广泛，精巧有致。

核雕是微雕的一种，以橄榄核或胡桃核为材料，利用其自然形状、麻纹、质地，巧思精工，运用浮雕、镂雕、圆雕等多种手法，淋漓尽致地表现佛教人物、故事传说、园林山水、花鸟鱼虫等，还有如众所周知的核舟，小小一粒，精细入微，毫发毕具。这种工艺起于何时，已不可考，但迟在明代前期，已有夏白眼核雕十六孩儿。约在明末清初时，核雕技艺在苏州一带发展起来，成为"苏工"的一个重要品种。

舟山核雕起于何时，因囿于记载，未可深究。据《香山小志》的记录，晚清起曾经兴盛，应该是无疑的。至民国年间，舟山人殷根福在上海创办永兴斋，推出其雕刻的十八罗汉手串，奇古的梵相，风致的神情，堪称精妙绝伦，舟山核雕由此而蜚声海内外。2008年以舟山核雕为首的光福核雕，被列入第二批国家级非物质文化遗产名录。

近年，在各级政府的关心扶持下，舟山核雕经历百年风雨洗礼之后迅速发展起来，呈现出欣欣向荣的景象，全村形成一条较为成熟的产业链，目前国内市场上百分之八十的核雕出自这里，年产值近两亿元人民币。从事核雕的家庭达百分之八十以上，人员超过三千，个人工作室、陈列室三百馀间，高中级工艺美术师比比皆是，特别是从事核雕多年的宋水官、周建明、须培金等，先后被评为国家、省、市、区的核雕非物质文化遗产代表性传承人。

核雕十八罗汉手串

舟山村通过 2013 年全面改造提升，整个工程围绕一粒小小的橄榄核，有条不紊地建设九大体系工程，由以前的杂乱无章到整体空间呈现错落有致的“一轴、两带、四区”布局。一轴，即一条文化轴；两带，即一条滨水景观带，一条山林生态景观带；四区，即核雕文化展示区，核雕艺术体验区，古街休闲体验区和禅艺区。其中要数核雕文化展示区为“四区”中的重中之重，这是全村集中展示本土文化艺术的共享空间。在这里，可以了解核雕的历史，欣赏当代名家的精品，对雕核技艺的传承、保护与发展，将会起到积极的推动作用。

村里的历史文化艺术长廊，独具地方特色，通过砖雕、剪花、浮雕、通景画等本地传统手工技艺，表现本土历史故事。还有一组色调和谐、结构紧凑、制造精巧、布局合理的牌坊、厅廊等建筑，是另一种国家非物质文化遗产项目——“香山帮”营造技艺。

“香山帮”建筑流派起源很早，可以说是一代又一代香山工匠集体智慧的结晶，到了明代，地位之所以如此之高，成绩如此辉煌，应归功于蒯祥。这位天赋异禀的“香山匠人”，生于明洪武三十一年（1398），祖父蒯思明和父亲蒯福都是技艺精湛、名闻遐迩的木匠，蒯福曾主持南京明皇宫的木作工程，在工匠中声望颇高。蒯祥幼年随父学艺，十六岁便“能主大营缮”，享有“巧匠”美誉，在中国建筑史上留下浓墨重彩的几笔：明永乐十五年（1417），参加北京宫殿的设计建筑；正统中，重建三殿两宫；天顺末，作裕陵等，

蒯祥墓

姚承祖设计的香雪海梅花亭

发明创造了"金刚腿",被明宪宗誉为"蒯鲁班"。每项工程竣工,位置、距离、大小、尺寸等与设计图纸分毫不差,他能以两手握笔画双龙,合之如一,艺术和技术的创造力达到炉火纯青的地步。其子蒯福能,继承祖业,弘治间仕至太仆少卿。

蒯祥累官至工部侍郎,授二品官,享受一品官俸禄,北京至今还有蒯侍郎胡同。蒯祥卒于成化十七年(1481),年八十四岁,归葬香山渔帆村南,墓前立有天顺二年(1458)英宗御赐其祖父、祖母"奉天诰命碑"。1982年,蒯氏墓被列入江苏省文物保护单位。近年建蒯鲁班园,园的东部是墓,西部为园。墓前有墓碑、石人、石兽等,享堂有蒯祥石雕像、明宫城图、蒯祥碑记和太和殿微缩模型等展示。

继蒯祥之后,姚承祖是"香山帮"的代表人物。姚承祖,字汉亭,号补云,清同治五年(1866)生于墅里村。他的传世之作,有光福香雪海的梅花亭、怡园的藕香榭、灵岩山寺的大雄宝殿、木渎镇的严家花园等。他撰写的《营造法原》,更记述了"香山帮"传统营造技法,是一部"中国苏派建筑的宝典",这一以文字记录技艺的形式,打破了过去师傅带徒弟的传统授艺方法,具有划时代意义。姚承祖卒于1939年,享年七十四岁,葬于法华山南麓滑路脚涧桥头,墓碑、祭台和四周石栏杆等是他生前设计好的。1982年迁葬至墅里阴山麓,祔其长子长媳、三子、四子、女儿等。1986年,姚承祖墓公布为吴县文物保护单位,1997年迁葬至蒯鲁班园内西侧。

值得骄傲的是,北京故宫、苏州园林等举世闻名的世界文化遗产,就是以蒯祥、姚承祖等为杰出代表的"香山帮"匠人,用超群的建筑技艺,在中华建筑史上写下不朽的篇章。值得欣慰的是,为了更好地传承"香山帮"传统建筑工艺,1979年成立的吴县古代建筑工艺公司,不断发展壮大,三十多年来,营造新建筑,修缮古建筑,留下了一处处新一代"香山匠人"的精品佳作。

如今漫步在舟山这一"美丽乡村示范点"、"中国核雕第一村",恍惚间,家家窗前的雕核场景与吴越争霸的刀光剑影重叠变幻,仿佛置身穿越剧里,不可思议,却在情理之中。舟山核雕和香山古建是绽放在山村里的两朵奇葩,巧夺天工的手艺流芳百代千秋,恰如村口石牌坊上另一联写的那样,"舟山核雕,巧手琢成玲珑物,盛名传百代;蒯氏宗匠,灵心营就紫禁城,清誉炳千秋"。

烟鬟镜黛渔洋山

作为新光福人，家里每有亲戚朋友来访，除了请他们到镇上吃农家餐外，我总喜欢开车带他们去观光。

从东崦湖边的住处出发，途经龟山光福寺、西崦湖、邓尉山西麓司徒庙、吾家山下香雪海，沿铜井山东麓、潭山西麓至西碛山东麓，再到蟠螭山，上石壁永慧禅寺，欣赏两本古银杏，一株古石楠，一片镶金碧玉竹，以及二十六处清末民初名人的摩崖石刻。如果还有时间，就坐在望湖台品茗。下山，自石壁嘴沿环湖公路往东蜿蜒而行，左边是连绵的山，经查山、潭山、竹山，由米堆山西麓入磡上（俗称坎上），再由玄墓山南、圣恩寺下绕至镇上，穹窿山就在镇的东南方。一路上，环湖公路右边是一望无际的太湖，而渔洋山始终立于湖上，与我们遥遥相望。如若天气好的话，东山、西山、漫山岛、冲山等起伏于水天之际。这是一条游览光福湖光山色最省时、最快捷的线路，为我独创。

从石壁嘴望渔洋山

至今已记不清转了多少圈，可是有个问题困扰了我好一阵子，就是从石壁嘴看渔洋山明明是南北方向竖在左边的，怎么转啊转的到了玄墓山圣恩寺南，这山就变成东西方向横在眼前了。后来，认真研究了地图才弄明白，原来渔洋山并非南北向，也非东西向，而是斜斜地伸入湖中。

吴中西南诸峰层峦叠翠，由胥口而进香山不出二十里，沿湖之滨，有山耸然立于湖上，即渔洋山，它与玄墓山隔湖对峙，相去十馀里，而圣恩寺的钟声，朝暮时闻。站在圣恩寺的山门，正对的圆而丰的小山，被形象地称之为钵盂山，也叫乌钵山。三百五十二年前，二十八岁的王士禛正在扬州推官任上，正月间来玄墓山探梅，夜宿圣恩寺，月色下的渔洋山恰对寺门，如履舄在几案下，似乎唾手可拾，他见了仿佛似曾相识，于是为自己取号渔洋山人。他在《入吴集自序》中说："渔洋山在邓尉之南，太湖之滨，与法华诸山相连缀。岩谷幽窅，筇屐罕至。登万峰而眺之，阴晴雨雪，烟鬟镜黛，殊特妙好，不可名状。予入山探梅信，宿圣恩寺还玄阁上，与山朝夕相望，若有夙因，乃自号渔洋山人云。"这便是渔洋山人的来历。

王士禛对渔洋山可谓一见钟情，作《由米堆山下行至上杨村、钱家磡，望湖中渔洋、法华诸山》一诗，字里行间，充满了对渔洋山的喜爱："杖策信忘疲，行行画图里。崎岖下云壑，苍茫望烟水。石径何盘纡，疏篱照梅蕊。寥落重湖滨，柴门数家市。居人太古风，但解数鸡豕。语我种植法，敦朴有奇理。冬作多晏眠，春寒常晚起。虽非甪里俦，颇谓桃源比。逶迤到湖澨，浩渺叹观止。震泽控三江，波澜此方始。法华表东陲，渔洋正相似。烟雨春空濛，峰峦暮俶诡。昨朝梵天阁，远眺如隐几。岂知方丈山，忽落芒鞵底。欲乞五湖长，垂钓将已矣。"

王士禛像　清禹之鼎绘

王士禛是颇有大名的人物，顺治十五年（1658）进士，康熙十七年（1678）以户部郎中应召入对，因“诗文兼优”，被圣祖识拔，授翰林院侍讲学士，入直南书房，并充明史纂修官、三朝国史副总裁、国子监祭酒等，官至刑部尚书，可以说平步青云。四十三年（1704），他七十一岁时，却以王五一案“失出”革职，其实是因为他与废太子唱和，借题被黜。直至乾隆年间，才补谥文简。王士禛生命中的最后七年，在家从事著述。他一生著作宏富，有《阮亭诗钞》、《带经堂全集》、《渔洋山人精华录》等约四十种。

王士禛于诗词造诣最深，创为神韵之说，钱谦益《王贻上诗集序》说：“贻上之诗，文繁理富，衔华佩实。感时之作，恻怆于杜陵；缘情之作，缠绵于义山。”将他比之杜甫、李商隐。汪琬《渔洋诗集序》说：“贻上之诗，绪密而思深，纵横驰骤，无所不可，不蹈袭前人一言一字。”其生前死后，诗名极大，与朱彝尊齐名，有“南朱北王”之说。甚至被“天下之士尊之如泰斗、北斗，至于家有其书，户习其说，盖自韩、苏二公以后，求其才足以包孕馀子，其学足以贯穿古今，其识足以别裁伪体，六百年来未有盛于先生者也”（郑方坤《国朝名家诗钞小传》）。因为王士禛位高望重，故得以“总持风雅数十年”（卢见曾《国朝山左诗钞》）。

另一位与渔洋山有缘的文化名人，就是董其昌。董其昌，字玄宰，号思白，松江华亭人。明万历十七年（1589）进士，选庶吉士，授编修，未久任皇长子讲官，因忤权臣，出为湖广副使，后督湖广学政，三十四年（1606）告归，赋闲江南。光宗立，召为太常寺少卿，天启二年（1622）起任太常寺卿，兼侍读学士，五年（1625）进南京礼部尚书。因避党争，请病归。崇祯四年（1631）召掌詹事府事，七年（1634）加太子太保致仕。九年（1636）卒于里，年八十二岁，谥文敏。葬于渔洋山谢家岭之左。

董其昌的书法出入晋唐，自成一格，刻有《戏鸿堂帖》。又擅诗文，著有《画禅室随笔》、《容台文集》、《学科考略》等。董其昌以画名为最重，善画山水，师法董源、巨然、黄公望、倪瓒，笔致清秀中和，恬静疏旷；用墨明洁隽朗，温敦淡荡；青绿设色，古朴典雅，为“华亭派”杰出代表。他以佛家禅宗喻画，倡“南北宗”论，其画及画论对明末清初画坛影响很大，存世作品有《岩居图》、《秋兴八景图》、《昼锦堂图》等。

如今在各种画论中都能看到对他的评介，如朱谋垔《画史会要》卷四说：“山水树石，烟云流润，神气具足，而出以儒雅之笔，风流蕴藉，宜为一代宗，即或者推为本朝第一，非过评也。”奚冈《冬花盦论画》说：“此老气象大，宜其腕间变幻莫测。余尝云，追董、巨当以思翁入想，拟子久须向烟客究讨，此亦由宋人学书，从杨少师学书以一到鲁公地步也。”钱谦益《列朝诗集小传》丁集对他有这样的介绍：“玄宰天姿高秀，书画妙天下，

和易近人，不为崖岸。庸夫俗子，皆得至其前。临池染翰，挥洒移日。最矜慎其画，贵人巨公，郑重请乞者，多倩他人应之；或点染已就，僮奴以赝笔相易，亦欣然为题署，都不计也。家多姬侍，各具绢素索画，稍有倦色，则谣诼继之。购其真迹者，得之闺房者为多。精赏鉴，通禅理，萧闲吐纳，终日无一俗语。米元章、赵子昂一流人也。”朱彝尊则在《静志居诗话》卷十六里将他与赵孟頫相比较：“赵承旨谥文敏，尚书亦谥文敏，两公书画，差足相当。董诗差不如赵，鸥波之亭，戏鸿之堂，风流弘长一也。”

1926年春，李根源至渔洋山访董其昌墓，《吴郡西山访古记》卷一记道：“此次来

仿倪瓒松亭秋色图　明董其昌绘

光福，专为访古，流览山水，抑其次也。梅村、定宇墓渺无踪迹，拟再入山求之。本日先赴渔洋，访香光墓。土人云：'渔洋多湖盗，掳人勒赎，不可轻往。'舆夫有戒心，不敢行。余大言壮其胆，强之行。晨七时，经邓尉东麓，走梓里……南行经桑园、吕浦口、保华庵、蒋墩，沿渔洋西麓行约五里，逾岭入坞，至渔洋里，背山面湖，里有董姓者，引至香光墓前，墓石刻'明董文敏公墓，民国己未吴中保墓会建，吴荫培书'，在乱坟中一土堆耳。"李根源对此很有怀疑，"考香光，系附其考汉儒公墓，非新辟葬地，现在葬地不能容两棺，且香光当日为达官，先人兆域必不草简如是"。于是再登山寻访，"上行三四十丈，有龟趺一仆地，碑一无字，石马二、石羊二、翁仲二，均仆土中，旁有大坟，一石阶数十级，罗城内左右两冢。余喜谓香光父子之墓在是矣。钱云：'非也，此城中天官坊范氏之墓，前二年尚有子孙来祭扫，石人、石马相传为沈氏之物，墓未筑成即止，今湖滨尚有多石存在。'余终不能释然，遽信乱冢中之坟为香光父子之冢，恐范氏故有墓在渔洋，乱后子孙不知所在，遽认此为范氏之坟，故翁仲、石马不敢自承，事近意必，亦不敢执为定说。遍寻全山未得踪迹。折至村中，于桑园边得一碑，乃香光曾孙为山兴讼之刻石也，字半模糊，大意谓康熙间香光另一曾孙不肖，盗卖山地与沈某，诉吴县批准，治其曾孙及居中人潘某罪，永远保护坟山之意"。

2013年秋天一个傍晚，我来到石壁嘴看日落，左边的渔洋山笼罩在霞光里，突然生发了一个念头，何不现在就去看看董其昌的墓。于是，沿环太湖公路纡回至渔洋湾，自东山麓入渔洋坞。渔洋坞背山面湖，就像一把太师椅，中间是一片开阔的坡地，村民在此植树，东西两边的扶手位置，各有一个小山村。行走在山道上，听着鸟语，闻着树香，感到十分舒心。前面出现一弯水塘，夕阳的馀晖洒在不大的水面，染成一池淡橘色。在

董其昌墓

水塘周围的香樟林中寻觅好一阵，终于找到“明董文敏公墓”，墓碑前还有一块吴县人民政府 1986 年 3 月立的石碑，上题“吴县文物保护单位，董其昌墓”。碑阴有说明，大意是董墓在胥口乡渔洋里，传有两处，一在阳家场，墓穴已毁，墓地平为桑田；另一在渔洋山坞，规制较大，有龟、狮、马、翁仲、碑等石构件。眼前的墓，小而简陋，一堆乱石，几丛衰草，应该就是当年李根源访古时看到并表示怀疑的墓。董其昌墓确乎在渔洋山，但究竟坐落何处，至今仍是一个谜。

无论如何，渔洋山有王士禛、董其昌这样两位人物，实在也足以骄傲了。

渔洋山枕太湖边，渔人居之山下。康熙四十七年（1708）春天，沈德潜来游，写下了《游渔洋山记》，从中可领略渔洋山曾经的绝尘仙境。他说，经钱家磡、上阳村，一路行走在梅花香国中，花光湖影，弥漫相接，烟云往来其间，欲动欲定。由于湖滨弯环回折，看似很近走起来却很远，过十馀里，入渔洋湾，为董其昌归葬处。绕湾而行又三五里，渐入渐深，窅然无人。登山之巅，全见太湖，湖中群峰罗列，近而最大者为西洞庭山，相望者为东洞庭，远而大者为马迹山，其馀若沉若浮，倏见倏隐，不可名状，三州依约在目。从巅顶别径而下，树木丛杂，需侧身低首，以免勾破衣衫。入昙花庵，庵有老僧，长眉卷发，见有客来访也不接待，问他王士禛尚书是否曾来此，是否留下什么遗迹。僧言，幼年即挂瓢于此，已七十年了，从未见有官人到山里来，更不知王为何人。沈德潜心想，王士禛风雅总持，语妙天下，而未能亲赴林壑；而领略其胜者，又无诗笔通灵，足以发挥湖山之胜，古今来此者为数不多，也未曾留下令人叫绝的诗词歌赋，这使他耿耿于怀，怅然若失。

这不，沈德潜将自己所见所感化作一首诗，《自米堆山过钱家磡，取道至渔洋湾入昙华庵作》：“米堆下林麓，举眼纳莽苍。渔洋卧湖波，远望平于掌。言经上阳村，微径穿榛莽。篱落午鸡鸣，烟丛人语响。居民傍芦洲，家家业渔网。逶迤之渔洋，山坳路纡枉。具区览全胜，背面俱浡瀁。昙华隐苍翠，行客断还往。枯禅礼佛馀，清磬出方丈。晤彼静者乐，顿作遗世想。他年拟诛茆，聊此息尘坱。”诗中所咏，很难与现在的景象联系起来。自从环太湖公路开通后，沿湖一带的山路顺畅起来，渔洋山不再是深藏山坞人不识，也就不见旧时那种原始的况味了。

最早出入渔洋坞，又有钵盂山麓一条山道，使得深处的渔洋坞，峰坞幽闲，泉壑窈窕，林木阴蔚，屋舍鳞比，桑麻鸡犬，与世隔绝，故而游者鲜至，真如武陵仙源。后来，居民以出入不便，于嘉庆、道光年间别凿一径，直达渔洋坞，称作谢家岭，旧路也因此茅塞。

从玄墓山去渔洋山，要经过一个叫山西湾的地方。山西湾，顾名思义，是米堆山、吕山相交处西面的一个湾，也是旧时往来渔洋、玄墓、邓尉诸山的捷径，山路崎岖险峻，一失足则有跌入太湖的危险。这里原有兴福庵，据说所奉之神为东汉姚期，封称兴福大王，为土神。清人徐芝峰有《山西湾》诗曰："争看梅花邓尉春，往来捷径太湖滨。劝君牢把脚跟稳，前路崎岖险死人。汉祚中兴神武扬，雨风虎豹栗昆阳。如何长狄尸横亩，葬在吾山道路旁。"

就在董其昌墓的上面，有一座沈德潜曾经访过的昙花庵，原名昙云庵，据说是明人姚广孝别业。殿匾"青莲现法"为尤侗书。嘉道间(一说乾隆年间)有僧寄凡居此，民间故事里说其人即是大名鼎鼎的和珅。山巅有小庵，供四面观音石像，系萧梁时遗制。昙花庵前有古银杏和古桂树，庵内又有明刻石碑，可谓镇殿之宝，碑左上刻观音像，观音右手提一只细方格浅口长把花篮，篮中有一条昂首翘尾的鲤鱼，释家称之"鱼篮观音"，俗称放生观音，是佛教三十三体观音形像之一。如今庵内仅见一方《重建昙花庵记》碑刻，那尊珍贵的四面观音石像已毁于"文革"期间，惟见一只因风化严重而显得越发瘦骨嶙峋的石兽，坐在庵门前，独自伤悲。

昙花庵周边居民多姚姓，以种植果木为业，有人说是姚广孝的一脉支族，也有人说是姚期的后裔。

渔洋山西去山坳为野猫涧，清之前有李王庙，清初迁至夏家带，此庙原为某家祠堂，叫义慈堂。当初立庙还有个故事，相传里人梦见一位白袍白甲神仙，说是姓李名禄，职

玄墓山遥望渔洋山

渔洋山云雾

掌江湖，愿驻旌节于此。第二天渔船即于芦苇中得一神像，与梦适符，因此立庙奉祀，时著灵异。李禄为名将李显忠，宋嘉定十七年（1224）生于吴兴之长兴，生时有灵，人叩以雨旸祸福，每每必应。十八岁时，李禄告诉乡人，他是勤王事将，当适山东之胶州，说完正坐即逝。后托梦于宋理宗，自称臣李姓，吴兴土神。当然，这只是父老口耳相传的民间故事。

渔洋山西南高而耸者为法华山，山中有法华寺，相传唐释贯休居此，后改清华道观，有玄武殿，后又改清华寺。作为历史上著名的画僧，贯休与苏州的关系十分紧密，穹窿山积翠庵也由他复创，应该说说。

贯休生于唐大和六年（832），婺州兰溪人，俗姓姜，字德隐。七岁时，投兰溪和安寺圆贞禅师出家为童侍。小小年纪记忆力超群，日诵千字《法华经》过目不忘。他又好吟咏，受戒后，常与僧处默隔篱论诗，一唱一和，见者无不惊讶，从此诗名日重，远近闻名。贯休不仅能诗善书，又擅长绘画，尤其是罗汉画像，以状貌古野、仙姿脱俗著称，在我国绘画史上有着很高的声誉。代表作十六帧罗汉像，无论是创作风貌，还是笔墨技巧，历来倍受青睐。《益州名画录》和《宣和书谱》对此有很高的评介，称其所作十六罗汉，胡貌梵相，曲尽其态，皆怪古不媚，有庞眉大目者，朵颐隆鼻者，倚松石者，坐山水者。据说种种造型，都是贯休梦中所见，故而有别于世俗的常规笔墨，大胆创新的笔法，令人耳目一新。相传这十六帧罗汉画像，后来被给事中程羽进献给宋太宗。

贯休又画过释迦十弟子，也如罗汉像一样，见者无不诧异，当时大臣都作诗歌赞颂，更被佛门弟子视若珍宝，欲求其笔墨不可得，惟求能一见其真迹，已相当满足。贯休曾至豫章（今江西南昌）传《法华经》、《大乘起信论》，义理之精深，含义之深奥，讲训之勤奋，为郡守王慥所敬重。王慥离职后，新任太守蒋瓌开洗忏戒坛，也请贯休为监坛。后梁乾化二年（912），贯休示寂，享年八十一岁。

贯休是位爱憎分明的出家人，时常将平民百姓的疾苦放在心上，所作《酷吏词》，愤怒地谴责了贪官污吏欺压民众的暴行。他又有不畏权势的傲骨，在杭州期间，曾给吴越武肃王钱镠写《献钱尚父》诗。据说钱镠读后十分欣喜，但要贯休将诗中“十四州”改为“四十州”，被断然拒绝，回答道：“州既难添，诗亦难改。”可见他正直坦诚不畏权贵的高尚品质。

法华寺

远眺渔洋山

顺治初，静目老衲避难法华寺，见桑柘蓊蔚，鸡犬之声相闻，其背山而居者非渔民即樵夫，全无乱离之况，可继桃源佳话，因此欣然写下“湖上清风，可消尘歒；山间明月，顿息凡心”。法华寺门对长沙山、叶山诸岛，陡入湖中，风景绝佳。当东南风飚起，湖涛汹涌，高数丈迎面扑来，真有惊险之观。登眺平览，则太湖七十二峰历历可数。李根源就认为光福诸山，当以法华最胜，石壁次之。

西下法华岭为法华坞，相传旧时有七佛寺，至清代荒废。当时有就云禅师结庵寺左，后也废败。又有白泥洞，洞中白泥可作磁料。行走山坞，地势深回广衍，万松撑盖，风吼涛鸣，鸟儿时与往还，颇有幽致。再下则平阳，田广百亩，茅屋三四椽，鸡犬无惊，如入仙境。咸丰年间，太平军侵据光福，乡人多避难于此。

又西去不远，为黄茅山，相传吴王夫差时美人郑旦葬此，据徐翥先《香山小志》记载，道光间徐芝峰于清明游法华山，见有断碣，一“郑”字缺其半，一“旦”字完好，便感叹道：“青山何处葬夷光，一舸五湖去渺茫。莫怨当年恩宠短，千秋残石姓名芳。”另一位美人西施的下落，众说纷纭，莫能得其踪迹，倒是郑旦还留下了这点遗迹，当然也不能信以真，春秋时哪有什么墓碣，或许是很多年前的文人好事。《香山小志》解释渔洋山名字，说是“渔洋、钵盂、法华、黄茅四山，一气蜿蜒，东、北、西三面皆太湖，湖面较阔，惟渔洋山下往来商舶所不过，鱼凫安集于斯，故罟叟网师视为利薮群趋焉，渔洋之得名以此”，其中说“东、北、西三面皆太湖”似有误，渔洋山东接蒋墩、夏家带等处，准确地说应是“南、西、北三面皆太湖”。

另外，渔洋山西有白沙底，当地人常常射猎于此，这里的狐很出名，俗称竹狗。廖文锦《香山杂咏》有曰：“雪满渔洋夜合围，紧随猛犬走如飞。一齐追过白沙底，打得山中竹狗归。”这是雪夜里常常出现的画面，可见渔洋山当年人迹罕至，野生动物漫山遍野，如今已是很难想象了。

米堆山五云洞

米堆山在玄墓山南，与东面的穹窿山大茅峰遥遥相对，因形似米堆而得名。旧时有映谷庵，秀野可爱，屋后烟叶百本，紫竹数丛。庵中有香花桥、五云洞、狮子窟、虎洞、云半间、钵盂泉、石屏风、朝天笏、浴日渊、松风独啸台十景。廖文锦将其分为几组，纳入《香山杂咏》，咏香花桥、五云洞二景曰："香花无数落平矼，五色天云拥佛幢。莫种淡巴菰叶子，多留紫竹打僧窗。"淡巴菰叶子，即烟叶。寺僧砍竹种烟以牟利，未免太煞风景。咏狮子窟（深涧）、虎洞（大石洞）和云半间（洞口石室）三景曰："米堆山下老虎洞，狮子窟连云半间。输与山僧永日坐，静听泉水日潺湲。""古洞深沉虎迹除，怕他狮子窟中居。白云不与僧相约，片片随风落石闾。"咏钵盂泉、石屏风和朝天笏三景曰："平铺黄叶拥篱根，洗钵泉头落涨痕。一叠石屏双石笏，只无石丈列松门。"石屏风是一方直径逾丈的大石，朝天笏则是平正无疵、大小若一的一对石笋，诗人曾向寺僧提议改钵盂泉为洗钵泉，因钵、盂二字意义重迭，易为洗钵，更能增添动感。又咏日渊和松风独啸台二景曰："泓清澈洗愁怀，见说咸池许等侪。独上高台发长啸，惊风瑟瑟落松钗。"浴日渊是虎洞下的深涧，独啸台在庵后最高处。

米堆山十景中，最著名的是五云洞，它在米堆山之阳、吕山之阴，因明季有虎伏于洞

米堆山

内，故俗称老虎洞。明遗民顾天叙以洞为中心辟为一处诵经静修之处，并撰《五云洞记》，其中写道：“洞凡五，石色紫碧，而窈窕之态如云，故以五云名洞。其内则曰云半间，已许僧半间矣，第可与为侣者，难其人耳。又进之曰珠玉之房，盖取谭景升语云：‘若蚌内守，若石中藏，所以为珠玉之房。’又其形相肖也。历级而升，达上洞，题曰丹梯。最上一层，名曰愚公谷，老年好事，早暮匍匐，能免愚公之诮乎。上有台焉，对列穹窿如屏，环绕具区如带，四时烟景，变态万千，振衣一望，飘然有凌云之想，故以振衣为台名，因而名其冈曰带湖。构一亭于山半，颜以水石清华。而庵之额曰偕隐，总之不离退藏者近是。”此外又有狮吼泉、虎头岩、浴日渊诸景，中有清泉自石缝渗出，虽旱不息，泉味甘洌，四周乔木蓊郁弥天。所构宏廓窈邃，搜剔石窟，俨然名胜，但未免人工过多，雕凿补缀，痕迹历然。

顾天叙是苏州府昆山县人，字礼初，号笋洲。万历十六年（1588）领乡荐，时年二十三，历知铅山、元城、嘉鱼三县，后以子顾锡畴贵，即弃官不仕，结庐邓尉山，屏居读书著述，不入城市达三十年。崇祯末年，国事艰危，顾锡畴将要南行，父子恋恋不舍，顾天叙对儿子说：“我自尽我当尽之节，汝自为汝当为之事。”两都相继沦亡，清军下江南，顾天叙趋子赴福建，绝食七日而亡，时在清顺治二年（1645），享年八十一岁。其墓在光福潭山东聚峰坞，为自筑生圹，名曰始安居。他著有《法言类编》、《删定百稽篇》、《五云洞集》等，可惜都已散佚了。

顾天叙卒后，五云洞很快就荒芜了，陈瑚十五年后来游，已物是人非，有《重游吊笋洲先生》诗曰：“十五年前相宅来，白云深处草亭开。水流花谢先生死，洞口无人满翠苔。”但五云洞作为曾经的名胜，还是游踪络绎，沈德潜就有《游五云洞》诗曰：“山斋饭

顾天叙像 《吴郡名贤图传赞》卷十一

初罢，步入空岩里。来寻五云洞，云根露齿齿。寒泉清道心，松风涤尘耳。老僧木石年，坐阅人代驶。相对不说法，颇得清静理。石床难久留，寒光逼衣履。晚钟送归客，遥林夕阳紫。”

后五云洞改为僧庵，洞上架观音阁，士女于此祝祷求子，每当二三月间，香火尤盛。至民国时李根源来游，《吴郡西山访古记》卷一记道：“途遇僧胜空者，年六十六，五云洞住持也，虽余往游。至五云洞，寺虽简陋，有泉清洌，庵后石洞刻篆‘浴日渊’三字，胜空请题寺额，余为书之。”

由邓尉山北逾寺崦岭，便是凤鸣冈，清人徐坚《光福竹枝词》咏道：“邓尉山边鸣凤岗，中开乐土是吾乡。参差山绕湾环水，烟树千家一坞藏。”此乃由邓尉发脉，蜿蜒而北，断而复起，如凤首览辉，故名凤鸣冈，因山势并不高峻，故有百步之说，俗称百步顶。然视野开阔，黄中坚有《春日登凤鸣冈》诗曰：“两崦夹明镜，翠嶂列画屏。茫茫太湖波，滉漾空明影。”于冈上望湖中诸峰，仿佛几案上棋盘里的棋子，伸手可取，真可谓是望湖胜处。

凤鸣冈西麓有大石，约占地二三亩，旧名西林翠竹，俗称小玄墓。据记载，此处即为顾天叙的晚香林遗址，有石浪亭、半九轩等建筑，俗称园上。清人许兆熊《光福竹枝词》有曰：“晚香林筑顾封翁，当日园林莫与同。剩有一亭今已倒，不堪重问旧花丛。”那时石浪亭已毁，诗人儿时见过，那么为何说“当日园林莫与同”呢？意思是说，顾家园林中石浪亭，很有特别的地方。

顾天叙《晚香林记》详细记述了这一景观的发现和营构经过：“嗣后驱驰尘鞅，忽忽二十年，倦游解绶，乃得筑室邓尉之墓侧，栖迟得闲亭，与松楸伍，凡十馀年，几不知有人间世矣。会有震邻之警，移居光福阛阓间，既非吾好，复际涓氛，朝野多惧，每徬徨山陬水澨，图所以令吾终者。一日，于藩墙外瓦砾中，见有石挺然，如舟一叶，翳以苍苔，浅深莫测。戏谓友人：‘石若可穴，便足埋我。’友人曰：‘此石久郁湖山深处，意有待以显乎？’因率童子辟草莱，疏魂礧，向之植立者，虽渐舒而下已垣露，疑其中未必有殊胜，工且再三辍。幸圣王御极，日月重朗，余父子相庆更生，遂以食闲渐加搜剔，宛转成蹊，介然可步，下忽陡绝，最下又复平夷，方广不可量。心窃乐之，尚未敢究厥功，且筑垣为外护，惟恐为风雨化去，又恐兹石或不能藏其拙，而吾力或不能为造化补缀也。”

七年以后，顾锡畴归，七十岁的顾天叙与儿子一起又开始挖掘工作。“于是山川之绮错，花木之滋茂，与夫庐舍之鳞差，舟楫之翔舞，皆近在履舄下，渔歌牧唱，鸟识欢心，暮霭朝烟，云归天外，阴晴代变，耳目尝新，石乃不虚生矣。因复事畚锸，全体毕露，高如矶，平如砥，奔腾如浪。最奇者，遍山皆坚石，一线独瑕，周围如带，就其宽衍处疏之，俨然成涧，涧成而灵龟出焉，涧无罅隙，莫知其所从来。古人抱奇癖，见卷石而拜，或尊之为丈。今之好事家，不远千百里，陆辇水运致园圃，殚人巧以夺天工。岂知人不胜天，假不胜真，而石之有当于余者，政喜其天真自然，纯以拙胜也”。

这一发现，让顾天叙欣喜不已，于是先构小亭，取名石浪，黄中坚有《石浪亭赋》。次又成画不如轩、赐官堂、蝉叶斋、清音阁、景花台、第一玄室、炳烛室、翔鸿园、雁影廊等，合而命之为晚香林，则取韩琦《九日水阁》“莫嫌老圃秋容淡，且看黄花晚节香”之意。

凤鸣冈麓，有明赠指挥顾华墓和清刑部尚书徐乾学墓。1926年春，李根源经费家河头和凤鸣冈，访徐乾学墓。当时墓前立有双狮，有池塘，内外石坊、石马、石虎、翁仲、龟趺完好，墓围刻画二致，惜已半倾圮，墓碑也倒在桑田中，字迹磨损。但不管怎样，当时还是颇具规模的。现在的景象，已很有不同了，只有田埂边倒着的一截翁仲背部，还有小水沟里低头饮水的一尊石马。

徐乾学是顾炎武外甥，昆山人，字原一，号健庵，康熙九年（1670）探花，授编修，历官刑部尚书，曾主持编纂《明史》、《大清会典》、《一统志》等。徐乾学是清初著名学者，又是藏书家，家有传是楼，南北闻名。他著有《憺园集》、《读礼通考》、《通志堂经解》、

费家河头的石马

《传是楼书目》等。康熙三十三年(1694)卒,年六十四岁。其大弟徐秉义,康熙十二年(1673)探花,累官内阁学士兼吏部侍郎;三弟徐元文,顺治十六年(1659)状元,历官文华殿大学士,所谓"一门三鼎甲"者也。

2012年12月6日下午,与友人访费家河至凤鸣冈一段乾隆御道。

从费家河头穿过村民住宅,走过一段田埂,便看到乾隆御道。是的,这是真真切切的御道,就踩在我的脚下,真实不虚,与通往七宝泉的御道相似。顾天叙当年建晚香林时不会想到,多年以后,清圣祖、清高宗均会来到光福,御道还穿过他的晚香林,九泉之下,真不知作何感想。

御道掩映于果树丛中,宽不过二三米,黄石铺就,原本就被行人踩踏得光亮亮的石子,被岁月滋养得越发润泽。随着坡度的上升或下降,旁有两排青石竖砌着,大概是防山路滑坡变形,足见当年工匠修筑时是如何的用心。我们在御道上徘徊,不时蹲下抚摸这些曾经被皇上龙足亲密接触过的石子,一路欢声笑语不断。

走到百步顶,出现几户人家,漫步其间,犬吠声、大人小孩的话语声不时传来,还真有范成大"鸡声人语小家乐,木叶花草深巷香"的况味。可惜的是,翻过山头,面前的御道却被浇成了水泥地。回首来时路,一抹斜阳照耀下,黄石金灿灿、红滟滟,再看前方的水泥路,灰溜溜、硬梆梆,真不知该为这幸免于难的二三百米长的御道庆幸,还是该为压在水泥地下不见天日的御道悲哀,现在的人到底怎么啦?归家,作小诗两首聊以自慰:"凤冈寻古迹,一路犬相迎。御道无人宠,缤纷入泥轻。""林中传笑语,黄石脚边吟。一抹斜阳照,痴痴两颗心。"

这条赫赫有名的环山御道,是地方官为方便皇上游历光福山水特辟的,至今费家河

百步顶御道

光福月夜

头南面还有“官路上”,玄墓山东脚下也有“下官路”的地名。多么希望有朝一日能恢复整条御道啊,如今长期生活在钢筋混凝土丛林中的人们,尤其是雾霾日益严重的情况下,多么渴望能在自然山水间呼吸新鲜空气。

晚香林东面的石嘴墩,原有石址庵,是历史更为悠久的景观,创建于南宋咸淳初年,旧时庵中有古榆一株,浓阴蔽日,相传为晋时遗物,被称为山中第一。清代之前,石址庵旁边还有宋先贤黄策祠,祠废后,牌位祔庵中。遥想当年,中秋之夜为石址庵最热闹的时候,当一轮圆月悄悄爬上老榆树的梢头,照亮了山间小道,在浓郁的桂花幽香里,迎来一个又一个“走月亮”的士女,尽管夜冷罗裙薄,脚小绣裙长,山路崎岖难行,但是她们的心情是欢愉的,一个个手提灯笼,头簪木樨,袅袅亭亭,兴高采烈地婆娑月下,流连忘返,直到鸡鸣喔喔,才恋恋不舍地回去。

那一夜,这里的山水似乎也越发地柔情了。

玄墓山中玉雪寒

玄墓山，在光福镇南四五里，东依穹窿山，西接潭山支脉青芝山，为邓尉山南峰。玄墓、邓尉一南一北，同属一山，最早称大尖，俗称光福山，相传因东汉邓尉隐于山中，始称邓尉山；后又因晋青州刺史郁泰玄葬此，又名玄墓山。清代因避圣祖玄烨讳，改作元墓山，也有写作袁墓山的。

关于郁泰玄墓，徐傅《光福志》引《苏州冢墓志》说："不详所在，言泰玄性仁恕，葬日，燕数千衔土，今冢犹高大，异他坟，村乡岁时祭祀。谓吴县西南有玄墓山，疑即其地。"这段话似乎自相矛盾，既然"不详所在"，又哪来"今冢犹高大"。不过1916年农历正月里，钱基博他们却是看到的，寺僧启寺后便门，有见一墓，上覆以亭，即为东晋青州刺史郁泰玄墓。当然，这或许是附会传说而已。1926年春，李根源来此，见石碣题"晋青州刺史郁泰玄墓"，额顶刻记"乾隆元年三月新安后学吴囗囗立石并记"；左旁丰碑高九尺，上段刻"景泰元年十月初一日谕旨"，下段刻"天顺三年五月二十八日礼部札付"。郁泰玄官不过刺史，事迹也寥寥，却因了光福山水得以千古留名，明人陈瑚《吊玄墓》就咏道："细草春风古墓田，衔泥曾记燕千千。行人不为看花至，更有何人说泰玄。"

玄墓山大池头又有云石，相传为北宋初年祥云所化，石旁因建云石庵。山西坳又有胜殊庵，元至顺元年（1330）建，明万历中郡绅顾天叙、顾全等重建，清乾隆十年（1745）顾廷煊修，四十年（1775）顾廷煊子顾培源同谷志斌、顾邦孚再修。据记载，万峰、吼岩禅师塔就在真假山北面。现在观音殿附近，有一座新建的吼岩石塔，构件有旧有新，塔前牌坊上"宗门砥柱"四字，为王时敏所书。西边山上有一块摇摇欲坠的"喝石"，传说是穿井时被万峰和尚及时喝止的坠石。

元代僧人万峰，因为对中兴光福寺院作出了贡献，而赢得声名流传。

玄墓山上，以唐天宝年间所创天寿禅寺为最早，南宋宝祐年间又建圣恩禅院，此后寺院并存，辟为上下道场。元至正元年（1341），一场大火，寺毁院存，从此一蹶不振；九年（1349），江南名僧千岩和尚的高足万峰和尚自杭入吴，卓锡于此，创建万峰道场，重兴佛法。时人称山为万峰山，称寺为万峰寺。王越有诗咏道："万峰形胜出尘埃，中有名僧慧远才。佛法早从三藏得，圣恩新自九重来。莲花刻漏金壶滴，贝叶翻经高阁开。到此宛同庐岳景，诸山空说旧香台。”

明王朝建立之初，有鉴于元代崇奉喇嘛教的流弊，转而支持汉地传统的佛教各宗派，禅、净土、律、天台、贤首诸宗逐渐恢复发展。洪武元年(1368)，即在南京天界寺设立善世院，以掌全国名山大刹住持的任免；三年(1370)，又召集各地僧耆，规定寺院为禅、讲、教(包括依瑜伽教修行及应赴佛事等)三类，要求僧众分别专业。随后又召集江南名僧至南京，启建广荐法会，点校藏经，重行刻版印刷。并对僧人普给度牒，废除过去计

松风水月台下

僧卖牒的免丁钱，命各地沙门讲习《心经》、《金刚经》和《楞伽经》。

这一系列措施，既是对佛教的整顿，也有条不紊地繁荣了传统佛教宗派。虽然万峰不肯应召赴南京，但在这样的时代背景下，几乎废圮的圣恩禅院也得以复兴。至洪武九年（1376），次第建起观音阁、法堂、大殿、塔院、斋厨，铸巨钟、立钟楼，一时僧众云集。永乐七年（1409）又重修大殿，建藏经阁、天王殿、方丈、山门、寮库、碧炤轩等。

关于万峰的功绩，明人王一宁《天寿圣恩寺记》这样说："元季寺毁庵存，而后万峰蔚禅师出，谓是庵气脉迥异，乃开山说法。十方禅衲，争师参礼，星拱云合。师勤于封植

圣恩寺山门

培艺，垦田于川，凿井于谷，佳木修篁，葱茏环绕山麓间。由是居民向化，财施麇集，殿宇轮奂一新，像设严整安禅，有室延僧，有寮伊蒲，有供为接众，丛林入大寂。”万峰不仅营造寺院，而且注意保护周边的生态环境。至于所谓“气脉迥异”，万峰在《邓尉山偈》中说：“玄高向午而朝湖，三凤三龙天下无。左右环盘前后阔，此山真好立禅徒。”于偈中颇可见万峰重振寺院的决心。玄墓山的风水是否真是“三凤三龙”，明人王焕如与其有着同样的说法，“此三龙三凤人天朝拱之区，非大觉金仙不能享，非国师禅祖不能居”，这样的地方当然最适合建造寺院了。

嘉靖十四年（1535）八月，华钥历时七日游览苏州西郊山水，作《吴中胜记》，其中记述了万峰的故事以及当时圣恩寺的一些情况。华钥是由圣恩寺僧宝峰引至祖僧万峰之坎，他说：“时霁日当午，而寒生足底，如零露逼人，襟衽欲湿。宝峰曰：‘万峰辟山，凡十有八而得邓尉，改名登蔚，自名时蔚，得登蔚之胜者三，葬坎、佛殿、中井也，而兹山之胜于是焉穷。洪武初，诏致天下高僧，万峰不往，必致之，乃坐逝。’因出其衣钵及画像，自题偈曰：‘这个瞎头陀，看伊直甚么，自如哑盲聋，勘破佛祖过。不是心，不是佛，不是物，是个甚么？团呵呵，迸出眼光，天雷大默，觉人皆仁，现成笑道，修行求佛，做因幻书，形有相身，无生无幻。本来真灵源，寂默无能睹。’书相传留转法轮，予令宝峰读之。因思异端之害佛为尤甚，为其近似而大乱真也，斯偈见之矣。虽然万峰知山得胜，坐归寂灭，庶几所谓蜕壳解者，虽谓之高僧也，亦宜。下历禅堂，罗数众诵佛经，签帙满座，牙锦烂然，一五台山僧主之，数众皆其所给。夫五台远在万里，而来玄墓之深，罗僧诵经，良亦苦矣。彼惑人者，必近村市，以为之招，兹惑者也，而差异于惑人者也，其谓之僧也，亦宜。”

华钥，常州府无锡县人，字德启，号水西，嘉靖二年(1523)进士，授户部主事，官至兵部郎中，著有《水西居士集》等。可惜英年早逝，嘉靖十八年(1539)卒，年四十六岁。

万峰的后继者进一步拓展寺院规模，如智璿，“梵行卓尔，恢宏其新规，增饰其旧制，建层楼，甃复道”；如碧清，“增建毗卢阁、天王殿、香花桥，复构轩室百馀楹，寺日益盛”。又据蔡懋德《圣恩寺中兴记》记载，天顺至嘉靖年间，寺院曾一度圮废，自万历末年开始，在法藏、剖石等名僧的努力下，克振宗风，亟新大殿，并创天王殿、山门、大悲堂、方丈、禅室，复购旃檀雕毗卢像，请大藏，供奉佛阁。昔璿师也建禅堂，有天开图画一区，太常少卿程南云题额。东为双梧轩，乃少师姚广孝曾憩处，西有碧照轩，轩后为万峰深处。

明清易代之际，寺院一度零落，至康熙年间再度复兴。归庄于康熙五年(1666)探梅来到圣恩寺，写下《观梅日记》，他于崇祯年间来游，曾题诗于壁，当时梵宇寥落。二十年过去，通过寺僧的努力，不断创新改旧，规模渐渐宏敞，殿宇金碧烂然，不过归庄的旧题已不复存在。至清初，圣恩寺寺院共有建筑一千馀间，僧生一千多人，为临济宗三峰派道场，属全国五大名刹之一。这里要说一说临济宗三峰派及其创始人法藏。

禅宗五家入明以后，尚能维持规模的，仅临济、曹洞两家，而临济之势又稍盛于曹洞。

万峰像及灵塔

《五灯会元续略·凡例》称“临济宗自宋季稍盛于江南，阅元而明，人宗大匠，所在多有”，然而“韬光敛端，民真得传”。故至明代后期仅存天童（圆悟）、磬山（圆修）、本溪（性冲）三派而已。法藏，俗姓苏，无锡人，字汉月，号于密，晚号天山，万历元年（1573）生，崇祯八年（1635）示寂。他十五岁出家，三十七岁始受戒具，四十悟道，后来往从圆悟，被命为第一座。他先后坐过常熟三峰清凉院、苏州北禅大慈寺、杭州临平安隐寺、苏州邓尉圣恩寺、无锡龙山锦树院、杭州南屏净慈寺、嘉兴水西真如寺、吴江松陵圣寿寺八处道场，黄宗羲《苏州三峰汉月藏禅师塔铭》称他“危言深论，不隐国是”，“砥柱释氏，天心可知”。

法藏与圆悟虽有师弟之谊，但法藏并不得法于圆悟，与圆悟的观点颇有不同。他宣扬宋慧洪所撰《智证传》，力阐纲宗，为诸方所疑谤。圆悟作书告诫他，法藏复书答辩，又作《五宗原》，圆悟一再加以驳斥，圆修也作《五疑宗原》予以反驳。法藏的弟子谭吉弘忍更作《五宗救》，主张师说，圆悟又加以驳斥，他的侍者编为《辟妄救略说》十卷。

至顺治、康熙年间，法藏的门叶极其繁荣，当时成为三峰一派，海内称法藏和他的弟子灵隐弘礼、灵岩弘储为佛、法、僧三宝。康熙四十四年（1705）追谥法藏为镜通禅师。时有“禅宗莫盛于临济，临济之禅莫盛于三峰，三峰之禅莫盛于圣恩”之说。可是，清世宗胤禛即位后，形势大变，他自号圆明居士，不但留心佛教，而且留心宗门，辑古德参禅语为《御选语录》十九卷，以禅门宗匠自居。世宗干预了圆悟与法藏的学说之争，痛驳法藏、弘忍所言，斥之为魔说，并将藏内法藏、弘忍的语录及《五宗原》、《五宗救》等尽行毁版，另将《五宗救》逐条驳正，刻入藏内，这就是现行的《拣魔辩异录》。

世宗在书中甚至这样说：“二人者，实为空王之乱臣，密云之贼子，世出世间法不可

三峰法藏禅师像 《佛祖道影》

容者！”又着直省督抚从圆悟派下削去法藏一支，永远不许再入祖庭。传令天下祖庭，凡系法藏的子孙开堂的，即撤去钟板，不许说法，另选圆悟派下的别支承接方丈。世宗之所以不惜帝王之尊干预僧争，乃出于政治的需要。这是因为法藏的门叶大都为明末遗民，这些“义不食周粟”的有志之士，怀着故国之思遁入空门，又纷纷走到三峰派的旗帜下，法藏一系“门多忠义”，故“易为不喜者生嗔”，也就是很自然的事了。三峰派受到世宗的政治打击，从此法脉断绝。

话又说回来，玄墓山圣恩寺之所以闻名遐迩，除地理形胜外，与明清时期多位皇帝的关注分不开。明正统八年（1443）御赐“天寿圣恩寺”额，景泰六年（1455）诏建保国道场，天顺三年（1459）又赐“圣恩禅寺”额。地方人士则又积极修葺，如崇祯元年（1628）在吴江县知县熊开元主持下，重加缮建，像设庄严，湖山灵秀，为丛席冠，圣恩寺进入全盛时期。殿宇庄严，群阁巍峨，画栋飞檐，远远望之，丹霞翠阁，如仙境一般。与光福颇有缘分的诗人吴伟业，顺治十年（1653）奉母朱氏命建藏经阁，并写有记。

清圣祖玄烨、清高宗弘历数次南巡都驻跸于此，留下寺前直通苏城的御道，以及诸多御题石碑、御赐宝物等。康熙二十八年（1689）二月，圣祖南巡至苏州，由木渎至圣恩寺，驻跸四宜堂，并赐御书“松风水月”四字及帑金二百两；四十二年（1703），赐额；四十六年（1707）二月，“三十日，幸邓尉山圣恩寺，僧际志恭迎圣驾。午后传旨宫门伺候，御赐人参二斤，哈密瓜、松子、榛子、频婆果、葡萄等十二盘。上云：‘吾见和尚年

玄墓山

老也。'天恩温谕，莫可殚述，江南父老至今犹能言之"（《履园丛话》卷一）；五十八年（1719），圣祖又为孝惠章皇后资福，赐圣恩禅寺帑金一千两，数珠一千五百零一挂，衣袜各一千五百零一副，并特旨钦命江宁织造曹頫、苏州织造户部侍郎李煦、都察院右副都御史吴存礼、江南江宁苏松常镇淮扬徐州一州布政使杨朝麟，将所赐钱物护送至寺中。

据说，受赐仪式十分隆重，远近寺院都派代表参加，有三千四百馀人，一切费用都由朝廷开销。这种特殊的恩典，在历史上恐怕是很少见的，由此也足见当时圣恩寺的地位和影响。雍正以后，三峰香火虽已消散，但高宗对圣恩寺却青睐有加，自十六年（1751）至四十九年（1784）的三十三年里，曾六次驻跸圣恩寺，御题寺额"梵天香海"，赐联"万顷湖光分来功德水，千重花影胜入旃檀林"，又御题行宫额"众香国里"，赐联"春入湖山韶且秀，雪凝楼观净无埃"。高宗还为皇祖圣祖所书"松风水月"四字额，每字咏七律一首，并先后叠韵四次。一处远在江南的寺院，能得到这样的恩遇，大概也是不多见的。正如清人何广生《光福后竹枝词》咏道："高宗又复绍前徽，六次闻皆驻六飞。十八河桥今尚在，垂杨芳草冷斜晖。"

圣恩寺中，除殿宇钟楼外，有明正统十年（1445）所建梵天阁，清顺治五年（1648）所建还源阁，后改名还玄阁，还有天开图画阁、双梧轩、四宜堂、南询堂、大义堂、精进堂、禅悦堂、延寿堂、印心堂、拈花寺、温砚寮、宝书楼、丛桂轩、满月阁、证心室、纯白窝、御书亭等建筑。袁学澜《吴郡岁华纪丽》卷二说："康熙间，翠华幸四宜堂，堂有古桂七八株，离奇欹倚，数百年物也。左有万峰院，有钟楼甚峻。地多古松，皆合抱，寿藤缠络。巨竹万个，争拿云干霄。蘙翳蒙密，幽清凄寒，未昏而暗。寺中还玄阁，徐俟斋隐君题榜，用错刀书。阁中多名人留翰，如宋牧仲、沈归愚、庄有恭、姜度香诸公诗牌，班

清圣祖御题"松风水月"碑刻

班可读。余尝春游其间，与僧幻如坐还玄阁，正望太湖，渔洋山若屏障，殆绝尘仙境也。”寺前有一冲天牌坊，浮雕精湛，气势壮观。入民国以后，寺院逐渐衰落，僧众四散，香火远不如前了。

圣恩寺中收藏甚富，有明太祖朱元璋所赐《居山图》，有明人绘写的《西方极乐世界图》、《旃檀佛像》、《华严经塔》，都是六七米的巨轴。关于佛像和经塔，顺治四年（1647）元旦，叶绍袁曾在剖石的禅室里见过，《甲行日注》卷五记道：“左挂画塔一帙，塔书《法华品》七卷，字如芥子。佛字即在中间，佛顶上菩萨字即在两旁。菩萨顶上，人巧天工相错，不知创始何时。赵松雪为摹出，此又临松雪本也。松雪本今在扬州。右供古大士像，李次德笔，亦甚高妙。”

当然最有名的重器，要数古乐器郘公䥫钟和钟楼里的古钟。关于郘公䥫钟，据徐傅《光福志》记载，同治十年，僧真照（月岩）和尚重点寺内古物，有周郘公䥫钟，古色斑斓，钟带间三十六乳，铭文为籀篆，诚然是镇山之宝。有拓本长卷，题跋甚多，潘文勤跋：“大江以南，无专鼎在焦山，王子吴鼎在虎丘，与此鼎峙而三矣。”这郘公䥫钟今藏南京博物院。

钟楼里的古钟，原为明洪武九年（1376）僧奕持募铸，且露出金银首饰片的痕迹，钟表铸阴文小楷《华严经》全部。惜此钟在嘉靖年间被严嵩攫去，下

圣恩寺铜钟

落不明。万历年间，僧旭晓至四川募铜万斛，仍照旧钟重铸，钟表镌《法华经》一部，计六万馀字，蝇头细字，清晰异常。偈语有道是“一撞一声一部经”，钟声洪亮，据说可以远传苏州、湖州、秀州三州。

民国年间，谭正璧偕友人来游，他在《邓尉一日记》里说，来到圣恩寺，“刚巧有个外国人领了他的几个同国人来，他似与寺僧熟识，寺僧便拿出寺中宝物《梅花图》和一个古磬来。我们乘机也得以观赏。听说向来看这东西须出代价的，我们今天可算占了便宜”。这“古磬”很可能就是郏公铿钟。“出寺到钟楼去看古钟。钟是用铜和小石子铸成的，上面刻有全同《华严经》，蝇头细字，清楚异常。击之，声音洪亮，震脑欲裂”。谭正璧一行看到的，正是万历间重铸的那口，可惜这口钟已毁于“文革”时期。寺内现有的铜钟，为 1999 年 2 月钟楼重建工程奠基时，融宗指派弟子真法负责铸造的，钟重达六吨馀，口径二点一五米，体高二点六米，连钮总高三点一米，钟体镌刻《法华经》、《金刚经》、《心经》，是当时苏州最大的一口。

圣恩寺里文物很多，抗战沦陷时差点被日军掠夺而去，幸亏太湖游击队及时赶到，将寺内珍贵文物移藏于附近的西湾，后又被新任住持融宗藏于山顶大井内。1950 年代，融宗通过光福乡政府，把这批文物悉数上交国家。不仅如此，现在圣恩寺收藏的文物，不少也是经由融宗之手，如唐铜观音造像（今藏圣恩寺），明《金刚经》宝塔石刻和《楞伽经》石刻（今藏司徒庙），清圣祖“松风水月”碑（今藏司徒庙）和清高宗《再叠邓尉香雪海歌旧韵》石刻（今立吾家山中），民国玉佛，民国影印本《邓尉山圣恩寺志》，光福涧廊出土的白瓷枕、明万历官窑五彩瓷坛、清乾隆官窑青花瓷六龙瓶（今均藏吴中区文物管理委员会）以及《圣恩寺法卷》等。《圣恩寺法卷》由明代密云圆悟禅师追记前代祖师，

圣恩寺　1940 年代摄

并交付汉月法藏始，一直记录到尊权融宗，共五十七代。

圣恩寺前，旧时有雨花桥，桥畔多桂树，山下则有松树逾万，廖文锦《香山杂咏》咏道："御道盘盘到万峰，雨花桥外桂香浓。涛声直走还元阁，一片秋风万粒松。"若于薄雾飘然的暮色中，静静地坐在雨花桥上，闻着随风起舞的丝丝幽香，那该是多么惬意，诚如王士禛《晚坐雨花桥看梅》所咏的那样："寒湖望已远，迢迢暮归寺。修竹隐山门，金碧眩空翠。清溪枕飞梁，花气增明媚。绿萼纷竞发，翠羽时一至。拈花悟禅心，作赋识仙意。高低垂繁条，明灭见湖次。缥缈吹笙人，消摇布金地。微微莲华漏，萧然远尘思。"

玄墓山风景绝胜，自古以来就是游览胜地，四季游人不绝于道，而以早春为最。据《吴郡岁华纪丽》卷一记载，吴俗以正月九日为天诞日，到处琳宫梵宇设醮斋天，男女老少毕集，焚香敬礼，书姓名于黄疏焚之。天诞日，即帝释天尊圣诞，民间有"拜天公"的习俗，本是道教的节日，城中玄妙观弥罗宝阁、城外穹窿山上真观等都设道场斋天，而佛教传统以"礼拜供养三宝，请诸天吃斋"的"供佛斋天"，为新年第一场重要法会。

斋天，又名供天，佛教斋天仪式，为隋代天台宗开山祖师智者首创，他依《金光明经》制定《金光明忏法》。宋代慈云遵式所集《金光明忏法补助仪》，将仪式开合为十科，一严治净室，二清净三业，三香华供养，四召请持咒，五赞叹述意，六称名奉供，七礼敬三宝，八修行五悔，九旋绕自归，十唱诵经典。另据《金光明经》记载，在金光明会上诸天于佛前发菩提心，亲承如来法勒，常佑护受持、读诵、书写《金光明经》者。诸天奉行正法，护持正教，修诸善业，不做恶行，并秉持法王嘱累，巡行人间，慈心辅翼有德，奖善罚恶，遂佛教徒礼敬诸天，设此法会，诵经礼忏，施设净食，以供养十方三宝，护世诸天及其随从。

文徵明像 《吴郡名贤图传赞》卷八

光福诸寺如圣恩寺、石壁永慧禅寺，正月初九日举行斋天法会由来已久，届时屐痕杂沓，舆马相望。这时寒梅正含苞枝头，让寻春的游人憧憬香雪十里的景象，过不了多久，便是梅花的世界，玄墓看梅花，也就成了苏州地方的一个节令习俗。当暖风入林，梅花初放，邓尉、玄墓、铜井迤逦至西碛、石壁、查山、潭山，漫山遍野披上玉雪，从城中而来的舟楫画舫挤满虎山桥畔，不但郡城里的士女都来探梅寻春，而且各地名流高士、骚人墨客也都慕名而来，夜以继日，探胜访古，寻幽赏景，诗以咏之，文以记之，极一时之盛。正如沈朝初《忆江南》咏道："苏州好，鼓棹去探梅。公子清歌山顶度，佳人油壁树间来。玄墓花正开。"

游玄墓诗画卷(局部)　明 文徵明

玄墓山向为观梅胜地，文徵明在《玄墓山探梅倡和诗叙》中说："吴玄墓山在郡西南，临太湖之上，西崦、铜坑映带左右。玉梅万枝，与竹松杂植，冬春之交，花香树色，郁然秀茂，而断崖残雪，下上辉焕，波光渺弥，一目万顷，洞庭诸山宛在几格，真人区绝境也。但其地僻远，居民鲜少，车马所不通。虽有古刹名蓝，岁久颓落，高僧韵士，日远日无。苟其人非有幽情真识，不能识其趣；非具高怀独往之兴，不能即其境而游。"

前人记述玄墓山梅花之作甚多，如蔡羽有《游玄墓记》，姚希孟有《邓尉诸山寻梅记》，怀应聘有《游光福访梅花记》，邵长衡有《玄墓探梅记》等，都堪称名家名作。即以徐枋为例，他对光福山水情有独锺，最让他心醉神迷的，还是玄墓山的梅花，他在《题吴

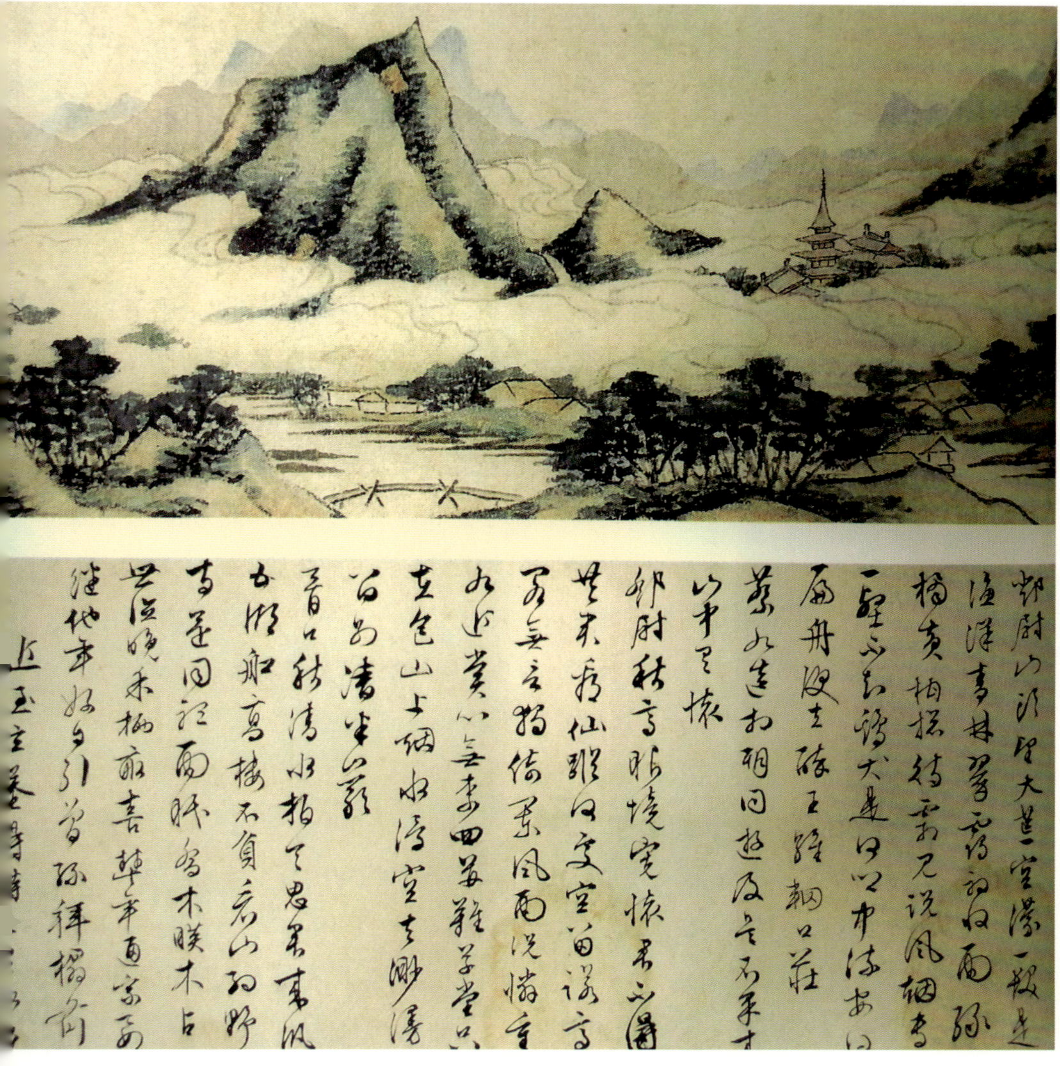

山名胜图》中说："吴之山惟玄墓最奇，翠壁面湖，又以梅花为香国，山溪水涯，无非梅者。"在《邓尉十景记》中又说："余以为此固他山之所有也，未足尽其胜也。若以梅花为香国，回环百里皆梅，与山水相同，此天下之山之所无也。"

至于诗咏，更是不可指数。如屈大均《冒雪同郭皋旭邓尉探梅》诗曰："一夜吴阊雪，催人入洞庭。花先玄墓白，柳未太湖青。鼓棹乘春水，寻钟上翠屏。微微光福月，相与宿空冥。"王士禛更有《玄墓竹枝词》有曰："左连光福右真珠，南北湖山总画图。四十里中花作障，人家多半住花须。"唐寅也有《玄墓山纪游》诗曰："玄墓名山久注思，少携闲伴是春时。隔窗湖水坐不起，塞路梅花行转迟。"说到唐寅，不由想起他的友人张灵与崔莹的爱情故事，因张灵深爱崔莹，求之不得而狂死，唐寅将他葬于玄墓山麓。崔莹得知噩耗，设奠墓下，自缢墓前。唐寅强忍悲痛，将两人合葬。

1916 年农历正月里，钱基博一行五人往光福探梅，因为那年梅花是小年，香雪海的梅花不见盛况，也就没去。第三天他们徒步往玄墓山圣恩寺而来，登还元阁，见楹联一副"太华夜碧，时闻清钟；西山朝来，致有爽气"，为石韫玉集句书。常熟翁同龢也书一联"点灯默坐还元阁，磨墨重题大歇关"。此外，还有洪钧、陆润庠、张謇所书楹联各一副，这些如今已看不到了，仅留存一段故实，让人回味。

那天，寺僧拿出两件宝物给钱基博一行观赏。一件是邾公牼钟，钟铭拓片卷子上有吴大澂一篇跋，说此钟曾为"豪有力者"夺去，隐其姓名，历来不知指的是谁，据钱基博说，此人即是吴云（平斋），但如何又回到寺中，则不详其故事了。另一件便是《一蒲团外万梅花》卷子，这颇有一说。道光年间，圣恩寺住持是诗僧觉阿，他以诸生祝发，有诗句"一蒲团外万梅花"，好友冯桂芬见了，称其有缘，于是和者众多，且每以此为起句，裒然成帙。不但有诗还有词，据张鸣珂《念奴娇》注："诺瞿上人贯彻摘觉阿诗句，画《一蒲团外万梅花图》，翁叔平尚书用石帚韵赋之，出视徵题，爰为继声。"诺瞿是苏州狮林寺僧人。张郁文《光福诸山记》则说，《一蒲团外万梅花图》的作者是胡锡珪，此人原名文，字三桥，相传笔墨不让改琦。某年周瘦鹃去圣恩寺，也看到过这个卷子，他在《邓尉看梅到玄墓》里说："寺中有还元阁，藏有《一蒲团外万梅花》长卷，出清代名画师胡三桥手，并有题跋很多，十分名贵，抗战胜利后，只剩下一半，仍有可观。"如此看来，《一蒲团外万梅花图》大概不止一个卷子。当时周瘦鹃还写了两首绝句赠与寺僧，诗曰："劫馀重到还元阁，举目湖山百种宽。欲寄身心何处寄，万梅花里一蒲团。""万梅花里一蒲团，打坐千年便涅槃。佛前缤纷花雨乱，如来弥勒共盘桓。"这个卷子，后来再未见有人提及，想已不知所在了。

由玄墓山雪中的梅花,可让人想起《红楼梦》中的故事来。作者曹雪芹对苏州社会风情有相当了解,《红楼梦》开卷即从苏州写起,黛玉和妙玉都是苏州人,大观园里十二个女伶组成的戏班也是从苏州来的等等。这是因为曹家在苏州有不一般的生活经历,他的祖父曹寅任苏州织造三年,他的舅祖李煦继任苏州织造达三十年之久。曹寅死后,曹颙、曹頫先后继任江宁织造。因南京与苏州的曹、李两家亲眷时有往来,曹雪芹少年时或许也到过苏州。此外,父祖两代撰写的诗文,讲述的往事,也让曹雪芹对苏州的了解更加全面。有一说曹雪芹生于康熙五十年(1711),那么五十八年(1719)御赐玄墓山圣恩寺钱物,旨谕由曹頫、李煦等人送至寺里,他已八九岁了,既为盛世旷典,就一定给他留下了非常深刻的印象。《红楼梦》写到玄墓山蟠香寺以及妙玉收寺里梅花上的雪用来泡茶,正是曹雪芹苏州情结的反映。

玄墓山蟠香寺,据说就是光福玄墓山圣恩寺。收梅花上的雪用来泡茶,过去并不多见,现在更不会有这般闲情逸致的人,但曹雪芹并非杜撰,陆以湉《冷庐杂识》卷六就记了高宗弘历,"遇佳雪必收取,以松实、梅英、佛手烹茶,谓之'三清',尝于重华宫集廷臣及内庭翰林等联句,赋《三清茶》诗"。

六七年前,我家从苏州古城搬至光福东崦湖畔,诱惑我的不仅是便宜的房价,还因

圣恩寺形胜图 《邓尉山圣恩寺志》卷首

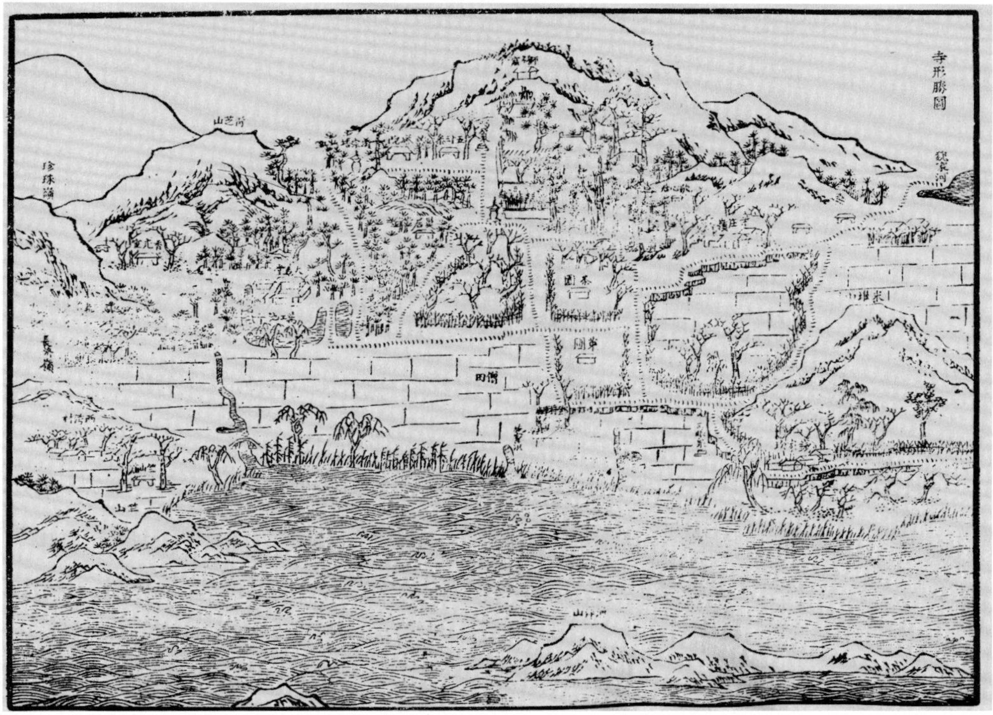

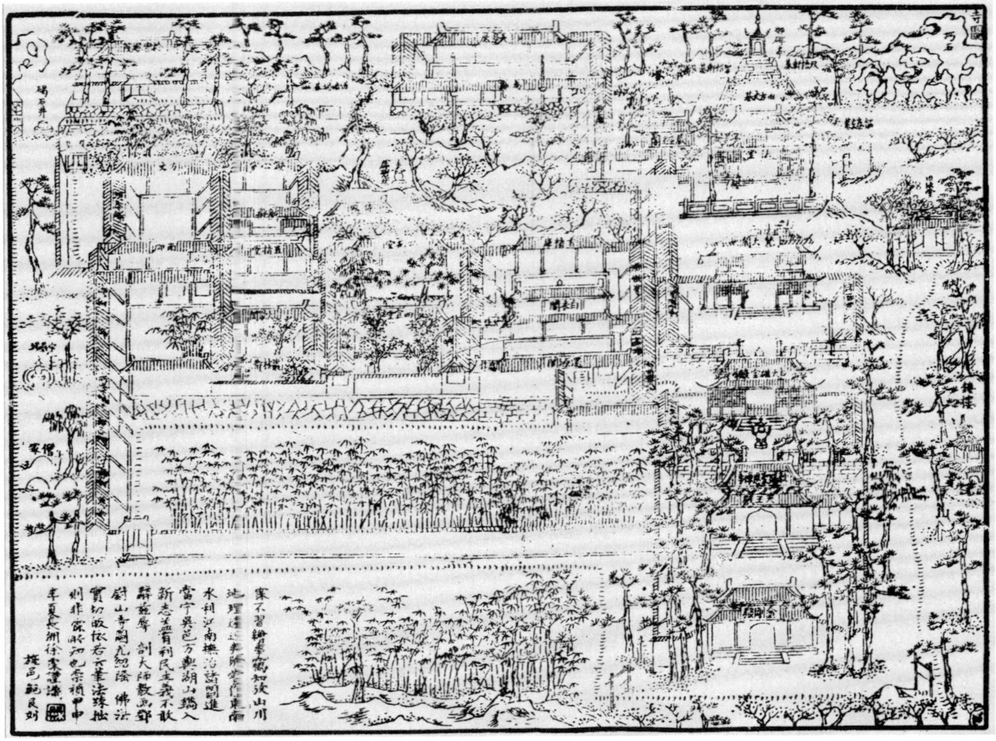

圣恩寺殿堂楼阁全图 《邓尉山圣恩寺志》卷首

为欢喜这里的湖光山色，欢喜这份难得的宁静祥和，欢喜让我定心的名寺古塔，欢喜只有雾而没有霾的清新空气。更重要的是，自从读了《红楼梦》，妙玉手端青花瓮在玄墓山圣恩寺收集梅雪的情节，就深深地印在我的脑海里，不禁时常憧憬起那个神圣、纯净、美好的地方来。

多年来，我一直想在早春二月去玄墓山，实地感受使我念念不忘的那个场景，但总未能如愿。居住光福后，圣恩寺就在我家南面约两公里处，然而不敢轻易靠近，惟恐破坏了珍藏心底的那份美好。众所周知，现在名胜地的“现代制造”痕迹过于明显，甚至屡有“保护性拆除”现象的发生，光福的虎山桥就在几年前不明原因地消失了，至今想来，依然心痛不已。

2010 年夏天，夕阳在山，湖光掩映，望着屋后老梅树上挂满的一粒粒青梅子，忽地升起一股冲动，何不现在就去，说走就走，好在很近，开车沿邓尉山东面的小路绕几个弯，就到了玄墓山脚的圣恩寺东门了。推开虚掩的铁栅栏门，寺内静悄悄地不见游人，耳边隐约送来的梵呗声告诉我，大殿正在晚课。这时入殿很不礼貌，因此也就不东张西瞧，沿着新修的石级往山上而去。

走完高高长长的石级，这里应该是松风水月台，西面有一处刚落成的观音殿，落日映照着殿屋和高大挺拔的古树。定神向四周望去，果然如古人说的那样，玄墓山列群峰怀抱之中，南临太湖，圣恩寺则稳稳地坐落在山腹。透过青芝山与米堆山之间形成的一弯湖水，只见渔洋山横陈于前，浮动水面，云影流行，如天开图画。不由联想起王士禛《雨夜宿圣恩寺还玄阁》诗来："梅树初花石涧流，满山香雪送行舟。三更萧瑟湖边雨，百尺高寒水上楼。狮子窟中岚翠合，法华山外冥烟收。霜天欲晓鲸音起，万壑声从何处求。"清幽的梅香，潺潺的流水，洪亮的钟声，在这样一个雨夜，怎会不让诗人陶醉呢。

我走上松风水月台，杂草丛生，凌乱地堆放着一些石碑，逐一细看，其中居然有一块残缺的乾隆御碑。经过松风水月台，继续往北，我在灌木丛中深一脚浅一脚地寻觅真假山，终究未果，正懊恼间，猛一回头，却陶醉在了碧水共长天一色、落霞与归帆齐飞的景致里。此刻夕阳与湖水已融为一体，在天边洒下最后一抹羞色，薄薄的暮霭，正从山底袅袅升起……

2012 年冬至后几日，终于迎来了一场中雪，光福诸山银妆素裹，我如愿以偿地踏雪访梅。来到圣恩寺松风水月台，继续往北寻觅，拨开层层灌木，终于靠近了紧贴山体的真假山。1917 年，康有为游山见此，为题"寿洞"两大字，现在隐约可辨，却怎么也分辨不清明人卢熊分题的神狮出岫、海涌门、汲砚泉、涵辉洞、峭壁岩、螺髻峰、流云涧、凌空桥八景。有人说真假山是露出的山体，也有人说是山上滚下的石头，或是石灰岩受水流侵蚀而成，反正玲珑剔透，天然嵌空，高广三十馀米。王士禛《玄墓竹枝词》咏道："绿黛遥浮玉镜间，峰峦千叠水湾环。居人却厌真山好，玄墓南头看假山。"不过真假山周围的山体正在塌陷，令人心生担忧。

真假山

真假山确为奇观，按岩层沉积的正常顺序，应当是下老上新，而玄墓山上部为四亿年前的泥盆纪石英砂岩，山腰却是三亿年前的石炭纪石灰岩，这是由于断裂构造将“飞来峰”推至山顶所致。据《光福志》记载，真假山是明天顺元年（1457）地震时露出，但一说北宋末年已有，叶绍袁《甲行日注》卷五记道：“圣恩寺后大二峰石，天然灵妙，恨无辨才，如风篁岭淬洗出之，则一山尽然矣。朱勔欲进花石纲，而石根连太湖，直接洞庭，故不能动也。”这真假山差点也成了花石纲的贡品。

登高远眺，目之所及，山色濛濛，湖光滟滟，石桥横卧溪上，殿宇楼阁掩映香雪碧树之间，别有一种静穆素洁之美。眼前的寺院规模，与明清时相比，虽不可同日而语，但这里的自然环境尚未改变多少，尤其看到旧殿前两株晋代古柏，郁郁葱葱，生机盎然，颇感欣慰。可惜，现在梅树已寥寥无几，曾经盛极一时的玄墓山梅事，如今已不可复睹。好在家里的梅桩已被王雪逗乐，粒粒嫣红，犹如美人点唇，惊喜之馀，赋小诗一首：“雪舞催梅笑，欣然点绛唇。为春来打扮，喜煞爱花人。”并作小联：“白雪团团，惹得梅朵笑；红唇点点，邀期孟春归。”

往事如烟，曾经发生在玄墓山的故事渐行渐远，而光福的梅事依旧真实，但愿点缀于吴中秀丽山水间，已为数不多的名刹古观和园墅楼台，静好如初，我在心里默默祈祷。

邓尉山前锦绣屏

邓尉山，相传因汉代有个叫邓尉的人隐居于此而得名，又因山为光福镇之屏障，故又名光福山。它东与柴庄岭相接，西南与铜井、青芝、玄墓诸山相连，逶迤十馀里，左右冈陇势若环抱，山峰四立，树木葱郁。

一百六十多年前，邓尉山倪家巷有一处香雪草堂，是苏州名翰林潘遵祁于道光二十七年（1847）秋所筑。潘遵祁，清苏州府吴县人，字顺之，号西圃，又号简缘退士，道光二十五年（1845）进士，选庶吉士，散馆授编修，迁国史馆协修，加侍读衔。两年后乞归，与妻汪氏偕隐香雪草堂，有“老妻亦解幽居乐，催促移桡共入山”之咏，享山居之乐逾四十年，成为人人羡慕的神仙眷侣。光绪十八年（1892）卒，享年八十五岁，葬于潭山下张家涧父亲墓侧。其著有《西圃题画诗》、《西圃集》等。

潘遵祁出身名门，这一支潘氏被誉为“贵潘”。他的祖父潘奕雋，字守愚，号榕皋，又

光福区图　民国《吴县志》卷一

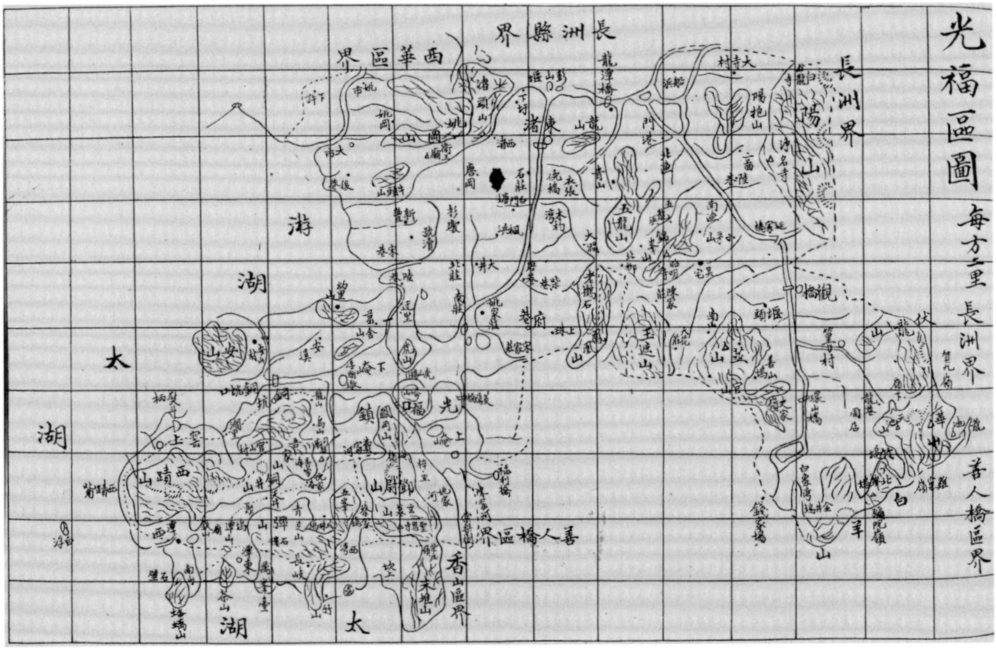

号三松、水云漫士，乾隆三十四年（1769）进士，授内阁中书，五十三年（1788）升户部贵州司主事，不久乞假归乡，不再复出，优游林下逾四十年。能书善画，以诗文名世。在京师时，与戴震、邵晋涵等为友。道光十年（1830）卒，享年九十一岁，封朝议大夫，貤封光禄大夫，入祀乡贤祠。著有《说文蠡笺》、《三松堂诗文集》、《水云词》等。

潘遵祁的父亲潘世璜，字黼堂，号理斋，与堂弟潘世恩、潘祖荫被称为“苏州三杰”。潘世璜乡试一举夺魁，成为解元。乾隆六十年（1795）中一甲第三名进士，授翰林院编修，散馆改任户部主事，后补户部浙江司兼云南司行走。不久，因母丧丁忧去职。守丧期满，潘世璜以父亲年迈，请求终养，不再出仕，闭户读书三十年，专意辑编宋儒理学诸书。道光八年（1828）卒，享年六十岁。

潘遵祁一路走来相当顺当，以名翰林家居，却不追求富贵，惟以乐志林泉、怡情翰墨为事，其天性恬淡，似乎家风如此。筑香雪草堂后，又幸得宋人扬无咎《四梅花卷》。扬无咎，临江清江人，居洪州南昌，字补之，自号逃禅老人等，他自称“草玄后裔”，故书姓不从木。扬无咎以画梅最为擅长，枝干苍老如铁石，葩花芳男如玉雪，变水墨点瓣为白描圈线，更显梅之清疏淡雅，故以画梅著名画史。为卷《四梅花卷》，流传有序，《清河书画舫》、《珊瑚网》、《式古堂书画汇考》、《云烟过眼录》卷三等均有著录。

潘遵祁与《四梅花卷》的因缘，实在是一段佳话。《四梅花卷》原为潘遵祁外祖父陆谨庭所藏，陆谨庭精于赏鉴，多藏宋元真迹，自得《四梅花卷》，以画名阁，“四梅阁”额为刘墉所题。后来，图卷失去，不知所踪。咸丰四年（1854），潘遵祁的香雪草堂落成，庭前植老梅四株，摹刘墉书额榜诸阁，继而辗转得之《四梅花卷》，真是欢天喜地，世事固有巧合，但像这样的巧合真是奇迹。

潘奕隽像　潘世璜像　潘遵祁像　《中国历代人物图像集》

香雪草堂之西有隙地，潘氏治为园圃，名之西圃，因潘氏城中所居有西圃，故山居也袭其名。咸丰十年（1860），东南沦入太平军之手，山中也无乐土。克复以后，市廛榛莽，潘遵祁入山访旧，见香雪草堂岿然独存，《四梅花卷》及钱塘戴文节所绘《山居图》、《四梅阁图》、《湖山偕隐图》等，也皆无恙。主人大喜，赋《还山》诗，有“天留茅屋老馀生”之句。潘遵祁后，《四梅花卷》归顾文彬，《过云楼书画记》卷五记道：“卷为潘西圃编修家藏物，尝以‘四梅花’名其阁，近岁始归于余。”

俞樾与潘遵祁稔熟，同治末年重晤于城中西圃，俞樾见园中泉石幽深，花木阴翳，墙头薜荔，幕青帷绿，徘徊其下，流连不忍去，问潘氏之山中西圃其胜又如何？潘氏出示《山居图》，并出一长卷，凡诗五十五首，皆往来山中友人所作，俞氏读后，作《潘简缘香雪草堂记》，其中写道：“叹先生品位之高，而先生之福亦遂不可及矣。香山诗云：‘试问池台主，多为将相官。终身不曾到，惟展宅图看。’世之达官贵人，经营第宅，风亭月榭，重栭累翼，而驰驱鞅掌，曾不得一日偃仰其中者，夫岂少哉？先生家门鼎盛，壮岁入玉堂，循阶随牒，便可坐致霄汉，乃甫至四十，即谢病归田，高卧湖山，侣鸥鹭而友麋鹿。溯自咸丰二年甲寅之岁经始草堂，至于今二十有二年矣，春秋佳日，青鞋布袜，无岁不游，无游不畅，信有如东坡所云‘隐居之乐，虽南面之君不与易’者，非癖烟霞、芥轩冕如先生者，其何修而得此福于天哉？先生年逾耆艾，神明不衰，虽汪夫人先逝，偕隐不终，然嗣君辛芝昆仲辈，皆翚然而起，致身通显。先生颐养天和，优游桑梓，自兹以往，岁月方长，有山水之缘，无人事之扰，此其福岂可量邪？”

从这篇记中，可以窥见潘遵祁的生活态度，比起那些竞逐名利、虽有佳园而不得休憩的达官贵人，这样的生活方式更为俞樾所认同。他作此记时并未实地游玩，尚期待着

俞樾像 《中国历代人物图像集》

有那么一天访先生于山中，共坐草堂之上，看灵岩、玄墓诸山，浅青浓碧，罗列左右，当更胜城中西圃。俞樾的这个愿望应该是实现了的吧，民国年间李根源来到香雪草堂，曾见到俞樾写的两副楹联，一副曰："霄汉早归来，最好卜居近。"另一副曰："香雪云烟同供养，依然偕隐在湖山。"李根源还到张家涧拜谒了两位潘先生的墓，而如今，这一切已无处可寻觅了。

同治十一年(1872)，亢树滋偕友潘锺瑞探梅到西崦，路过香雪草堂，潘遵祁引登四梅阁，并出示《四梅花卷》，嘱亢树滋为四梅阁作记。其时距阁之成已十九年，亢树滋见草堂与铜坑、石壁分峙于山巅水涯之间，超劫火而长存，经丧乱而不改，欣然而作《四梅阁记》。他在记中写道："滋尝谓金石、图籍、书画之名于世者，恒视所藏之人为重轻。藏之得其人，则物见为重焉；藏之失其人，则物见为轻焉。古权贵如韩平原、贾秋壑辈所藏，极古今之选，乃后之赏鉴家至割裂其印记，不使污及卷轴。而海岳米氏、墨林项氏、清河张氏所品题，争相宝贵，惟恐其不传于世，则其故可思矣。"

亢树滋谈到了中国文人的收藏态度，是因人及物，物因藏者而贵贱。南宋奸臣韩侂胄、贾似道之流的藏品，后人即使得到了，也要将他们的收藏印记挖掉，而人品高洁者的收藏品，则尤为人所重。作者进而又借苏轼的话，阐述人与物的关系："抑闻之苏文忠曰：'君子可以寓意于物，而不可以留意于物。'寓意于物，则凡物皆为我乐；留意于物，则凡物皆为我病。"他相信潘遵祁既然连高官厚禄都不在意，对藏品也一定持有豁达的态度，"先生能尘视轩冕，庸肯留意于物者？其于此卷，殆亦如林鸟之感耳，山花之悦目，一笑赏之，而初无容心于其间也"。

邓尉山有诸多名胜，妙高峰东麓有著名的七宝泉，元延祐间僧性颐曾于此建七宝泉

虎山南眺

吾家山远望妙高峰诸山

庵，许兆熊《光福竹枝词》有咏道："邓尉山南七宝泉，顺庵结屋此参禅。道衍塔铭大佑状，经训堂中字字镌。"庵毁于何时，已不可考。惟七宝泉则历久而尚存。成化十四年（1478）五月，吴宽来游，"游邓尉，饮七宝泉，入玄墓寺，憩奉慈庵，登凤冈而还"（《游西山记》）。弘治二年（1489）九月，都穆与友人在铜观音寺主僧的提议下，众人登舟，往七宝泉而去，"经东堰，已半淤塞，芦苇蒲稗生其中，视西堰少劣。至则舍舟，遵山径行，夹道多古梅长松。入僧庵，有双柿，丹实累累可爱。上山，行修竹间，有亭憩焉。其后即七宝泉，泉生石间，环甃以石，形如满月，深尺许，掬饮甚甘。僧接竹引之，然不知发自何时，且吊陆子之不能遭，与兹泉之不遭也"（《游郡西诸山记》）。嘉靖十三年（1534）八月，方凤亦往游，"复循山东麓三里，观七宝泉，停蓄石池，覆以亭，明莹甘洌，攒掬分啜。泉去僧居可十步，破竹连接，承其溜于巨瓮，穷日夜滴滴有声。僧旋汲烹茗，诸君更饮亭上，而予索枕高卧"（《游虎山桥记》）。

卢熊、王鏊、王宠等也都有咏七宝泉之作，如蔡羽《七宝泉》诗曰："玉音丁丁竹外闻，璿渊青空出树根。脂光栗栗寒辟尘，冰壶越宿长苔痕。碧山无鸡犬，车马不到村。支公三昧火，自闭桑下门。枣花细落岩畔花，煎声忽转羊肠车。建州紫磁金叵罗，钱塘新拣龙中茶，琼液津津流齿牙。相如有文渴，陆羽无宦情。相逢开士家，七碗同日倾。茶炉若过铜坑去，石上长罂仔细陈。"诗中抒发了偕友寻声访泉、煎茶品茗的过程与感受。

明代文人游光福，以七宝泉烹佳茗，似乎是必须的节目。也借着文人的诗文颂赞，七宝泉更名闻遐迩，被誉为天下第七泉。今建小屋于泉上，或出于保护的需要，然则七宝泉不再是人人随意可掬饮的山泉了。

距七宝泉不远，就是姚家河梓里，一个小村落，地处水陆交通要道，相传为旧时光福镇所在地。这里有陕西参政郭忠宁、直隶巡道徐炯、临安府知府邓士灿、大鹤山人郑文焯等多座名人墓。

另外，妙高峰还有妙峰庵，庵中有朗吟谷，据徐傅《光福志》卷八记载，初妙高峰有僧庵，顺治十六年（1659），辟谷道人吕崧居此，凿石架木，筑楼三楹，缄户辟谷，经年不粒食。构一阁以供斗姥，取吕洞宾"朗吟飞过洞庭湖"之意，故名朗吟谷。吕崧后住灵岩山下桴庵，其中多植桃，故称小桃源，同样谢客静坐，人莫能测。康熙三年（1664）五月的一天，他自感死期已至，手书一诗而逝，苏州知府吴道煌为建辟谷高士碑。吕崧，娄县人，字贞九。弱冠能文，为明诸生，好为慈善事业。鼎革后入道教，居清真观，祷雨遣祟，施丹设醮，无不应验。庵后废，移建山麓，改妙峰精舍，数椽修整绝尘，四围松栝交阴盘郁，游人甚众。

邓尉山与潭山交界处有香雪庵，本名香雪居，明季蜀僧中怀法师隐此，清康熙间，提督刘瑞图改建为庵，延僧介本住持。李流芳为作《重修香雪居疏》，

七宝泉

有曰 :“余往岁过山中,从顾山人问香雪,披松觅境,经丘历壑,已而茶烟起于树间,经声达于篱外,颓垣矮屋,仅可容膝,蒲团钟磬,约略粗具,而轩窗几席居然绝尘。是日恨不遇师,然已想见高致矣。”况且环潭山三十里皆梅,真可谓有漫山遍野之观。李流芳心想,若香雪居修葺一新该有多好,“它日以看花到山中者,游屐既倦,小憩柴扉松户之间,与师清言啜茗,亦一韵事也”。那时,李流芳有意买下西碛山的一小区,构六浮阁以居,可惜此事未成,有诗叹道 :“六浮山阁今非主,六浮居士居无处。欲乞一单终馀年,坐对青山参活句。”因此他来看香雪居,心生喜爱,对他来说,或许也是退而求其次的小小安慰。

邓尉山的梅,也是可圈可点的。2013 年 2 月 14 日,农历正月初五,适逢中国接财神和西方情人节。那天下着小雨,翻读古人探梅诗文,心想无需多日,光福诸山又将红葩绿萼,不禁喜上眉梢,作小诗三首以纪第一花信 :“踏雪访梅游古寺,登楼远眺景如诗。山岚起舞湖光滟,香玉琼苞拥瘦枝。”“玄墓山中玉雪寒,欲寻紫客为哪般?只因仙韵疏姿好,水月松风携手看。”“山里又逢香雪海,含苞欲放惜春迟。只因妙玉离尘影,凝白纷纷盈故枝。”

千秋光福寺

光福镇西街上有一座龟峰，也作龟山；因山南坡上有光福寺，也称光福山；又因有光福方塔，乡人俗呼墖山。光福寺，本名舍利佛塔，又名光福讲寺。光福古镇的形成，就因了光福寺逐渐聚集起来的人气，镇也就以寺命名。光福寺、虎山桥、虎山及东西两崦湖，乃是不可分割的水墨山水长卷，无数文人墨客为之倾心，记之以文，咏之以诗，绘之以图。

光福寺，前临林墅，后据冈阜，古殿修廊环抱，林木荟蔚。寺外有初建于唐代末年的南朝陈黄门侍郎顾野王祠，又称顾黄门祠，旁列五侯像，五侯即顾野王五子，后又祔唐顾琮、顾在镕等。据《吴郡图经续记》、《吴郡志》、《光福志》记载，光福寺本为南朝梁九真太守顾氏家山。顾震涛《吴门表隐》则说："汉顾融隐此，名顾氏家山，至十四孙陈黄门野王，舍宅为寺。"孰是孰非，亦无追究的必要，而光福寺确是吴中最古老的寺院之一，也是最早的寺观园林之一。

顾野王，字休论，又字希冯。文字训诂学家，诗人，画家。自幼好学且天资聪慧，七岁读《五经》，已略知主要意思；九岁能写文章，尝作《日赋》，受到广泛称赞。顾野王的学识很是广博，天文地理，蓍龟占候，虫篆奇字，无所不通。梁大同四年（538）为太学

顾野王像 《吴郡名贤图传赞》卷一

博士，迁中领军临贺王府记室参军。当时宣成王为扬州刺史，他与王褒同为宾客，这位刺史十分爱惜顾野王的才情，令他画古圣贤像，并命王褒书赞，珠联璧合，时人称为“二绝”。侯景之乱时，顾野王担心家人安危，回到吴郡，召集乡党数百人，援赴京都。陈太建二年（570）任国子博士，位终黄门侍郎、光禄大夫。太建十三年（581）卒，享年六十三岁。

顾野王对后世的最大贡献，当数大同九年（543）成书的《玉篇》，这是我国现存最早的一部楷书字典，仿《说文解字》体例，部目稍有增删，分五百四十二部，收字一万六千九百一十七个，每字下以反切注音，再引群书训诂，解说详实，对字形重视篆隶之流变，为《说文解字》之后又一部大型字书。原书现存残卷，清黎庶昌有影印本。此外，他还著有《舆地志》、《符瑞图》、《顾氏谱传》、《分野枢要》、《续洞冥纪》、《玄象表》等，则大都散失了。

顾野王生活的年代，正是佛教传入吴地并逐渐兴起之时，作为文人士大夫，顾野王舍宅建寺也在情理之中。

自东汉末年孙权称帝开始，至隋灭陈统一中国止，包括孙吴、东晋、宋、齐、梁、陈六个朝代，都建都于建业（又称建康，今南京）历史上称为“六朝”。这一时期，中国陷入长达三百多年的分裂与动荡中。因中原频发战乱，东汉末年，北方士族大批南迁，其中不乏众多的佛教信徒，他们将佛教文化也带到了南方。战乱的加剧，生活的颠沛，处于无助和不安之中的人们很快接受了佛教的洗礼，把希望寄托于求神拜佛，寺院也随之一座座地建造起来。建造寺院，有敕建、劝募、捐舍等多个途径，舍宅建寺现象比较普遍，人们心甘情愿地舍宅，促使佛教在较短时期内迅速在江南扎根，佛教文化很快就融入中华

光福寺　1930 年代摄

文化的血脉之中。

光福寺就是在这样的背景下诞生的，顾野王舍宅于梁大同年间，初具规模，并建舍利塔七级。唐会昌末毁，不久重建，寺前有两石幢，都镌刻正书《尊胜陀罗尼咒》，左为大中五年（851）五月立，右为大中六年（852）十二月立，由此可以推断出重建的时间。北宋康定元年（1040），村民张某垦地，得一铜观音像；另有一说，村民在寺旁土中获一铜观音像，供奉寺内。总之，久旱久雨，祈求观音，无不灵验，于是诸多名人题刻称颂，南宋嘉定四年（1211）立的《光福寺铜像观音灵应碑》，即是其中之一。明人朱存理《龟峰胜概记》也说，光福寺自从供奉了铜观音像，水旱祈祷，屡有灵应。宣德五年（1430），苏州知府况锺率众施财，修葺殿宇。万历年间，董份又重修。

清乾隆三十一年（1766），里人徐坚募资修塔，他所作《光福竹枝词》十首，有五首是咏光福寺的，从中我们可以窥见那一阶段寺中的情形："九真太守顾野王，故宅舍为选佛场。剩有一株银杏树，年年鸭脚叶飞黄。""铜像观音著灵异，浮波祈雨碑可寻。而今殿倒移西院，不洒杨枝水作霖。""贤首教寺表寺门，劫火烧残石础存。曾有一碑今已断，法书空记赵王孙。""浮图方样耸山颠，兴废从知若有缘。创业萧梁大同代，重建乾隆丙戌年。""当年濯濯似牛山，此日晴空翠霭连。种松万树浑如昨，不道消磨三十年。"当时仅剩的那株银杏树，也早已失去了踪影。

光福寺最后一次大修，是在道光十二年（1832），巡抚林则徐奏请，与布政使梁章钜、陈銮，按察使额腾伊合力重建，并得宣宗旻宁御赐"慈云护佑"额。绅士顾沅主其事，更捐资赎归山傍隙地，重建黄门祠，复墨池旧迹，移建吟香阁。当未修之前，里人许兆熊有诗记寺貌之萧条，诗曰："大士浮来传赵宋，山门双刹表萧梁。而今殿倒残碑断，付与渔樵卧夕阳。"重修后的光福寺，有山门、四金刚殿、大雄宝殿、铁观音殿、西方殿、嘉荫堂、听潮音馆、吟香阁等建筑，蔚为一大丛林。时苏州大旱，林则徐、梁章钜等迎铜观音像供天宫寺；十三年（1833）久雨，又迎供开元寺，祈之皆验。因光福寺的铜观音灵验异常，故俗呼光福寺为铜观音寺。光绪间，再赐"香雪慈云"、"沛泽流慈"额。

说来神奇，这尊铜观音居然能逃过"大跃进"、"文革"等非常时期。据说，那时铜观音被一位老先生藏于楼梯下面，后来融宗法师得知，通过吴县文管会等相关部门，把这尊铜观音和其他佛教文物一起移藏于司徒庙，今铜观音像藏于圣恩寺。

关于这尊铜观音像的来历，民间有个传说故事。说明代中期，太湖水位暴涨，在邓尉山东麓的东崦湖梓里村附近，漂起一尊铜观音像，高约三尺，重约百斤，美丽庄严。见者无不惊喜，村民们合力将观音像抬到岸上，大士像究竟供奉哪座寺哪座庵，众人意见不一。此时铜观音像变得沉重起来,很多人一起抬都纹丝不动。有人提议用掷珓来占卜问询,最终得到菩萨指示,供奉在光福寺内。当众人再抬的时候,那铜观音像轻如羽毛一般,才知道光福寺是它的归宿。人们最初见到的观音像黯淡无光,以为是铜铸的,故称铜观音。时间一长,观音像渐渐光亮起来,这时人们才发现原来是紫金质地。这样一来,被一伙贪心的窃贼偷走了,他们将观音像运到太湖,打算用船拉走,不料湖上狂风大作,就在船即将掀翻之际,窃贼们慌忙将观音像丢入湖中。有人发现后,告诉寺里的僧人,于是观音像又一次被僧人迎回寺中。可惜,观音像被窃贼弄坏了中指和小指,后来南京刑部尚书钱邦彦捐出金子,将其补好。此后,铜观音像又三次被盗,又三次显灵,窃贼再也不敢有此贪念。

2009 年 4 月 22 日上午,南京宋词先生、台北陈逸华君和苏州两位先生来访,先于我家小坐,品碧螺春新茶,随后我请客于光福镇上的农家饭店用午餐。鲜活的湖鲜、可口的时蔬,令两位外地师友赞不绝口。饭后,时间还早,我就带他们去不远的光福寺。由于镇上新开的公路在邓尉山东麓,地势比龟山上的光福寺高,站在路边就可俯视古寺全景。近景为新造石牌坊,中景为光福寺桥,远景为古寺山门和门里大殿的屋脊,以及两边高出大殿并对称的钟楼、鼓楼,三者在一中轴线上,右前方稍远处是古老的光福寺塔。寺里有些建筑搭起了脚手架,看得出正在修缮。慧通住持刚好有事外出,我们在大殿稍作停留便出寺门,四位先生就回苏城去了。

2013 年 12 月 13 日下午,苏州潘振元先生托我将他新出版的两册文集,送到光福寺交给已荣升方丈的慧通法师,于是电话约好便去。车依旧停在镇上,拾级而下,穿过石牌坊,踏上横跨福溪河的光福寺桥。这桥我是熟悉的,多年前见过一张民国时期的老照片,令我印象特别深刻,一群意气风发的年轻人就站在桥上,这在当时是非常时尚的做派,现在看来他们是光福寺桥最早的形象代言人,七八十年来已深入人心。

光福寺桥也称大寺桥,又称香花桥,桥长十六米,宽三点一米,梁长五点四米,桥的扶栏和锁口为武康石,上刻双龙戏珠,饰以万字等花纹,桥堍呈喇叭形,琢凿甚工,相传为宋时旧物,扣之有声铮铮然,故又俗称它为琵琶桥或响石桥。前两年,光福寺桥重修,将以前断了的雕龙武康石桥栏重新拼接,将后来代替的武康石扶栏换下,置于山门前。光福寺桥,这座承载着光福历史、寄托过无数人梦想和期盼的古老石桥,总算恢复了元气,尽管身子残损,不过与消失的虎山桥相比,已是十分幸运的了。

过寺桥,进山门,两边分别是钟楼和鼓楼。正对面为大殿,殿前有香樟一株,枝繁叶茂,冠盖如伞,树龄已达六百多岁。古香樟原本有两株,另一株很多年前就枯死了。现在供奉于大殿佛龛中的铜观音像，是按原像大小比例仿造的。观音体态丰腴，慈眉善目，头戴华锦，身佩玑珠，双足裸露立于莲花宝座之上，神情庄严自然。左手下垂，掌心向外，五指自然微弯，意为“与愿印”、“如愿印”或“施与印”，表示能满足众生愿望。右手自然屈臂略上伸齐肩，掌心向外，意为“施无畏印”，表示能解除众生苦难而使其安心。

大殿西南侧，与之垂直的建筑即方丈的画室。入内，相互问候之后落座，品方丈泡的工夫茶。与慧通方丈早已熟识，不过我搬来光福居住后，还是第一次入寺拜访，于是方丈带我在寺里走了一圈。

大殿西北侧是西方殿，硬山式楼房。方丈告诉我，寺里至今依然保存的古建筑只有大殿和西方殿。西方殿楼上曾经是日本人唱歌跳舞、寻欢作乐的地方。由于光福远离城市，光福寺三度成为驻军的司令部，从日本军、国民党到新四军，再后来一度成为光福中学的校舍。直到1989年，融宗法师请来慧通任监院，经过他二十年的努力，如今光福寺已全面恢复，呈现出别样的胜致。

西方殿东墙上嵌有一方石碑，是女诗人张默君于1934年春暮写的草书梅花诗四首，两首是郑文焯所作，两首是张默君和诗。郑文焯《西崦梅花诗》曰：“漫对青梅怨暮迟，花魂犹共石魂欹。山中自有春长在，月上空潭媚花枝。”“幽岫偏宜云气藏，如潮空翠泼山香。尘劳拾处诗禅定，一任天花下道场。”张默君步原韵和道：“石气

光福寺

侵衣欲去迟，暮阴路曲花梅欹。山深苔静无人见，落尽高花有好枝。”“西崦寺里好山藏，空绿连湖引雪香。欲共小红桡唱去，春风解作散花场。”这四首诗，张默君用“章草”书写，一气呵成。

张默君是出色的社会活动家、教育家、诗人。光绪九年（1883），她出生在湖南湘乡一个士绅家庭，早年在南京求学，后到上海进务本女校，加入同盟会，与秋瑾、赵声等一起从事反满活动。苏州光复后，程德全任江苏都督，其父任参军，她则协助起草和编写宣传材料，并负责在苏州出版《大汉报》。民国初年，她组织并任职神州妇女协会，创立神州女校，成为第一任女校长。1918 年出国考察学习，两年后回国，担任江苏第一女子师范学校校长。作为一位女性，她所取得的成绩实属不易，难怪被孙中山称为“青年有为的女同志”。她在苏州期间，经常与李根源、章太炎等一起赋诗题字作画。

大殿东北面依围墙建一长长的碑廊，东部为平地，自南向北、自西向东呈 L 型，尽头是斋堂，有一百方新碑组成，一尊尊罗汉像栩栩如生，每尊罗汉像的背景，都各配以花草，这是由慧通方丈设计并绘制的。西面自南往北蜿蜒通向后山，顺地势高下而建。右侧的碑廊里有一些珍贵的旧碑，其中一方大碑迎面而立，远远望去，非常震憾，近看才发现，是由无数碎块拼接而成。据慧通方丈介绍，这块碑是修寺时挖出来的，也不知何时被砸碎后埋入地里，于是仔细拼接，就地建一小亭，由方丈题额“圆璧亭”。

这方碑就是《平江府给光福寺僧了传立石执状》，李根源当年曾见过，并在《吴郡西山访古记》卷一中作了记录：“山门外对立唐大中五年、六年尊胜陀罗尼经幢二。砌廊壁间，有宋七石：一、《般若波罗密多心经》附《凿井跋》，乾道五年正月二十五日，清灿书，智琼立；二、《上方教院舍田碑》，嘉泰元年仲冬，陇西彭泽赞；三、《光福寺铜观音感

张默君梅花诗碑

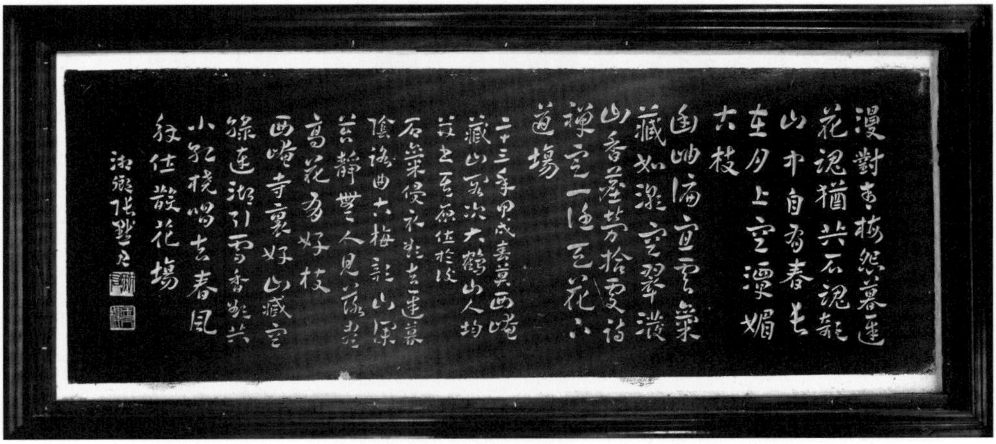

碑廊

应碑》，嘉定辛未仲春上浣，宣教郎知常州无锡县丞赵善重书，智殿僧师琬立；四、《行在尚书礼部符》，绍定四年九月；五、《平江府给光福寺僧了传立石执状》，宝祐六年二月；六、嘉熙己亥残石一石，七、《平江府判田公据》，嘉熙四年二月。元二石：一、《铜观音珠冠施主人名碑》，延祐六年己未五月，住山僧了清识；二、《平江路达鲁花赤总管府免役文榜》，至正十八年戊戌九月。明二石：一、况锺残石，辛亥春三月，翰林院侍读学士庐陵曾棨撰，儒学教授临江练孟浩书丹并篆额，苏州府知府况锺、同知杨栗、王佐等同建；二、观音殿炉座一石，崇祯十年三月。清二石：一、两江总督陶澍刻道光御书'印心石屋'；二、光福寺铜观音像小楷《心经》，己亥五月十七日，吴荣光书。"此外还有联额，如赵宧光书"普门"二字篆额，石韫玉题、冯桂芬补书"嘉荫堂"榜，缪对升书"听潮音馆"，徐傭书"慧照常明"额，陈冕书"励精七觉"额，潘遵祁书"大雄殿"额，俞樾大雄殿隶书联曰："远接胥江，近邻邓尉，鹫居占山水秀灵，引来雪海香潮，万树梅花还供佛；重装宝络，再整庄严，鸠宇仿齐梁模范，讲到路绳津筏，十方檀越静听经。"张郁文在《光福诸山记》中记录的唐人崔鹏《舍利塔记》和顾在镕《题光福上方塔》诗碑等，李根源没有提到，想必当时已不存了。

相传顾在镕诗碑，因碑文漫漶，经赵孟頫重临，字句交辉，被称为寺中两绝。其诗曰："苍岛孤生白浪中，倚天高塔势翻空。烟凝远岫列寒翠，霜染疏林坠碎红。溪渚或栖彭泽雁，楼台深贮洞庭风。六朝金碧落何处，偏傍芦丛惊钓翁。"明人华钥往游，他在《吴中胜记》中说，寺僧告诉他，“士容葬宇下，施地为寺，五子官皆太守，寺左祠之，号为五神，而祷祈不绝，近山今有顾氏二百馀家”。士容或是顾在镕之字，他是吴县人，唐光启二年（886）进士，《全唐诗》存诗三百，除这首外，另有《题玉芝双奉院》和《宿麻平驿》，至其生平行谊，概不可考。

李根源此行，还看到了镇寺之宝，他在《吴郡西山访古记》中记道：“寺僧灿澜出观本寺镇山翰墨二卷。上卷长八丈馀，首钱东皋《光福寺图》，次黄谷原补图，明贤彭年、董份、申时行、王穉登、傅光宅、方岳、刘慎、赵宧光、袁宏道、张凤翼、沈萃桢诸公募捐修寺启疏跋记二十段，又嘉靖四十一年四月二十八日，都察院据僧本立告给印信文簿执照（钤院印二），又万历四十六年，释道一呈苏州府为赎铜观音案，呈由天启元年五月二十日府批（钤府印一）。下卷长七丈馀，首铜观音像，次释虚谷《光福寺图》，清贤蒋元益、姜晟、石韫玉、韩崶、何士祁、陶澍、蒋德馨诸公募捐修寺启疏跋记十五段，近人翁同龢、洪钧、郑文焯等题跋二十馀段。”

穿过“茂林早觉”额的圆洞门，眼前豁然开朗，光福寺塔立于龟山之上，塔前有一汪水塘，这是著名的“墨池”。明弘治二年（1489）九月，都穆与友人由谢庄西行，经游湖，南过陆家港里许，入西崦。水益缓，山益近，见冈岭稠叠，横回峭拔，呈技献巧，而光福寺塔耸立龟山之巅，影落水中。都穆陶醉于如画景色之中，笑着说：“此王摩诘得意笔也。”随后泊舟虎山桥，至光福寺，主僧出迎至方丈室，见壁间有元人联句诗，多剥落，皆未留姓名，都穆认为其字画似乎出自黄豫章之手，当时他从窗隙就看到了墨沼。墨沼也称墨池或墨泉，相传为顾野王学书的遗迹，许兆熊《光福竹枝词》有曰：“墨池简策未前闻，亦见瑶泉相国文。引得云仍寻旧迹，依山问水各纷纷。”

墨池

光福寺塔

这墨池历史上出现过三处，最早的墨泉在龟山东麓，至今水质依旧清洌，本地人称之双井，实为一井，只是井阑做成双井形式而已。说来有趣，由于历史原因，本属寺院的一些地方都住了本地村民，靠近井的两户人家，为了井的归属权时常争吵不休，后来索性打起了官司，最后裁定在井中间筑起一道围墙，于是两户人家每天就这么隔着一堵墙各自打着同一口井水，却互不往来。半山腰曾经也有一处，因年代久远而无处可觅。现在的墨池最新，不过水倒是呈墨色，如出污渠之中，名副其实的“墨池”，很是应景。

光福塔为四面七级，平面呈正方形，高二十七点九五米，为砖木混合结构楼阁式佛塔。底层设回廊，西面设券门，两层以上四面置壶门，各层门内壁左右置佛龛，顶部设有方形、圆形、八角形等各不相同的藻井。各层置腰檐平座，风格简洁朴素。拾级而上，塔顶木梁上题刻“公元 1998 年吴县市光福镇人民政府、吴县市文物管理委员会修建”。登塔眺望，四周远山连绵起伏环绕，东西两崦湖恰似一条游龙点缀其中，将层层峰峦柔柔的拥绕。溪桥映带村落间，远山近水，历历在目；和风细雨，洗尽尘嚣；湖光山色，一览无馀。都穆那次来游，坐于塔下小憩，塔上有巢鹳二，见了他们便“嘎嘎嘎”地叫个不停。这样原始荒凉的场景，似乎只适合发生在过去，那纯真的黑白照片里，如今纷繁的彩色世界，已很难情景再现了。

我家在光福寺东南的东崦湖畔，从北窗就能看到光福寺塔。记得刚搬来光福，一个初夏的傍晚，漫步沿溪，小市石桥，燕子剪水；人家烟火，掩映花间。环视四周，邓尉、虎山、凤凰、玉遮、穹窿等诸山远远环抱，中有东西两崦湖穿过，光福寺塔隔溪遥立龟山之上。耽情湖山，身心俱醉。归家，于阳台远眺，薄暮中，红日伴方塔，山峦起炊烟，恍若梦境中。作小诗一首以抒怀：“滟滟湖光照我家，幽幽山色拥轻纱。斜斜塔影云端现，阵阵香浮醉紫霞。”崔护先生读后，回忆起二十年前曾在崦东一宾馆小饮作画的往事，次韵和了四首，其中一首曰：“曾记崦东醉酒家，樽前试笔揭笼纱。清游又负韶光速，满目湖山怅落霞。”魏嘉瓒先生更是和了十二首，其中一首曰：“五湖望处是陶家，塔影岚光映绿纱。闲把丹青仔细读，抚松采菊醉烟霞。”

当紫霞洒满天空，古塔好似披上嫁衣的娇羞新娘，令人心动不已；当红彤彤的夕阳刚好落到塔尖，古塔又好似一根点燃的红蜡烛，照亮了整个光福山水。这如画的美景，对住在这里的人们来说，那是时常可见的真实景观。

老街和老宅

光福镇上的老街，都属江南水乡特有的小桥流水人家，其中有一条穿镇而过的福溪河，显得尤为特别，因为在这条河的两岸，不仅分布着历史悠久的老宅，还有古老的光福寺、顾野王祠等。其实，光福镇就是自南朝萧梁时建光福寺后，以寺为中心，逐渐繁盛起来的，因寺成镇现象，在当时相当普遍。

福溪河，随山势呈东北、西南走向，南接十字街口，北出福溪桥（俗称竹行桥）西堍，长约三百五十米。因位于邓尉山脚，地势南高北低，故而河两岸的两条街，南岸高者叫上街，北岸低者称下街。横跨福溪河、连接上下两街的桥梁有四座，分别为普安桥、鱼行桥、光福寺桥和福溪桥。何广生《光福后竹枝词》咏道："光福由来风土佳，水涯迤逦接山涯。寻芳未去东西崦，访俗先来上下街。"

上街、下街是名副其实的老街，形成于南朝梁代，宋时已十分繁华，分布于老街上的名人宅第有很多，可惜大多荒败，至今保存下来的也仅数座而已，且大多沦为民宅。何广生《光福后竹枝词》有曰："同光建筑已寥寥，乱后江南物力雕。最近潘园亦荒落，那堪再溯百年遥。"作者的无奈溢于言表。漫步老街，不经意走进一个不起眼的石库门，你若稍作了解，就会惊叹，曾经生活在这里的主人身份是如此显赫，尽管大多宅院主人已无从考证了。

上街二号是绩断厅旧址，绩断厅原为宋人徐揆后人的旧居。徐揆本浙江江山人，太学生，靖康之难时，独赴金营，请还两帝，被杀，后赠宣教郎，赐谥靖节。其父偕家迁吴，今光福诸徐，都是他的后裔，如许兆熊《光福竹枝词》咏道："光福山前光福里，徐家一姓自成村。东西南久分三族，尽是斋郎靖节孙。"约乾隆年间，裔孙徐坚改旧宅为徐靖节公祠。相传明内阁大学士顾鼎臣少年时曾在这里住过，随徐氏读书学习，高中状元后，回故地拜谢恩师，见徐家生活窘迫，为报答师恩，顾鼎臣出资将徐宅修缮一新，并题"绩断厅"额。顾鼎臣与光福很有缘分，他喜欢这里的山水风物，在石嘴墩建燃松园，又在潭山建七十二峰阁，卒后即葬于阁西。迄至如今，绩断厅、燃松园、七十二峰阁和顾鼎臣墓都是不存了。

市河

七号为金氏老宅，始建年代不详，清光绪二十一年（1895）金梧春重建，占地面积约四百平方米，前后凡四进。大门临街，第一进为门间，后有水磨砖砌门楼，花卉纹装饰，中间字枋上楷书“长乐永康”四字；第二进厅堂，门窗及外檐雕镂精美，大梁扁方成弓状，地铺青黛色水磨方砖；第三进是主楼，仍主人住处；第四进为附房。

五十八号为方氏老宅，清嘉庆十八年（1813）建，占地面积约六百五十平方米，凡平房三进。大门临街，有门间，后有砖雕门楼，正对前厅，门楼上枋雕双龙戏珠，两旁缀以云丝、花卉纹饰，下刻福、禄、寿三星等；下枋两边刻兰竹和如意云纹，中间字枋行楷“吾爱吾庐”四字。

下街十九号为申宅，清乾隆三十年（1765）重建，占地面积约六百五十平方米，凡平房四进宅第。大门临街，设门间，库门门头以水磨砖叠砌；第二对直之门楼，两旁挂柱饰以石榴吊篮，墙面两边雕万年青图案，中间字枋书“旧德诒谋”四字；第三进对直之门楼，刻有梅花鹿、蝙蝠、老寿星，喻福、禄、寿三星高照，还有官人与梅花鹿，寓加官受禄之意，中间字枋书“慎修思永”四字，

二十一号为陆润庠读书处，占地面积八百五十平方米，凡平房四进。始建年代不详，

上街和下街

晚清许玉琢重建。许玉琢，原名赓飏，字起上，号鹤巢，同治三年（1864）举人。第一进临街，第二进有直通后门的备弄。大厅明间六扇落地长窗，次间砖墙半窗，十二扇半窗和六扇落地长窗配有木雕花卉图案和花格，青石鼓墩柱石。大梁置有云纹抱托，镂空雕花卉。梁、枋、柱、桁、檩、窗、槛、栏，漆成楠木色。水磨砖砌库门墙门头，饰以砖雕。大厅、备弄和厢房的铺地均为水磨方砖，与众不同的是，天井内中间铺金山石坑板，两边用砖瓦铺建吉祥图案。陆润庠，苏州元和县人，同治十三年（1874）状元，历官都察院左都御史、工部尚书、东阁大学士，并一度成为末代皇帝溥仪的老师。民国时期此处仍为许氏后裔许绍武居住，兼设刺绣发放站。1950 年代中期，部分房屋变成居民住宅 ;1980 年代，许氏后裔外出谋生，没有人气的老宅，日渐破败。

旧时，东街还有徐衢耕学斋、来青堂诸构，小巨角也有刘宅、韩宅、周宅两三处清末民初的宅子，以及旱桥弄几处旧宅，这些宅院有的修建尚可，有的濒临坍毁，有的则仅剩遗迹。许兆熊《光福竹枝词》一首曰 :“水抱山环深复深，居民安业少机心。功名百载无人问，只有南街李翰林。”李翰林是康熙六十年（1721）进士李鋮，他的住宅在南街上，惜也早已消失了。

所幸东崦湖畔、邓尉山麓的东崦草堂还在。东崦草堂又称徐家花园、吴家花园，原为明人徐镜湖所筑，清道光年间，其五世孙徐傅在旧址上重建，黄安涛为书旧额，有月满廊、欣怀亭、延翠轩、荷花池、丛桂小榭、读书堂、看云处诸构，汪芑有徐氏草堂杂咏诗。后来徐氏家道中落，将宅子卖给苏州画家吴似兰，改称吴家花园。

徐傅，光福人，字月坡，博涉经史，久客楚湘，交诸名士，晚年归故里。他对光福作出的最大贡献，就是撰写了一部《光福志》。这部志书，内容丰富，记述详尽，如卓秉恬在序

陆润庠像 《中国历代人物图像集》

陆润庠读书处

东崦草堂

光福镇上杨树头

中所说："志十二卷，诸凡重峦复嶂，曲港支流，圯梁古刹，珍果异卉，第宅冢墓之遗，农桑赋税之饶，人物艺文之美，毕备此一隅耳，而可纪载者已如此。……月坡征文考献，使人景仰遗迹，以与昔贤感动奋发，其用心良厚，于风教不无裨益，虽谓光福名区，得月坡而益彰也可。"

吴似兰，吴县人，光绪三十四年（1908）生，字绿野，又字庆生。早年受业于颜元（油画家颜文樑之父），工画花卉，曾组织娑罗花馆画社，与兄吴子深斥资创建苏州美术专科学校，并出任教授兼校董。1964年卒，年五十七。说到吴似兰，人们只知道他善画花卉，不知道他还是位摄影家。在1934年6月14日出版《斗报》的第四卷第二十二期封面上，就刊登了他的摄影作品《女菩萨的造像》，背景是一处寺院的山墙，山墙上嵌着一块椭圆形的砖雕花窗，花窗下的"女菩萨"亭亭玉立，眉目清秀，黑发齐肩，身着浅色旗袍，手握深色坤包，显得分外恬静可人，落落大方。整个画面显得格外祥和宁静，在那个动荡年代，拍摄这样一幅"女菩萨"照片，作者或许另有一番深意在其中。

岁月无情，曾几何时，号称琳宫佛刹、池馆台榭冠绝吴中的光福，那些点缀在秀丽山水间的无数名人园墅，终将消失殆尽，无处凭吊，如今也仅剩东崦草堂等聊以慰藉了。

梦中虎山桥

龟山之北，过虎山桥就是虎山，相传因吴王养虎于此而得名。虎山并不高，也不甚广，顶有平原。明代有揽胜亭，以供挹览湖山之胜，至清顺治十二年（1655），改揽胜亭为擅胜阁，惜已久废。许兆熊《光福竹枝词》咏道："虎山桥下擅胜阁，三关（明季僧名）曾此结禅关。今成野戍荒烟里，剩有残碑见一斑（碑在虎山东岳庙侧）。"虎山又有东岳庙，也叫岱真道院，不知始建何时。宋建中靖国元年（1101），里人黄正彦、顾凤重修；后赵孟頫题额"天齐仁智帝殿"；明万历四年（1576）毁；清康熙十年（1671），彭珑、顾起鸿、黄修、顾贽等又募资亘建，有殿宇四十馀间。殿前有柱联曰："掌人间善恶之权，专天下生死之柄。"徐傅《光福志》卷八记道："左有玄帝殿，传庙建之先，有痘神、牛王、金龙四大王、江湖神、财帛司诸庙在左，城隍殿、火神殿在右。后有重楼五楹，曰斗姥阁，凭栏眺望，水云山色，远树平畴，尽在眉睫间也。"黄中坚有《重建虎山东岳行宫碑记》、《重建虎山东岳殿征诗文引》记之。斗姥是道教所信奉的女神，传说为北斗众星之母，宋元以来崇奉渐盛，尊为"先天斗姆大圣元君"。在火神殿侧有独石井，以一石凿成，故又名一石泉，深不可测，长年盈溢，旱不涸竭。这井与铜井如出一辙，有句老话说得好，山有多高，水就有多高。

想当年，每逢三月二十八日东岳诞辰，四乡士女聚集庙中，张灯演剧数日，香火萦绕，热闹非凡。据说，当地村民笃信道教的多于笃信佛教的，家里无论发生大事小事，必定请来道士做法，即使是"业馀"道士也无妨。分析其原因，大致是道教主张的修今生，比佛教主张的修来世更具现实意义，又道教做起法事来，较之佛教来内容更丰富，情节更精彩，因为道教在很久以前就将焰火、杂耍、魔术等娱乐元素融入其中，更贴近草根文化生活，普通百姓图的就是热闹，在他们眼中，佛教和道教并没什么区别，都是他们心目中的"老爷"。故而光福一带多道观和神庙，如穹窿山上真观、虎山东岳庙、虎山迂里全真道院、邓尉山下司徒庙、南街武圣庙和东平王庙等。虽然今东岳庙已重修，有御书"虎山福地"碑立于门前，独石井也依然清澈，不过无论是建筑规模还是人气香火，都无法与从前相比了。

东岳庙山门和御书“虎山福地”碑

东岳殿和独石井

虎山桥遗址一带

虎山与南面龟山之间，有一溪相隔，称为虎溪。乡人为了便利交通，很早就想在溪上架桥，但溪水湍急，不能下桩。据说在唐末就有一个说法，只有头戴铁帽子的人才能下桩架桥，但哪里去找戴铁帽子的人呢？直到南宋嘉泰初年的某一天，天空正飘着雨，乡人又在议论建桥的事，只见一人头上扣着一只铁锅走过，大家突然醒悟，便请那人帮助，那人便索讨枣子数斤，坐在岸边吃了起来，一边吃一边将枣核扔到溪里，枣子吃完了，便让大家下桩。人们将信将疑地下着桩，居然真的成功了。这则关于建造虎山桥的民间故事，一直流传至今。

实际上这座桥早就有了，范成大《吴郡志》中已有“虎山桥”的著录，但不知始建于

虎山桥　清代名信片

何时，初为五孔石拱桥，嘉泰初年重建，元泰定中改为三孔，更名泰定桥。至明成化十一年（1475）重修，万历年间申时行及里人徐应祥等重建，又改为五孔，申用懋为之记。清顺治初释某募建，仍改建为三孔；乾隆年间里人徐坚、李肇修、徐洪山、汪芳贻、徐敏中倡捐募建，徐坚作记。以上内容为史料记载，然而根据本人推断，明成化十一年（1475）重修时已改为五孔，因为从文徵明所绘《吴中十二景册》中的“虎山桥”一幅可以看出，桥洞肯定不止三孔。文徵明卒于嘉靖三十八年（1559），那时还未到万历年呢。

虎山桥坍于民国年间，究竟是在何年何月，已找不到确切的记载，在抗战沦陷时印行的《光福邓尉名胜位置图》上，还有“虎山桥”的标识。据说虎山桥坍后，建成三孔木桥。

虎山桥　民国明信片

1956 年重修木桥；1953 年改建为水泥拱桥；1989 年再修，将桥加宽加长。

东西横跨两崦湖，南北连接龟山、虎山的虎山桥，自古有名，风景殊胜。旧时交通工具大多为船，桥两岸往往成为当地集市所在，况且光福寺就在南堍，虎山桥自然就成了光福重要的交通途径，许兆熊《光福竹枝词》就咏道："虎山桥隔上下崦，坐月追凉似大堤。最是西华人上市，每从此处听啼鸡。"这一情形，明代中期就出现了，蔡羽《虎山桥》诗也咏道："初出山腹中，复见水行处。逶迤得平墟，苍茫急回顾。山梁不为高，延揽自成趣。风条薄林翠，沴木接叶香。前葩未及瘁，后萼重竞芳。朝游屡过云霞石，夜宿曾投松柏房。从来不识铜坑面，今日青青落吾掌。上崦何明媚，下崦亦清朗。杨花飞飞青锦陂，荇叶差差木兰浆。前帆乍灭后榜兴，长川引领云凭凭。游丝乱起暖气昏，须臾不见西华村。东风吹乱鸂鶒群，水西颜色何纷纷，系马芳祠忘夕曛。"

的确，站在桥上远眺，太湖浩渺，烟外群峰，风帆出没，湖边落照，西崦湖中的浮庙墩，如青螺浮于水面，远处的铜坑桥作为背景，若长虹缥渺如线，风景一带如画；近瞰则东、西两崦回环，湖光岚影，实相映发，龟山在南，山之麓直接平地，夹岸榆柳；每风恬浪息，湖光如镜，则孤帆出于天末，远山浮于波面，古人赞为绝胜，徐枋《题吴山名胜图》说："山不得水则不雄，若虎山桥在两崦之间，峦翠浮空，波光极目，一石梁跨之，正如长虹，夭矫横亘碧落，而梵宇临于山颠，一从登临，不复知此身之在尘世矣。"徐枋将虎山桥定为光福十景之一。顾宗泰在《游虎山桥记》中也发出"林壑之美，可取十八九，莫若虎山桥"的由衷赞叹。

明清时期的文人，不仅诗词唱咏，还将虎山桥及周围的美景一一绘写入画，崇祯五年（1632），张宏作《苏台十二景册》，其中有"虎山秋色"一帧，龟山上光福寺塔高高耸立，被参天大树簇拥着，西崦湖中的浮庙墩、虎山桥，以及桥上的行人，真是引人入胜。

如果夜游虎山桥，湖山寥廓，风露浩然，另有一番情致。华钥《吴中胜记》说："晚坐虎山桥，桥如行春而胜，湖水左右萦绕，而不见湖面，周水皆田，田外皆山，涵虚万顷，烟光四障，前塔一锥，秀出林表，中阜三两如沤，而桥实联之，中桥而坐，但见箫鼓归舟，驶水如箭，未几，行吟继之。予偕山人避之桥北，清响隔桥，如在天外，月光寝明，浸我座中，赋诗尽兴而返。"

李流芳也有《游虎山桥小记》，以极其简净的笔墨，写出了月夜虎山桥的闲旷清缘，正如王撰《山行竹枝词》所咏的那样，"孤村渔火照柴门，寂寞南湖废宅存。只有虎山桥上景，年年到此一销魂"。为此销魂的还有沈钦韩，他于嘉庆二十年（1815）来游，夜步虎山桥，微醺中"夜中步虎山桥，闻橹声呕哑，诘以夜未尽乎？曰月落矣，胧胧者曙色也"

(《乙亥石楼游记》),似幻似真的境地,越发令他陶醉了。

然而,就是这样一座充满人文情怀的古桥,几年前被拆了,我百思不得其解,拆掉虎山桥,等于拆掉了光福历史的一部分。尽管虎山桥已重建多次,尽管桥的本身已没有太大的实用价值,但虎山桥具有不可估量的人文价值,它承载着光福太多文化内涵,成就了光福太多光辉荣耀,多少年来守护着被誉为“胜似西湖”的西崦湖、东崦湖,并与虎山上的东岳庙、龟山上的光福塔构成一幅经典的画面,它曾经迎送春日踏青、夏日赏荷、秋日闻桂、冬日探梅那川流不息的人们,被赋予了多少首赞美的诗篇和多少幅动人的画卷,如今风烛残年,却被无情地抛弃了。这不仅是遗憾,更令人感到痛心。希望有那么一天,能够重建虎山桥,这不该是一个遥远的梦吧。

东西两崦桃柳新

“光福一名邓尉 与玄墓、铜坑诸山相连属。山中梅最盛，花时香雪三十里。其下为虎山桥，两峡一溪，画峦四匝。有湖在其中，名西崦湖，阔十馀里。乱流而渡，至青芝山足，林壑尤美。山前长堤一带，几与湖埒，堤上桃柳相间。每三月时，红绿灿烂，如万丈锦，落花染成湖水，作胭脂浪，画船箫鼓，往来湖上，堤中妖童丽人，歌板相属，不减虎林西湖。寺僧为余言，董氏创此堤，费不下百万钱。时年饥甚，民无所得粟，董氏令载土一舟者得米数斗，旬日之内，土至如山，遂成大堤。山间苍松万馀，楼阁台榭，宛然图画，柏屏萝幄，在在有之，碧栏红亭，与白波翠巘相映发，山水园池之胜，可谓兼之矣。”

这段优美的文字，出自公安派代表作家袁宏道之手，他在吴县知县任上，遍游吴中山水名胜，写了一组散文，收入他的《锦帆集》。袁宏道提到的“董氏创此堤”，说的就是尚书董份所筑西崦湖中的浮庙墩。当年闹灾荒，村民无粮充饥，董份用以工代赈

苏台十二景册·虎山秋色　明张宏绘

东崦湖上

的方法，载土一舟可换米数斗，于是村民争先恐后，既解决了饥民的困难，又得以在数日之间将大堤筑成，为当地留下一处人文风光名胜，也留下一段光福历史上的佳话。

自从董份筑堤栽柳，西崦湖的景致，既有自然之秀，又有人工之美，令西崦湖愈发动人了。徐枋描写浮庙墩时说，遥望水面有物如螺，四面环水，非舟楫不能达，而庐舍田园，桑麻鸡犬，俨然一村落。土阜之上有一庙，杂树扶疏，颇惬幽趣。神奇的是，此墩虽遇大水不淹，故有浮庙之名。王世贞《虎山桥》诗描写了虎山桥两边东西崦湖的景致，咏道："桥外天空自爽然，青山面面吐青烟。千花映水霞争发，双崦分流月对悬。踞石醉呼光福酒，隔林歌起太湖船。不须指点论王气，麋鹿苏台更可怜。"

东崦、西崦，也称上崦、下崦，两崦一水可通。所谓崦，即太湖之水汇流山间，形成的小溪。这一带原本住着沈氏家族，旧传此地有王气，张士诚遂凿分二崦，令族人散去。但据徐傅《光福志》卷三记载，似先有两崦而后有虎山桥，再说北宋熙宁五年（1072），史料关于兴修水利情况的记录中，就出现了光福崦，两崦之名早在元代之前就有了，惟相传市河（今光福寺前自渔行桥至西桥）为张士诚所凿。不管怎样，东西两崦对于光福的水利建设是十分重要的，正因如此，农田才能旱涝保收，农人才能安居乐业，何广生《光福后竹枝词》就咏道："除却山头种稻难，堰通上下不愁干。青青麦陇春花盛，笑煞老农

西崦湖晚霞

加一餐。”

东崦，在镇的东南、邓尉山东麓汇而成渠，周十馀里，西承西崦、东达于浮里桥。崦中有凤凰墩，也称鸭墩，有水田一顷，所产塘藕菱芡胜于他处，唐寅《题光福图》就有“东崦荷花西崦菱”之句。黄中坚《春日过上崦》诗曰：“云白山青水拍天，菜黄麦绿柳含烟。此中但有王摩诘，不吏林泉让辋川。”“云满山腰雨满天，草平湖岸水平田。前村烟树迷惟处，有个渔翁放钓船。”此地风景，不亚于王维喜爱的辋川。据说早先东西两崦水面几乎相等，后来因为围湖造田的缘故，东崦湖因此越来越小了。

西崦在镇西，周二十馀里，东达东崦，西承太湖，北接游湖，四面皆山，有虎山桥于山中雄跨两崦间。明人俞允文《西崦》咏道：“向晚乘舟过虎溪，山山落日洞庭西。五湖斩水垂烟钓，万顷平畴带雨擎。天外白鸥波上下，云中绿嶂树高低。自知多懒疏远俗，便欲移家就隐栖。”王穉登也有诗咏道：“山烟山雨白氤氲，梅蕊梅花湿不分。浑是高楼吹笛龙，半随流水半关云。虎山桥外水如烟，雨暗湖昏不系船。此地人家无玉历，梅花开日是新年。”东西两崦，特别是西崦，确乎是光福的胜景之一，每一登眺，层峦叠嶂，波光极目，不知身在尘世里。吴宽来游，发出由衷的赞叹，有《西崦湖》咏道：“南人相诧说杭州，自料西湖让人筹。天为渔家开下崦，晚宜画舫驻中流。新诗已判纵横写，佳景从教次第游。孺子歌声何处起，落霞孤鹜水悠悠。”由此可见，这一带风情的繁富和景色的佳丽。

1922 年冬，蒋维乔先生曾有光福之行，东西两崦给他留下十分美好的印象。那天他们出光福寺，向西北行里许，至三官堂。堂北有水阁，面临西崦，极湖山之胜。堂后复有一亭，登之豁然开朗，崦之三面皆山，其南则邓尉、西碛、铜井诸山，绵延不断，直到太湖口而止。至崦西小筑啜茗，展玩光福寺僧携来的两手卷。凭栏观崦，流连久之而出。折向东南行里许，至冯桂芬所建的湖上读书处，当时为第一国民学校。自校后门出，沿西崦行，过虎山桥登虎山，自顶远望，东南为东崦，西为西崦，是时夕阳西下，晚霞映入崦中，上下皆红，荡漾如濯锦，令蒋先生一行欣喜不已。这是蒋维乔在《光福游记》中记录的大致内容。不过当时农家围湖成田，致水道日狭的现象，令他们很是担心。事实正如他们当年所担心的那样，如今的东崦湖实在是小得可怜。

袁宏道来游，已是浓春；蒋维乔来时，却还是初冬，梅花尚未吐蕊。而西崦的梅花自古有名，汪琬《虎山桥》诗曰：“新柳条垂著水齐，画桥行旁虎山堤。卷帘渐觉香风入，一路梅花到崦西。”赵文哲《探梅绝句》诗曰：“东崦连西崦，扁舟十里遥。冷香吹不断，知近虎山桥。”

西崦湖滨有崦西小筑，就在徐达佐的耕渔轩旁边，也叫小云台，相传为石賭庵下院，于此可饱揽湖山之胜。潘遵祁有“一湾临水三间屋，啜茗凭阑又几人”之咏。据《光福志》记载，旧时里人结文社于此，旁有土阜，光绪年间，巡检何震望与里人于此筑旷望亭。1926年春，李根源于来访，他在《吴郡西山访古记》卷一中说：“访西崦小筑，水阁三楹向山坳里，雅洁可饮酒，旁邓尉社庙，有《结草庵记》，乾隆五年庚申清和月；《崦西小筑记》，民国七年，胥渎张郁文撰，古吴邵祖楹书，旁建旷望亭，后种梅花百馀株。”如此看来，旷望亭可能是崦西小筑中的一个建筑。李根源那天还访问了邓尉社庙，“庙门前古柏一柯，上寄生石岩，姿态奇绝，足与司徒庙之七柏伯仲。光福地质宜柏，吾乡高黎贡山古柏亦云多矣，然未有如此之葱茏可爱者”。

据记载，唐兖国公陆象先墓在光福山西，李根源那天没有找到，却在崦西小筑后坞中，看到了明建文元年（1399）举人、大理寺丞陆祯的墓，墓门立有康熙四十九年（1710）《苏州府禁山碑》，周边老松万株，气象葱郁。东北山上古冢很多，乡人正在掘伐。这在当时是很普遍的现象，李根源见了，感慨很深，他说：“余于各省访古墓多矣，未见有若吴中古墓摧残如是之甚者。详求其故，乃由守冢人俗例及习惯之坏。始则坟山为坟主所有，坟客不过有照料耕种权，继坟主转徙他乡，或遗忘处所，或绝嗣，所有权即归坟客。

西崦湖

葬者与坟客有何血统关系，而必为之保存耶？求其不毁碑掘冢以另谋新主，不可得也。非尽坟客良心之坏，亦俗例习惯使之然耳。故除数大姓外，敢断言苏人必无十代二十代保存无失之先茔也。”这段分析也是社会生活史的材料，值得注意。

西崦湖的南浦，邓尉山腹之中，又有明清易代之际吴明初的邓尉山居，吴明初是遗民徐枋的舅氏，也为吴地望族，推财让产，世多隐德。他早岁蜚声庠序，晚以诗文自雄，而孝友刚方，尤为宗族乡党所推重。他以太夫人不乐栖居城市为由，故而搬至山里，也可能以此作借口，其实是不愿与清王朝合作。邓尉山居坐落山中，宅之右，循篱落而西，则为铜井，为青芝，为真珠坞，为玄墓，群山逶迤，绵亘数十里，层岩复嶂，丹崖翠阁，掩映无尽。有涧水度远岭而来，细流潺潺，绕于屋下，襟带衡门，汇成通港。小桥斜度，平畴秩秩，纵横其门，田外复有群山作屏障。

过桥曲折数里许，两岸皆水田，蒹葭出水，蒲丛刺天，茭菰菱芡，弥衍波面。又有水杨数株，落落堤间。每泛小舟往来绿港中，尽日沿缘，惟闻欸乃，绝无人声。既而见桑麻墟里，俨然武陵桃源。出港即为崦湖，为虎山，为光福寺，人烟聚落，与远山茂树参差相杂。崦之尽头为铜坑，外即太湖具区。昼则轻帆柔桨，与凫乙相出没；夜则烟水沦涟，与月华相上下。而孤村远火，明灭林外，此中种种趣味，只有身临其境才能充分体会。山中多植梅，环山百里皆梅，又有杨梅佳树。一岁之中，春初梅放，极目如雪，遥望诸山，若浮于玉波银海中，仅露峰尖，翠微欲动，而香气袭人；夏秋则杨梅、桂花等，各擅其妙。

邓尉山居傍山临水，南向辟双扉，再进为祠堂三楹，稍左折而东为书屋。庭植修梧，高枝入云，屋外古树四合，绿阴覆天。后三楹为山堂，轩敞高豁，屋如其人。堂左为小楼，南向，启北窗，即见西崦，波光澄练，摇曳树杪，虎山、崦水，如画展现，登眺之胜，可以想

登山津路图 《邓尉山圣恩寺志》卷首

见。与楼相望，有堂有庑，有太夫人之养堂，吴先生之内寝，还有先生子长原之安居。因先生为本支嫡嗣，故而祖坟、祠堂均由父子俩守护。好在吴长原行为淳厚踏实，世乱以后，即放弃研治经学，乐以隐德世家，随父归隐，过起纯朴简单的乡村生活，种田采药，怡然自得。

以上是徐枋《吴氏邓尉山居记》所描述的情景，可见其居宅内并无特别之处，而宅中之人和宅外风光令徐枋赞不绝口，乐意亲近，以至时时前往，每回总是流连忘返，不仅为邓尉山居写了记，还为之画图、赋诗。无奈人与山居俱老，这也实在是无法抗拒的自然之事。

西崦湖西北为游湖，传说吴王经常带着西施乘船游玩于此。游湖受太湖之水入光福内湖，东崦湖分流至光福塘，东过福利、张墅官两桥，计十四里达善人桥，又东十三里为香水溪，通木渎斜桥为南塘，再汇胥江；西崦分流至东渚塘，东北行到东渚龙塘桥，又东北流达浒墅关为北塘，其支渠通篁村。东西两崦湖，将太湖之水分两路源源不断地送往古城的每一条河道，从而塑造了灵动的苏州水城，“人家尽枕河’，“楼台俯舟楫”，屋宇毗邻，檐角高下，白墙黑瓦朱阑，构成丰富多姿的景观。就在这一条条狭窄的水巷里，橹声咿呀，风日悠然，正是江南的寻常景色。

倪元镇的履痕

很久以前，光福镇的西北部，连绵分布着三座小岛——安山、葛舍（一作葛沙）和幼里（又作黝里、坳里、蚴里），被太湖水团团环绕，它们的东南面是西崦湖，北边为游湖。据清《光福乡区域图》标示，虎山的西北面分别有两座桥连接葛舍山和幼里山，两山一部分与陆地相连；幼里山西边，葛舍山南边，分别有两桥与安山、铜坑相接。大概是由于长年累月的淤积，以及太湖水位下降等多种原因，渐渐地葛舍、幼里两山与陆地完全连成一片，不再是小岛，现在从铜井山或吾家山顶看去，两山只是突起地面的两个小山丘而已。

如果将幼里和葛舍称之为岛较为勉强，那么安山原本是名副其实的小岛，现在仍是三面临水的半岛。明人娄坚有《从青芝泛湖到安山作》诗咏道："中林楼阁带岩阿，甃石长通溅沫过。欲共扁舟凌浩渺，为怜深树更婆娑。连村桑柘炊烟合，狎浪帆樯渔网多。斜日背山山色紫，采樵人散满劳歌。"画舫泛湖，尤其适合于吴中秀丽的山水间。可以想象，船缓缓而行，舱内花酒箫鼓，诗词联句，红

安山土墩石室遗址

袖添香，秀色可餐；窗外碧水逶迤，水明如镜，临水轩屋，架水石梁，如画风光，不时变换，真仿佛梦境一般，可谓神仙之旅。

尘世一日，就这样惬惬意意地度过了。

安山虽不高，登顶可望见三洋、新城、洗马、银沙、秀峰、姚冈诸屿。可千万别小看了这个小小的安山，它的历史底蕴相当深厚，山顶有春秋时期的土墩石室遗址，又有钱武肃王庙，但是不知始建年月，据说子孙世守其祀，民国年间还在。当年李根源到此，询问守庙人，得知安山居民有近百户，都说是文穆王钱元瓘、忠献王钱弘佐的子孙。那时山下还有古柏禅院，额为姜晟所题，院内有古柏山房，额为冯桂芬所题。李根源在《吴郡西山访古记》卷一中说："庭植牡丹数十本，干高齐檐，花时繁艳可人，幽境也。"有人将古柏禅院与司徒庙混为一谈，其实不然，虽然司徒庙也有古柏山房。

葛舍山，未见太多的记载。幼里山有彭绍升墓。彭绍升是苏州府长洲县人，字允初，号尺木，又号二林居士，乾隆三十四年（1769）举进士，选知县，却不赴任，专心读书，喜佛学，留心当代掌故，对清初大吏和学者的行事、议论，均有辑述，著有《二林居集》、《一行居集》。嘉庆元年（1796）卒，年五十七岁。彭绍升门庭显赫，曾祖彭定求，康熙十五年（1676）状元，官至翰林院侍讲。父亲彭启丰，雍正五年（1727）状元，官至兵部尚书。

人们通常将幼里、迂里混为一谈。实则迂里另为一村，就在幼里东边、虎山北麓。虎山东有永安塘，西为沿上，俗称池上，居民在此筑池养鱼。这两池塘的石堤叫菱荡、迂溪，是一个叫李宗沆的迂里人修筑的。李宗沆，字星海，家境殷实，喜交方外友，热心桑梓慈善事业。关于他的故事，在乡里广为传诵。李氏家族向有行善的传统，明万历十一

窑上赏桂亭眺望安山、葛舍和幼里

年（1583），李佳捐资修筑光福崦东、迂里两大石路，以便行旅；崇祯十七年（1644），李佳孙李之宏再修。清道光六年（1826），李之宏玄孙李恒重筑，由李恒子李宗沆亲自监督施工。以上为徐傅《光福志》中所记，还说“先后李氏三筑，皆甲申年，尤奇”，这有点矛盾，如果三次筑路均为甲申年，那么第一次该是万历十二年（1584），第三次应是道光四年（1824），或许是动工、竣工的早晚吧。李佳在万历十二年（1584），还斥资重修本地的全真道院。李宗沆晚年学佛，则又助修光福讲寺，捐入玄墓山圣恩寺田亩若干。

迂里这个地名的由来，相传与倪瓒有关，张郁文《光福志补编》就说，迂里“倪云林旧隐处也”。因为倪瓒人称“倪迂”，迂里的名字由此而来。这大概也是说说罢了，元明文献里于此并无记载，但倪瓒确与光福有关系。

倪瓒，元末明初无锡人，字元镇，号云林。顾嗣立《元诗集》初集卷五十八有他的小传，兹录于下：

“瓒字元镇，无锡州人。其先世以赀雄一郡，元镇不事生产，强学好修，刻意文史。所居有云林堂、萧闲馆、清閟阁诸胜。饶介之称其阁如方塔，三层疏窗，四眺远浦遥峦，云霞变幻，弹指万状；窗外巉岩怪石，皆太湖、灵璧之奇，高于楼堞，松篁兰菊，茏葱交翠，风枝摇曳，凉阴满苔；阁中藏书数千卷，手自勘定，三代鼎彝，名琴古玉，分列左右，时与二三好友啸咏其间。性好洁，见俗士避去如恐浼，盥颒易水，振拂巾服，日以数十计。居前后树石，频令洗拭。书画萧疏秀挺，称其为人。至正初，天下无事，一旦尽斥卖其田产，得钱以与贫交，疏族或窃笑之。及兵兴，富家多被剽掠，元镇扁舟箬笠往来湖泖间，人乃服其前识。明洪武七年始还乡里，时年七十有四矣，寄居其姻邹惟高，竟卒于邹氏。尝自谓懒瓒，亦曰倪迂。长乐王宾志其旅葬，吴人周南老志其墓，皆曰元处士云林先生。”

倪瓒像 《吴郡名贤图传赞》卷三

倪瓒卒于洪武七年（1374），年七十四岁，葬无锡芙蓉山祖茔之下，周南老为撰墓志铭。他的著作有《清閟阁全集》十二卷。

倪瓒是元末南宗山水画的代表人物，早年曾向黄公望请教，还时与王蒙切磋交流。他的作品以纸本水墨为主，间用淡彩，萧瑟幽寂，寒林浅水，不见人踪。大抵近景为平陂，陂上杂树数株，茅亭草屋三两椽；中景大片空白表现空濛境界，如渺渺烟水，旷远清寒；远景则取低平的山丘与土坡为观照物，并留出尽量多的空白，有水天一色的意韵。他的留白，可以说是历代文人画中最独特的，前景中的树木和空白处的楷书题款，几乎成了倪瓒个人的符号。倪瓒向往和描绘具有萧索意味和幽寂诗意的山水，外表落寞而内蕴激情，画出他伤事感时的复杂内心，也许是对自己隐入林泉苍凉心绪极为婉曲的写照与抒发，有一种透入胸肺的孤寂悲凉况味。倪瓒留下不少传世之作，其中有《松林亭子图》、《渔庄秋霁图》、《怪石丛篁图》、《汀树遥岑图》、《江上秋色图》、《虞山林壑图》等。他也善画墨竹，风格遒逸，瘦劲开张，画中题咏很多，这是他的另一特色。后人将他和黄公望、王蒙、吴镇称为“元四家”。

倪瓒的书法同样有简远萧疏、枯淡清逸的风格，后人给予高度赞美，“倪先生人品高轶，其翰札奕奕有晋宋风气”（文徵明）；“古淡天真，米痴（即米芾）后一人而已”（董其昌）。倪瓒与恪守帖学的书法比较，完全是两种迥然不同的风格，也不免遭来非议，如项穆曾说他“下笔之际，苦涩寒酸。纵加以老彭之年，终无佳境也”。然而这“无佳境”，恰恰是难能可贵之处，近代书家李瑞清就认为，“倪迂书冷逸荒率，不失晋人矩

虞山林壑图轴　元倪瓒绘

矱，有林下风，如诗中之有渊明，然非肉食者所解也”。倪瓒传世书法有《三印帖》、《月初发舟帖》、《客居诗帖》、《寄陈惟寅诗卷》、《与率度札》、《与良常诗翰》、《与慎独二简》、《杂诗帖》等。

作为古代艺术家中的巨匠，倪瓒对后世的影响是深远的，尤其是明清时期，许多名家竞相临摹他的作品，落款常常作“仿云林笔意”，可见其艺术魅力之大。沈周、文徵明、董其昌和“清初四王”，学倪画多得其神髓，蔚然而成大家。董其昌倡南北宗之说，更是极力推崇倪瓒，将他置于“元四家”之首。

倪瓒与光福的关系，主要是由于徐达佐的缘故，他曾是耕渔轩的座上客。《珊瑚木难》卷三著录《怀素真迹》，就有倪瓒的跋：“倪瓒八月十一日观于耕渔轩，时积雨初霁，残暑犹炽，王季耕自其山居折桂花一枝，以石罂注水插花，着几格间，户庭闲寂，香气郁然，居玩此卷久之，如在世外也。癸丑。”《赵氏铁网珊瑚》卷四著录《东坡村醪帖》，倪瓒题曰：“坡翁此卷，笔意似徐季海，尤觉天真烂漫也。癸丑中秋，同王季耕观于徐良夫之耕渔轩。”又著录《东坡草书》，倪瓒题曰：“癸丑八月八日，固始王旴观于徐良夫氏之耕渔轩。是日雨气作凉，庭无来迹，展玩再四，因得窥见笔意。”他还为耕渔轩绘写图卷并题诗，《清河书画舫》卷十一下著录《倪元镇赠徐耕渔诗卷》：“八月七日偕耕云叟访耕渔隐者，风雨寂寥中为留三日，日有图书笔砚之乐，九日耕隐赋诗见赠，辄次韵奉答，瓒再拜，耕云同一笑也。‘云卧雨声集，庭树飒以秋。身同孤飞鹤，心若不系舟。燕俎登松菌，匏尊酾涧流。兰芳日凋悴，吾生行归休。不作蝼蚁梦，游神凤麟洲。青山澹相对，白发忽满头。仙去云冉冉，凤鸣竹修修。谅哉伐木诗，鸟嘤尚相求。居吴二十载，未及兹山游。君才如鲍谢，摛辞亦云优。欢然敬爱客，能不为尔留。桑土夙所彻，户牖何绸缪。地无车马尘，路转岩穴幽。既晴引飞屟，回望林间楼。’岁癸丑中秋日写。题耕渔轩：‘溪水东西合，山家高下居。琴书忘产业，踪迹隐耕渔。积雨客留宿，新晴人趁墟。厌喧来洗耳，清泚绕前除。’卜来轩中自七日，至此凡四日矣。风雨乍晴，神情开朗，而又与耕云、耕渔笑言娱乐，如行玉山中，文采自足，照映人也。喜而复赋此诗，十日瓒。”所署时间都是“癸丑”，即洪武六年（1373）。如果倪瓒隐居在迂里，那必是耕渔轩的常客，留下的墨迹，就远不止此矣。

倪瓒此次光福之行，在是年八月七日，直到八月二十一日才离去，住了十四天，他有诗《中秋夜，月明胜常年，良夫与景和携酒耕渔轩，酣饮及二更乃就寝。十六日夜，阴云半天宇，月光或隐或见。十七日夜，月已不如中秋朗彻。十八日暮雨作，至十九日不止，因赋》，诗曰：“八月山居秋廓廓，西风逗冷侵疏箔。乌衔青影暮飞还，细雨空庭桂花落。”

光福向以桂花著名，耕渔轩庭院内外，也多桂树，中秋前后正是桂香时节，倪瓒作《中秋饮耕渔山庄》诗曰："酒渴茶瓯沁露凉，石床云卧冷侵裳。团团碧树悬金粟，月午风清梦寐香。"徐达佐次韵曰："玉兔流光午夜凉，微风清露袭罗裳。丛丛桂子西窗下，影落杯中酒亦香。"

倪瓒的《耕渔轩图卷》久已不存，但张丑还曾见过，他在《清河书画舫》卷十一上说："古今画题，递相创始，至我明而大备。两汉不可见矣，晋尚故实（如顾恺之《清夜游西园》之类），唐饰新题（如李思训《仙山楼阁》之类），宋图经籍（如李公麟《九歌》、马和之毛《诗》之类），元写轩亭（如赵孟頫《鸥波亭》、王蒙《琴鹤轩》之类）明制别号（如唐寅《守耕》、文壁《菊圃》《瓶山》、仇英《东林》《玉峰》之类），五等皆可览观。惟轩亭最为风雅，向见倪瓒《耕渔轩卷》，名贤往矣，堂构墟矣，而徐氏昔年佳胜，恍然在目，谁谓书画一小技，于道未为尊耶。"

倪瓒与妙高峰七宝泉还有一则趣事，据顾元庆《云林遗事》记载，倪瓒小住徐达佐家时，曾遣童子入山担七宝泉，以前桶煎茶，后桶濯足，有人不解其意，他答道："前者无触，故用煎茶；后者或为泄气所秽，故以为濯足之用。"这是关于倪瓒洁癖的故事，不可当真，但他确实与徐达佐一起到过七宝泉，倪瓒有《七日访良夫，十三日至七宝泉，及暮舟还耕渔轩二首》诗曰："来看城西十月山，桂花风气碧岩间。扁舟夜过溪东宿，七宝泉头日暮还。""桂树窗间卧看云，风吹花落紫纶巾。偶来山廨饵苍术，又向红波采白蘋。"

历代名人与光福的故事很多，倪瓒乃是一个过客，但留下了诗文翰墨，在他固然是美好的记忆，而在今天的光福人看来，这位大画家与光福有情缘，并且他还值得细品，暖阳里，青灯下，一支香，一壶茶，慢慢地品，闲闲地品，不同季节不同心境，品出的滋味大概也是不同的，从而穿越时空，产生共鸣。

旧时明月耕渔轩

古镇光福，因山水之秀，历来是士大夫首选的隐居之地。元末时，光福里人徐达佐在邓尉山中建养贤楼，又在西崦湖滨筑耕渔轩和遂幽轩。耕渔轩既有胜致，主人又好客，时举雅集，与倪瓒的清閟阁、顾瑛的玉山佳处并称于时。陈田《明诗纪事》甲签卷十二就说："元季吴中好客者，称昆山顾仲瑛、无锡倪元镇、吴县徐良夫，鼎峙二百里间，海内贤士大夫闻风景附，一时高人胜流、佚民遗老、迁客寓公、缁衣黄冠与于斯文者，靡不望三家以为归。"

徐达佐，生于元至顺四年（1333），字良夫，一作良辅，别号耕渔子，又号松云道人。幼年父母双亡，十六岁始习举子业，从鄱阳邵宏道学《易》，再随天台董仁仲受《书》，得精义理，不务文辞。元末避乱，回到家乡，隐居邓尉山中。《光福志》卷六说他在家乡时，"推田园于族人，躬行孝悌。延师家塾，教族之子弟。岁祭宴享，会族众于家，讲论诗书礼乐，升降揖让之礼"。仇机《题徐良夫耕渔轩》记录了他在光福的隐居生活，诗曰："白日带经垄上锄，夜间放棹泽中渔。有米即周邻舍急，得鱼远寄故人书。山川雨露桑麻地，风月图书水竹居。出处不惭徐孺子，文章能敌马相如。"明洪武二十二年（1389）前后，施仁守建宁时，荐授建宁府学训导，二十八（1395）卒于任，年六十三岁。归葬光福士墟村，俞贞木为撰《建宁府儒学训导徐良夫墓志铭》。

徐达佐在时的耕渔轩，大概不过数楹而已，借的是山水之胜。主人取名耕渔轩的原因，可从他的话语中见得："不肖生居山泽，躬耕以具箪食，无所仰给于人。遭时乂宁，野无螟螣之菑，乡无枹鼓之警，官无发召之役，获于田，而观黍稷之敛穧，缗于水，而遂鳣鲔之涪湛，而又暇日挟册以学，思古人之微，以适其适。吾于是畅然而有馀，嚣然而自得，怡然以尽夫修年，而无所觊觎矣。因名居室曰耕渔，所以寓吾志也。"（高巽志《耕渔轩记》引）

当时海内名士纷至沓来，雅集耕渔轩，如倪瓒、朱德润都画过《耕渔轩图》，倪瓒有《予既为良夫友契作耕渔轩图，复为之诗》，朱德润之作，未见著录，惟倪瓒有《题朱泽民为良夫作耕渔轩图》，诗曰："寂寂溪山面碧湖，轻舟烟雨钓菰蒲。晓耕岩际看云起，夕偃

耕渔轩遗址

林间到日晡。汉书自可挂牛角，阮杖何妨挑酒壶。江稻西风鲈鲙美，依依蓐食待樵苏。”又，高巽志撰《耕渔轩记》，唐肃、包大同撰《耕渔轩铭》，杨基撰《耕渔轩说》，沙大用撰《耕渔子传》，王行撰《耕渔轩诗序》，释道衍（姚广孝）撰《耕渔轩诗后序》等。至于题咏者更其多矣，诗笺百馀幅，如张复初、周伯琦、苏大年、郑元祐、周南老、陈惟寅、周砥、袁华、徐贲、谢应芳、俞贞木、虞堪、陈岳等等。洪武八年（1375），徐达佐将这些诗文辑成《金兰集》，原刻久佚，今仅存清萃古斋钞本、沈德潜序刊本，卷数不一。徐达佐在自序中说："《金兰集》者，达左与友朋往来之诗，编集成卷，以见不忘之义也。……其与友朋往来之诗，悉皆集之，迨二十年而成卷。夫观其迹如见其人，诵其诗似接其语，尤不可遗，是亦久要不忘之义也。恐夫久而泯焉，故锓诸梓以期于不朽云。"《金兰集》汇辑的意义，说得很明白。元明之际，耕渔轩全盛时期的起止，也说得很清楚。

约嘉靖年间，徐达佐后裔徐邦鼎，将耕渔轩数代主人珍藏的前人翰墨汇为一编，袁祖庚有《题耕渔轩倡酬名迹序》，其中写道："余谛视之，其卷首有数大字及《竹轩图》，皆宋人笔也。其次有古诗，有近体，有歌行，有绝句，有诗馀，则是元及我朝名公所作也。

倡之者为云林倪隐君、季迪高太史、吏部王汝器、翰林王汝玉，方外印密、观通、智及、姚少师道衍，继之为员外王畦、宪司王眈、陈刑部亢宗、王学士达善、徐武功有贞、曹巡御时中，而其他名士不可考者，盖又不知其几何也。”

景泰年间，徐达佐的曾孙徐季清在耕渔轩左构先春堂，徐有贞为作《先春堂记》，这样写道："坐而四望，左凤鸣之冈，右铜井之岭，邓尉之峰峙其前，具区之流汇其下。扶疏之林，葱茜之圃，棋布鳞次，映带前后。时方冬春之交，松筠橘柚之植，青青郁郁，列玗琪而挺琅玕。梅花万树，芬敷烂熳，爽鼻而娱目，使人心旷神怡，若轶埃堨而凌云霄，出阴冱而熙青阳，视他所殆别有一天地也。”又有徐氏宗祠袭庆庵，在山阴祖冢之东，乃徐达佐营建，七十馀年，已将隳圮，徐季清斥资重修，徐有贞又为作《徐氏袭庆庵重修记》。

再说徐达佐的遂幽轩，当年也是诸多名人品题的地方，见于《金兰集》的，就有张世昌、张翼、南宫常真、徐惟贞、刘逢原、释万金、应伟、高巽志、徐一夔、金钰、陈岳、应枋、倪瓒、俞贞木等。至明代中叶，遂幽轩尚为徐氏所有，谢晋曾为之绘图，徐有贞有《题谢葵丘画遂幽轩图赠徐季清》诗曰："葵丘居士吴中杰，画笔诗才两清绝。平生白眼傲时人，

西崦湖南浦

人有求之多不屑。浒溪渔隐孺子孙，气谊相孚独深结。高标逸韵与之齐，玉树冰壶双皎洁。开卷对酌遂幽轩，一笑俱忘满颠雪。山光水色照清尊，飞翠浮蓝手堪撷。葵丘醉后兴更奇，击箸悲歌声激烈。挥毫洒墨作新图，欲与王维较工拙。于今已是十年馀，人物凋零风景别。二贤踪迹共寂寥，惟有画图当座揭。我来已晚不相知，聊复题诗效燕说。湖山在目只生愁，为谁把酒临风月。”此后未久，遂幽轩曾三易其主，至清康熙年间为叶楠材所得。叶氏撤去斋前小屋数椽，扩大庭院，而龟山俨然在望，故易名见南山斋。黄中坚有《见南山斋诗序》记之，“左旧有房两楹，房亦有庭，更通之，以编竹屏其中，若断若续，加曲折焉。庭中叠石莳花，潇洒可意。左右两廊，朱栏碧槛，交相映也。右廊微广，因结为斗室，可以调琴，可以坐月，所以为斋之助者不浅。是皆叶君之丘壑也”。叶氏以后，关于这个宅院的记载，就再也见不到了。

比起遂幽轩，耕渔轩则较幸运了。清顺治七年（1650）仍属徐氏所有，余怀来游，他在《三吴游览志》中记道：“抵西崦虎山桥，赪壁霞举，红云秀天，方搔首哦吟，而主人徐玄初已候于门矣。延入耕渔轩，桐阴承宇，静月澄高。光福之山，接岭连峰；太湖之水，

西崦湖波光

腾波灌日，悉奔走效技于棂楹之下，岂非避世之贞庐、养幽之闲园者乎。”至清嘉庆初年，废圮已久的耕渔轩被海宁查世倓购得，并将比邻的林泉池馆一并买下，重加葺治，易名邓尉山庄。门前崦岭，若锦绣屏障，绿波环绕，妙境天成，凡有二十四景，各题嘉名，极尽园林韵事。

入园，丛木蓊郁，曲径逶迤，中有厅事五楹，储父祖遗存古籍，名思贻堂，梁同书题匾。堂后峰峦一片，奇诡不可名状，尤有英石一峰，崚嶒秀削，潘奕隽题名小绉云。群峰之北，有御书楼，藏御赐唐诗巨册、御制《紫葡萄》诗大幅、御笔堂额、楹联及字画、碑刻、砚墨，又有御赐内府秘书五百卷。楼东多古树，因树为屋，名静学斋，为世宗胤禛潜邸时书额。西北有回廊亘亘，名为月廊，循廊可抵宝禊龛，壁间嵌置隋开皇本《兰亭集序》书条石。

后有隙地，名为蔬圃。面圃开轩，乃徐达佐耕渔轩旧址，仍名耕渔轩。轩外柳堤迂曲，有袅袅依人之态，名为杨柳湾。堤尽，高阁凌虚而起，名为塔影岚光阁，于此可见龟山上的光福寺塔，太湖七十二峰也隐隐可望。西有小楼相连属，名为澹虑簃，隔窗看山，翛然物外。东有读画庐，观诗读画，最宜销夏。稍南有池水一泓，碧澄清鉴，名为钓雪潭，倚槛观鱼，最是偷闲佳处。潭上可供憩息者，右为银藤舫，檐际古藤纠结，绿阴如幄；左为秋水夕阳吟榭，此名因园主惓念故交，托兴于伊人宛在，以寄遐思。临水而南者为金兰馆，因《金兰集》而得名。

潭水折而北流，有石梁横卧其上，名鹤步彴，石窄而长，仅容人趾。石梁之东有亭，踞土阜之巅，名为石帆亭，邓尉西有石帆山，凭阑远眺，如对石壁。亭旁有坦坡，蜿蜒而西，种梅数十本，名为索笑坡，坡上有小筑三间，名为梅花屋，花开时节，园主拥炉读史于此。再上有听钟台，台下有无棣传经室。迤西有春浮精舍，主人不佞佛而好读梵书于此。南结槿篱为藩蔽，修竹万竿，不露曦影，中有小屋，名为竹居，凡户牖几案之属皆以竹制，诚为异境。

以上是嘉庆十八年（1813）仲春，张问陶《邓尉山庄记》叙述的胜况。

查世倓是嘉兴府海宁县人，字恬叔，号讱堂，又号憺馀。乾隆三十五年（1770）举人，由内阁中书历官刑部福建司郎中。道光元年（1821）卒，享年七十二岁。著有《憺馀诗文集》、《憺馀尺牍》等。张问陶，四川遂宁人，号船山。乾隆五十五年（1790）进士，授检讨，改御史，再改吏部郎中，出知山东莱州府，以忤上官，称病去职。晚年寓居苏州山塘，著有《船山诗草》。张问陶和查世倓是订交三十年的故友，虽离合靡常，然相契之深如一日。

就在写《邓尉山庄记》的前一年，张问陶自莱州引退居吴，当时查世倓已归老江南七载，邓尉山庄也已建成。来年早春，张问陶与前辈赵翼入山探梅，查氏买棹相约同游。多年不见的朋友，一起啸傲于湖山之表，息游于图史之林，日坐春风香雪中，衔杯促膝，从容谈艺，重话京华旧事，真恍若前世。

随着查世倓返浙，邓尉山庄榛莽渐生，如何广生《光福后竹枝词》写的那样，“六浮阁废委烟萝，邓尉山庄变相多。远自康熙近嘉庆，以今视昔恸如何”。此后情形，《光福志》附录记道：“里人徐坚、许兆熊、倪昇尝集文社于此。”

徐坚，吴县光福人，字孝先，号友竹，又号綗园，晚号澡雪老人，又自署邓尉山人。贡生，曾入毕沅幕，已而游楚南。多才多艺，工隶书，精篆刻，山水笔墨苍厚。嘉庆三年（1798）卒，年八十七岁。著有《綗园诗钞》、《綗园烟墨著录》、《金兰续集》等。

许兆熊，吴县光福人，字黼周，号凫舟。师事徐坚，与沈钦韩友善。好收金石。工诗文，兼精医术。辟六君子斋，一意著述；又筑池上草堂，养鱼艺菊，时与名流觞咏。著有《六君子斋稿》、《灵兰馆诗稿》、《凫舟话柄》等。

清咸丰四年（1854），冯桂芬在镇西创建善堂，名为一仁堂，施棺施药，同时又设种树局，得山地百馀亩，杂植梅桃桑柘之属。一仁堂西，就是邓尉山庄也即耕渔轩的旧址，冯桂芬修葺后，署额湖上读书处，又感念先贤，仍名耕渔轩，并写了一篇《耕渔轩记》，起首就说：“予既创立光福一仁堂，购镇西徐氏屋十馀椽，偪隘不能容。右偏有废地，榛莽茅茷之所丛也，将拓以广之。土人曰：‘数十年前，海盐查氏筑园于此，一日撤材辇石去，嗣是无主者。地濒虎溪，空旷非所宜居。’予以善堂无诲盗法，不听。遂牒县承赋，芟其芜，涤其涂，既焚既畾，豁然开朗。支八椽于中，启西北牖，则虎溪之波千顷，汇于其下。溪之四围，自虎山桥迤北，乌在山、安山达于铜坑；铜坑层峦叠嶂，环拱于其外，尽揽一溪之胜。左右行数十武，即有移步换形之憾。天造地设，有如此者。”咸丰十年（1860），一仁堂、耕渔轩并遭兵燹，仅存构架，同治初年重建。

至于徐氏耕渔轩收藏的元明人翰墨真迹，早就没了踪迹，云烟过眼，已不可复睹。据说是后来徐氏以讼破家，为有力者所得。聊可慰藉的是，风景如画的西崦湖畔，因了徐达佐的耕渔轩和遂幽轩、徐季清的先春堂、查世倓的邓尉山庄、叶楠材的见南山斋和冯桂芬的湖上读书处等，声名远播，主人和他们的文朋诗友，留下了难以计数的记咏吟唱，让光福的人文历史，更加深厚而悠远。

湖山锁钥的铜坑

民国以前的地图上，铜坑山的位置一直被标注为铜坑、铜坑口，距光福镇五里。太湖包围光福西境，铜坑口即为之锁钥，有铜坑桥横跨其上，西受太湖水，过西崦分流。许兆熊《光福竹枝词》咏道："铜坑桥架太湖东，西去汪洋万顷通。几带渔舟齐泊此，赛神歌唱六帆篷。"

铜坑桥不知建于何年，由于湖水东注，激湍之故，明代以来，屡葺屡圮。桥侧旧有"东吴名相"顾雍庙，民国年间还在，据说铜坑村就是顾氏聚居地，至今西碛山北麓仍有顾家场的地名。

据乾隆《吴县志》卷二十八氏族介绍："顾氏，本越王勾践七代孙封于顾余(顾城在濮州范阳)。汉初居会稽，以邑为氏。韦夏卿撰《顾少连碑》谓顾氏复徙吴会，自晋司空和洎梁给事中耀，至少连十三代矣。《世说叙录》有《顾氏谱》，甚详。《姓苑》云，吴郡顾氏，汉有荆州刺史顾容，晋有固乘，亦有故姓。《三国志》顾雍，吴人。"光福顾氏，或以顾雍为先祖，或以顾野王为先祖，铜坑是重要的一支，南宋以后，各地的不少顾氏支脉，都是从铜坑分出的。故其地有顾雍庙，亦在情理之中。

顾雍墓在穹窿山小王山，这也是李根源发现的墓碑，他在《吴郡西山访古记》卷四

小王山顾雍墓

《吴顾丞相祖孙墓记》中说："吴县张壬士郁文《木渎小志》载'《顾氏谱》:小黄山有祖墓三,汉驰义侯贵、吴丞相雍、梁建安令烜。自宋顾禧居邳村,子孙世守其祭'。考小黄山,一名小王山,又名琴台山,穹窿中干也。山之东麓为吾母阙太夫人墓域所在,意当与顾墓邻近。去岁十月至山中,集村人暨顾氏子孙询之,莫知其处,废然久之,而心终不忘。今复来山,宿秀水王氏墓庐,殷君泰来来访,云邳村顾桐生有《顾氏旧谱》抄本。乃邀桐生持谱来阅之。三墓暨彦成、禧父子确葬小黄山,然桐生终莫知其也。余偕桐生暨乡人再往寻之,于小王山南麓荆莽丛中得碑一方,字为风雨剥蚀,剔拓审视,中镌三行曰:'汉驰义侯顾氏迁吴始祖贵、吴丞相封醴陵侯顾雍、梁建安令赠侯爵顾烜之墓。'左侧镌二行曰:'祖传顾氏上世并祔此,宋文节公彦成及漫庄先生禧皆祔此墓。'右侧镌一行曰:'嘉庆丙子岁初冬,裔孙顾锡周、卿云、尚耀、震云敬立。'碑后三冢岿然平列,而晏岭,壬山丙向。千年名迹一旦披露,闻者莫不惊喜。"

顾贵,据《希冯公祠墓记略》记载,顾安朱"今谱中尊为第一世祖",五世孙顾贵,"始居吴中横山,后徙光福"。汉元封三年(前108)为闽越王,封驰义侯。因征东越有功,封吴侯,始居姑苏。

顾雍,三国吴郡吴县人,字元叹。少从蔡邕学。弱冠任合肥令,后历娄、曲阿、上虞,均有政绩。建安五年(200),孙权兼任会稽太守,任其为郡丞。孙权称吴王,累迁至大理奉常,领尚书令,封阳遂乡侯。黄武四年(225)封醴陵侯,代孙邵为丞相,为相十九年,为孙权倚重。赤乌六年(243)卒,年七十六岁,谥肃。

顾烜,梁吴郡吴县人,字言威。顾雍十一世孙,顾野王父。任信威临贺王记室,兼本郡五官椽,大通元年(527)擢建安教授。后以子贵,诰黄门侍郎。卒于侯景之乱。著

顾雍像 《吴郡名贤图传赞》卷一

有《钱谱》,已佚。

顾彦成,北宋苏州吴县人,字子英,号古介。以荫补官,历两路浙漕运都转运使。舍书堂作绍兴学基,捐田三十六顷为学田。卒谥文节。

顾禧,字景繁,号漫庄。顾彦成子。虽受世赏,不仕,居光福山中,闭户读诵,博极坟典。绍兴间以遗逸荐,不出,闲居五十年,名重乡里。著有《志道集》,并与吴兴施元之合作《注东坡先生诗》四十二卷。

站在如长虹飞堕天际的铜坑桥上,置身山环水绕之中,西可领略水天一色和唐寅画过的名胜熨斗柄;东可欣赏西崦、虎山、虎山桥和光福寺塔及两边层峦叠嶂的山脉。若是雨后天晴,则另有一番诗情画意在其中,就如清人王撰《山行竹枝词》咏道:“山楼晓起雨初晴,绕屋淙淙涧水声。喜得湖平波浪息,小船双橹出铜坑。”此情此景,怎不叫人陶醉。再看徐枋《吴山十二图记》对铜坑的描写:“过虎山桥为龟山,龟山之麓,直接平堤,夹岸榆柳,皆在下堰中,堰之尽,长虹缥缈如线,铜坑桥也。外则太湖具区矣,烟波渺然,一望无际,风恬浪息,湖光如镜,则孤帆出于天末,远山浮于波面,而渔舠如叶,与凫乙相泛泛,若风雨晦冥,波涛溯湃,咫只之际,正如鱼龙变怪倏忽,一览于此,真移我情矣。”

前代文人对于铜坑怀有特殊的情感,歌之咏之者不绝。

因铜坑紧靠太湖,滋润烟雨中,以四时佳果闻名。吴宽《入铜坑》曰:“铜坑山下摘杨梅,曲径人从树杪来。共爱石桥凉气逼,湖梢未放酒船回。”徐坚《光福竹枝词》曰:“市南市北崦西东,远近高低一望中。领略风光应不尽,铜坑西更太湖通。”何广生《光福后竹枝词》曰:“佳果满山红杂青,夏秋列肆灿如星。杨梅第一铜坑好,不许枇杷擅

铜坑桥　1900 年代摄

洞庭。"

铜坑更是赏梅佳处，春来探春，自然游屐踵接。王世贞《铜坑看梅花作》曰："望来千玉缀烟萝，一水维杪香气多。峡折峨眉全拥雪，风回洛浦半凌波。渔人只自能寻楚，水部于今不姓何。惆怅角声催暝色，醉归还和陇头歌。"王世懋《铜坑看梅》曰："二月看梅大庾岭，还逢何逊此同登。青天昼拥千村雪，玉树春融万壑冰。花里湖光回晃漾，樽前山色倚崚嶒。狂来更上幽奇处，独袖寒香思不胜。"钱澄之《次日由虎山桥泛舟出铜坑，沿湖看花，望惊鱼涧至熨斗柄，维舟小饮，夜归遇蔡九霞同至光福》曰："山行观已止，客兴犹未足。今为湖滨游，更图饱所欲。步出虎山桥，呼舟泛空渌。铜坑甫出湖，舟过香先馥。同游怪舟迟，纷纷起从陆。而我独不行，荡漾沿湖曲。望见村际花，不见村中屋。高下同缤纷，远近无断续。人行亦有路，总被花枝覆。所以岸上人，不获舟与逐。是日天气佳，照耀湖光绿。未把一杯酒，且纵万顷目。停舟熨斗柄，追寻来以促。盛夸惊鱼涧，指我遥相瞩。更拟石壁行，日落一何速。明当补兹游，未敢辞仆仆。回舟遇中郎，相携萧寺宿。"真是不胜枚举。

张郁文《光福诸山记》说："铜井山，在邓尉西，去青芝仅半里。一山两名，北曰铜坑，相传晋宋间凿坑取沙土煎之成铜，故名；南曰铜井山，顶有岩洞，其悬溜汇而为池，名曰铜泉，亦有庵。"铜坑的名迹有吟香阁，宋高士顾凤建于梅花深处，明人王鏊、顾鼎臣等先后修葺，清乾隆中裔孙顾翰重修，惜久已废圮了。铜坑还有一座崇福庵，梁大同三年（537）宗善禅师创建，南宋嘉熙年间僧祖昌复建，清康熙年间僧慈旭再修。明释如观有《春日胡孝辕过崇福庵》诗曰："肩舆人病足，村路邈何长。独步入深院，老梅生暗香。霞飞山欲暝，风急蝶犹狂。相送虎溪外，悠然忘夕阳。"

铜坑山

经学家惠栋墓在光福倪家巷。1926年春，李根源曾访而未得，《吴郡西山访古记》卷一记道："遍访惠定宇先生墓不获，惠氏之学，精深博大，东南经师第一。今来寻丘陇不可得，惆然深之矣。"是年夏，终于如愿以偿。同书卷四有《祭惠氏三经师暨朱柏庐先生墓记》，记载了访惠栋墓的过程。

惠氏原籍陕西扶风，宋代迁吴兴，继迁无锡，再迁吴县东渚。世人但知"三惠"传经，即惠周惕（元龙）、惠士奇（天牧）、惠栋（定宇）祖孙三代，江标《汉学师承记·绪言》就说："至本朝，三惠之学，盛于吴中。"此次李根源访墓前，承惠氏后人示《惠氏宗谱》和《红豆山人诗集》等，"余读之，欣喜竟日。世只知惠氏三世传经，而开其先之朴庵先生（有声，原名尔节），仅于于元龙先生传中见其名字，未详其事状。今观此册，则朴庵生丁阳九，凛然介节，足与亭林、船山并垂不朽，岂徒以经学鸣世者哉"。乾隆《吴县志》卷六十惠周惕传中，提到惠有声，"父有声，字朴庵，崇祯未以明经贡入太学，与同里徐孝廉枋友善，并以九经训子弟"。这是李根源的意外收获。惠有声墓在光福乌龙山扇子坞，与惠栋墓一北一南，中隔司徒庙，惠周惕、惠士奇墓则在东渚西渚村。

于是李根源偕吴中保墓会会长吴荫培，在惠氏后人的陪同下，择吉日前往祭拜，至倪家巷，"定宇先生墓位村南百步，子山午向，兼壬丙二公，右前弹山，左前青芝山，右后铜井山，左后邓尉山，背坐吾家山，地广二亩，吴县十九都十五图地也"。陈设香花祭毕，李根源感叹道："清代经学以惠氏开其先，而集大成者，先生也，其后虽有吴派、皖派之分，终以先生为正统焉。"

支伟成《清代朴学大师列传》卷三记惠栋曰："先生于诸经熟洽贯串，谓诂训古字古音，非经师不能辨，作《九经古义》二十二卷。尤邃于《易》，其撰《易汉学》乃追考汉

惠栋像 《中国历代人物图像集》

惠栋墓

儒易学，掇拾绪论，使学者得窥其门径。凡《孟喜易》二卷、《虞翻易》一卷，《京房易》二卷，于宝附焉。又《郑康成易》一卷，《荀爽易》一卷，其末一卷，则先生发明汉《易》之理，以辨河图洛书先天太极之学。其撰《易例》二卷，乃镕铸旧说，以发明《易》之本例，随手题识，笔之于册，以储作论之材。其撰《周易述》二十三卷，以荀爽、虞翻为主，而参以郑康成、宋咸、于宝之说，约其旨为注，演其说为疏。书垂成而疾革，遂阙'革'至'未济'十五卦及《序卦》、《杂卦》两传，虽为未完之书，然汉学之绝者千有五百馀年，至是而粲然复章。撰《明堂大道录》八卷、《禘说》二卷，谓禘行于明堂，明堂法本于《易》。《古文尚书考》三卷，辨郑康成所传之二十四篇为孔壁真古文，东晋晚出之二十五篇为伪。又撰《后汉书补注》二十四卷、《王士禛精华录训纂》二十四卷、《九曜斋笔记》、《松崖笔记》、《松崖文钞》及《读史荟最》、《竹南漫录》诸书。钱大昕称'惠氏世守古学，而栋所得尤精，拟诸前儒，当在何林、服虔之间，马融、赵岐辈不及也。'"

光福"福地"，正是历史上无数文化名人的安息地，他们让这方土地充满了人文情怀，闪耀着熠熠的光芒。

司徒庙的清奇古怪

司徒庙在光福镇西邓尉山麓，南有青芝山，赏梅胜地香雪海就在西边不远处。许兆熊《光福竹枝词》一首咏道："河亭桥过司徒庙，古柏参天四大株。每见看梅人到此，绿天深处写新图。"

司徒庙以清、奇、古、怪四古柏著名，故又称柏因社、古柏庵。始建无考。徐傅《光福志》卷八记道："按明徐桢起先生碑阴云，汉世祖中兴洛阳，司徒杖策以从，考其里籍，盖在南阳新野，其在吴中庙祀不知始于何时，山名邓尉，庙在太湖以东，去城南五十里云云。"此司徒者，俗传是东汉人邓禹，何以血食于光福，无可稽考，一说邓尉山之名，即由他而来。既而又为邓尉山神，故庙又俗呼土地堂。邓尉山神受享信众供奉多年，人们经常有求于神灵保佑，不管雨天晴天，小病小灾，或是经商遇到诉讼系狱之事，据说神都能顺其性，应其时，得其宜。

邓禹，字仲华，东汉建武元年（25），刘秀拜为大司徒，讨伐赤眉，迁拜右将军，及天下平安，封高密侯；至建武中元元年（56），复行司徒事；明帝初为太傅，寻卒，谥元侯，图像云台广德殿三十二中兴功臣之列。又有一说，庙祀者为冯异。冯异，颍川父城人，字公孙，新莽末年以郡掾监五县，为王莽拒刘秀，更始年间降刘秀，为主簿，从破王郎，平

邓禹像 《云台三十二将图》

冯异像 《云台三十二将图》

河北，后迁孟津将军，与寇恂共拒朱鲔，拥刘秀即位；建武二年(26)封阳夏侯，旋任征西大将军，击败赤眉，平定三辅，逼降延岑等，威名大振，号咸阳王；建武十年(34)病卒，谥节。相传冯异谦让不自夸，且不争功利，诸将每论功时，他却独坐树下，故军中称他“大树将军”。

但邓禹、冯异都未有履迹光福的记载，尉之官设在秦，邓禹、冯异又何以官尉？扑朔迷离的祀奉故实，是很难去追寻了。说所祀冯异，恐怕依据的就是“大树将军”的典故，相传当年冯异就坐在庙中的古柏下。

司徒庙应该很有历史了，约元末明初，庙宇倒塌，神没了安定住所又怎能护佑民众呢？据明人王梦熊《重建土地庙记》记载，明宣德十年(1435)，里人顾进倡捐重建，招集工匠，准备材料，先作前堂，再作右室，以奉大士；再作左室，以为庖厨；再作后殿，以奉神像。其规模比之前大出三分之二，整个建筑于正统三年(1438)落成，历时三年。徐用之、周文贵等九人又于天顺五年(1461)重建西墙。如今庙后建有邓禹草堂，颇大的园子里种植了各种梅树，早春时节，与香雪海香气互动，同增春色。

司徒庙的千年古柏，颇有大名，最著名的四株，苍干虬枝，裂枯抽翠，势极蟠屈，堪称奇观。一株纹成左纽，一株颔吐孙枝，一株作蛟龙腾跃，架空为桥，一株经雷火焚馀，倒地复蘖。徐枋《邓尉十景记》是这样描述的：“司徒庙柏，千年物也，雄奇偃蹇，各极其致，有非图画之所能尽者，殆不减杜少陵所咏孔明祠前柏也。零落空山，榛芜满地，昔人祠宇湮没无闻多矣，而此独以柏树得传，不亦异乎。或曰，此汉高密侯祠也。”

龚自珍在京师游翠微山，忆及司徒庙古柏，然称之为松，他在《说京师翠微山》中说：“昔者，余游苏州之邓尉山，有四松焉，形偃神飞，白昼若雷雨，四松之蔽可千亩，平生至是，见八松矣。邓尉之松放，翠微之松肃；邓尉之松古之逸，翠微之松古之直；邓尉之松殆不知天地为何物，翠微之松天地间不可无是松者焉。”

沈复在《浮生六记·浪游记快》中对四柏也有描绘：“山之左有古柏四树，名之曰清、奇、古、怪。清者一株挺直，茂如翠盖；奇者卧地三曲，形同‘之’字；古者秃顶阔扁，半朽如掌；怪者体似旋螺，枝干皆然。相传汉以前物也。”顾震涛《吴门表隐》也说一株直挺而青葱，一株干木皆作螺旋，一株皮秃，中裂分两株而竞茂，一株中折坠地，复挺而荣。另有小柏，枝分浓淡，他处所无。

对司徒庙的古柏，历代诗咏就更多了。如陆润庠《司徒庙古柏，用杜工部古柏行韵》诗曰：“我生爱梅兼爱柏，嗜癖不数米颠石。梅花点雪几万株，柏树干霄数千尺。春来会作邓尉游，梅未全开殊可惜。憩足司徒古庙前，四柏参天压云白。虬枝兀立西复东，

邓尉草堂

森然雷雨腾蛟宫。一如饿虎奋爪踞隙地，一如苍龙斗险凌长空。其间两株鳞鬣互纠葛，但见纵横剑戟摇天风。培根抉土想当日，栽植疑有神鬼功。我思此本明堂栋，遗泽长流倍珍重。如何埋没空山坳，不同杞梓相输送。即今风雪伴梅花，高冈常得栖鸾凤。和羹他日会调盐，此材柱石宜为用。”这首诗，对古柏作了淋漓尽致的描绘和颂扬。

1916 年农历正月，钱基博一行五人往光福探梅，由石嵝取道司徒庙，见“柏因社”、“香林第一殿”两门额犹在，殿东客座修洁，楹间悬两联，一为潘遵祁撰书，联曰：“此中只许鸾凤宿，其上应有蛟螭蟠。”一为吴云撰书，联曰：“清奇古怪画难状，风火雷霆劫不磨。”堂东有古柏七株，围以铁栏，其中四株尤为奇拔，即所谓清奇古怪。

1922 年农历十月，蒋维乔来光福，时值寒冬阴雨天气，乘肩舆至司徒庙，见庙中清、奇、古、怪四株古柏，形各不同，势复蟠屈，他们尤其对“怪”柏啧啧称奇，此树经雷火一劈为二，倒地又生根，且长势茂盛，如此超强的生命力，真不愧为“怪”。

1926 年农历三月，李根源来游，见吴云撰书的那副联还在，又看到潘遵祁另一副联：

“聪明正直谓之神，上界星辰，麟阁昭垂青史炳；清奇古怪如此树，空山岁月，凤冈想像翠华临。”侧屋为缪遵义书“古柏山房”额，潘锺瑞撰联曰：“一径松风古兰若，四山云气万梅花。”李根源在《吴郡西山访古记》卷一中说：“苏城有三绝，曰织造府之瑞云峰，曰是汪氏义庄之假山，曰拙政园之文藤，今合此七柏，两为有机物，两为无机物，可称吴郡四绝。”然而也有遗憾之事，“山中各村户门坊，均贴上真观、城隍庙、司徒庙催收天饷的公告及完饷单，他处可无论矣。司徒庙乃山中名胜，岂容寺僧染此恶习！不第此也，民俗之所崇奉，专在淫祠邪鬼，故佛寺冷落，而城隍、刘猛诸祠香火极盛，寺僧揣摩风气，亦于丛林中别奉十殿阎摩与地狱变象，以诱愚民，迷信程度低下至此，安得汤巡抚复出，与五通诸祀一例废斥之乎”。

三年后，汪东一行来游，他在《清游香雪海》中说：“过司徒庙，摩挲清、奇、古、怪四柏，柏之形状，雅与名称，传为清高宗南巡时所锡。近见郑颖孙与人论盆景书，道及黄山之松，亦有清、奇、古、怪四品，颖孙皖人，必亲见之，乃知此种题号，亦自相因袭耳。”由于这四株古柏相传神奇，游人便攀折枝条、刮取柏香。至清末民国初，便围以铁栏，着意保护，本来庙中的馀地就不多，这样一来也就更像盆景了。

这四株古柏，更让画师们以手之画笔，赋予这千年宝物永恒的传奇。如刘海粟先生，曾数次前往光福，司徒庙古柏，香雪海梅花，都在他的笔下定格。1955 年 6 月，六十岁的刘海粟第一次来到司徒庙，画了《清奇古怪图卷》，题道："清奇古怪趣如此，风火雷霆劫不磨。光福司徒庙汉柏，夭矫盘崛，不可名状。一九五五年六月十一日偕伊乔煮茗坐卧其下，流连终日，对景写此，以发其奇。"1980 年 7 月，八十五岁的刘海粟再次来到司徒庙，阔别多年，人和柏都经历了风霜雪雨的洗礼，如今相见，古柏仍然葱翠挺拔，而自己却是白发苍苍，感慨之馀，他欣然挥笔，以四张六尺宣纸横接，作《清奇古怪古柏图》，题道："重游光福，驰毫骤墨为古柏写真，风落雷转，一挥而成。"是年 10 月，他又往司徒庙，以六张六尺宣纸作《清奇古怪古柏图》，上题："清奇古怪舞天矫，风火雷霆劫不磨。"下书："一九八〇年十月十四日重游光福，乘兴泼墨，风落雷转，一挥而成。坡公云，当其下笔风雨快，笔所未到气已吞，个中人许道只字。刘海粟泛笔，年方八五。"据说这三

司徒庙

清奇古怪四古柏

幅古柏图，今藏苏州博物馆。

目前四株古柏的生存状况令人堪忧，相关部门虽积极采取诸多保护措施，但是随着山里环境的改变，要恢复当年“茂如翠盖”的景象，恐怕很难。

司徒庙的古柏，众所皆知，而旧时庙门外尚有宋人手植的古紫藤附一大树，离地三十几米高，夭矫凌空。如此壮观的奇景，吴江凌莘庐喻之为“悬度国铁索桥”，乡人则称之为“神舟”，这古紫藤如今已很少有人知道了。除此以外，司徒庙还有许多名碑，如清高宗为圣恩寺御题“松风水月”，乾隆十七年（1752）翁方纲为石壁永慧禅寺手书“石壁”，1934 年国民政府主席林森手书“般若船”等，尤其珍贵的是，由明人嘉定侯峒曾、太仓王树敏和昆山归昌世、顾锡畴等楷书《楞严经》碑，最早嵌于小狮林寺大士殿左右两壁，共计六十多方，分二层至五层不等，游人须秉烛缘梯上下而读，想想那样的情景，实在很有意思。

小狮林寺在穹窿支脉吴家村北凤凰山下，建置未详，清康熙四十二年（1703）赐额。就是这样一座古老的寺院，不期毁于“破四旧”，不禁令人惋惜。

光福的那些梅事

说到探梅，人们首先想到的恐怕就是光福，作为江南赏梅胜地，光福诸山确实名声卓著。明人姚希孟对此特别推崇，探梅归去，他在《梅花杂咏序》中说："梅花之盛，不得不推吴中，而必以光福诸山为最，若言其衍亘五六十里，窈无穷际，犹儿童野老之见也。"诗人词家也是一咏再咏，如许兆熊《光福竹枝词》中就有数首，咏道："崎崦岭连邓尉山，探梅此地一重关。春风处处堆香雪，引得游人日往还。""探梅船泊费家河，春暖游人日渐多。买得篮舆进山去，菖蒲潭里几回还。""吾家山下香雪海，宋大中丞始表扬。磨崖大书三个字，果然一望白茫茫。"

康熙二十八年（1689）二月，清圣祖玄烨第一次驾幸圣恩寺，问寺僧济石，梅花何处最好？济石答，吾家山第一，于是便去，有御诗咏道："邓尉知名久，看梅及早春。岂因耽胜赏，本是重时巡。野霭朝来散，山容雨后新。缤纷开万树，相对惬佳辰。"何广生《光福后竹枝词》有一首即记此事："康熙二十八年春，邓尉曾邀翠辇巡。梅是吾家山上好，胜游如梦付香尘。"

康熙三十五年（1696）正月，江苏巡抚宋荦与一班幕僚冒雨访梅寻胜而来，宋荦作七律《香雪海》记之，诗曰："探梅冒雨兴还生，石迳铿然杖有声。云影花光乍吞吐，松涛

清圣祖读书像轴　清佚名绘

岩溜互喧争。韵宜禅榻闲中领,幽爱园扉破处行。望去茫茫香雪海,吾家山畔好题名。”关于这次探梅的情况,见邵长蘅《弹山吾家山游记》,在邵长蘅看来,山上少花,多巨石藓驳,下视则千顷一白,目光滉漾银海中,幽静美丽得不可名状,想象着月夜登此,不知奇更何似。宋荦即欲题以“香雪海”,邵长蘅表示赞同,并提议用汉隶书写,镌刻于崖石上。随后宋荦大书三字刻石,但写的非汉隶,却是正书。这便是许兆熊竹枝中所说的“宋大中丞始表扬”。香雪海之名,由此而传播悠远。

就在“香雪海”石刻上方,有一座五角梅花亭,为“香山帮”传人姚承祖设计建造,其顶、柱、栏、窗、地面均为五瓣梅花状,亭顶一青铜鹤屹立,寓意“梅妻鹤子”,借用林逋故事。半山腰的闻梅馆,始建年代不详,现在的建筑,是 1940 年由江苏省省长陈则民修建。在闻梅馆里,既可以闻香雪海梅香,还能欣赏到清幽有致、造型奇特的各色老梅桩。近年在闻梅馆里陈列的梅桩,均由本土梅花专家、窑上人周炳芳先生提供。山道上还有一块清高宗诗碑,诗碑下方的岩石上,刻有一首诗:“坐月迷双眼,吟诗忘一身。江南无此树,草木哪知春。”这是宋荦为一株树围近二米的山茶所作,如今树已不见而刻石犹存。除此,再无旧迹可寻了。

吾家山,也称马驾山,山不甚高,却是观赏风景的佳处。山上有平石,踞坐眺瞩,梅花万树,如霰雪纷集,白云驻足,环绕山麓,是为光福幽丽奇绝的赏梅之处。北望西崦湖波涛浩渺,虎山桥横亘浦口,光福塔远矗云际,青芝、邓尉、铜井、玄墓诸山环列如障。清初汪琬来游,他在《游马驾山记》中说:“予入山,与诸子循邓尉之阴前行数十步,辄有平原,曲涧回流,倒影澄澈见底,心稍稍喜。于时游人舆者、骑者、屣而从者,不绝于道。既至山麓,则其境益奇,界以短畦,藩以丛竹,阴森蔚荟。裁通小径,不能受舆骑,率皆舍而徒步矣。前后梅花多至百许树,芗气蓊勃,落英缤纷,入其中者,迷不知出。稍北折而上,望见山半累石数十,或偃或仰,小者可几,大者可席,盖《尔雅》所谓砻也。于是遂往,列坐其地。俯窥旁瞩,濛然暍然,曳若长练,凝若积雪,绵谷跨岭无一非梅者,加又有微云弄白,轻烟缭青,左澄湖以为镜,右崇嶂以为屏,水天浩渼,苍翠错互,然则极邓尉、玄墓之观,孰有尚于兹山者邪?”最后他表示了一点遗憾,“惜乎地深且远,莫有治庐其址者,故不能信宿于此,以穷其幽、尽其变,此则予之恨也”。

这自然也是有例外的,康熙五年(1666)二月,归庄来游,就歇宿山中,足足看了九天梅花,有《观梅日记》记其履迹。

十四日,自上沙出发,乘舟进山,“遥望山麓梅花林,斜阳照之,皑皑如积雪”。

十五日,日间“寻花至朝元阁、董墓,皆胜地也”。夜,葛瑞五相邀,“其居面骑龙山,

宋荦题“香雪海”

四望皆梅花，在香雪丛中。余辛丑年看梅花，有‘门前白到青峰麓’之句，即其地也。庭中垒石为丘，前临小池，梅三五株，红白绿萼相间。酌罢坐月下，芳气袭人不止，花影零乱，如水中藻荇交横也。后庭有白梅一株，花甚繁，云其实至十月始熟，盖是异种”。

十六日，“登马驾山，山有平石，踞坐眺瞩，梅花万树，环绕山麓。左望下崦，波涛浩渺，虎山桥横亘浦口，光福塔远矗云际，青芝、邓尉、铜井诸山环列如障，其东南最高峰，则玄墓也。览胜久之而下”。

十七日，去石楼，“前临潭山，潭山之东西村坞皆梅花，千层万叠，如霰雪纷集，白云不飞”。归庄曾口占一绝云：“寻梅策杖茶山去，细雨霑衣屐暂驻。便将村酒二三杯，为赏山花千万树。”夜宿石楼。

十八日，“策杖登山纵眺，昨晚烟岚四塞，止见梅花，湖光之色，犹在仿佛间。兹晓气颇清，极目百里，虽东旭之光为弹山所障，而四山雾气已豁。左望太湖，波涛万顷，渔舟数点，如在空际；前则潭山，迤西为蟠螭，而西碛在右，皆玄墓之支也；而诸山之南为东洞庭山，又西为包山，皆浸湖中”。遂游茶山，“茶山之景，梅花则胜马驾山；远望湖山，则亚于石楼。盖马驾梅花，惟左右前三面，茶山则花四面环匝；太湖及群峰虽在望，而山稍低，不能如石楼尤爽豁耳。徘徊久之，惜不携一樽以助游兴，遂复游铜井。铜井绝高，振衣山巅，四面湖山皆在目，而村坞梅花，参差逗露于青松翠竹之间，亦胜观也”。

十九日，“上朱华岭，回望山麓梅花，其胜不减马驾山。过岭，至惊鱼涧，涧水潺潺有声，入山来初见也。道旁一古梅，苔藓斑驳，殆百馀年物，而花甚繁，婆娑其下者久之。路出花林中，早梅之将残者，以杖微叩之，落英缤纷，惹人襟袖。复前，则梅杏相半，杏素后于梅，春寒积雨，梅信迟，遂同时发花，红白间杂如绣”。

香雪海　1940 年代摄

二十日，游玄墓山，“途中所见，无非梅花林也”。

二十一日，“复登茶山，遂上蟠螭，至石壁，经七十二峰阁，至潭东。蟠螭者，在诸山之极西，梅杏千株，白云紫霞，一时蒸蔚。石壁数仞，巑岏硉矶，前俯太湖，长松万株，风至涛作，声与水波相乱。倚绝壁，坐长林，瞰大泽，亦山游之快致也”。再至潭东，“梅杏杂糅，山头遥望，则如云霞，至近观之，玉骨冰肌，固是仙姝神女，灼灼红妆，亦一时之国色也”。

二十二日，“出土墟至光福，一路皆花，大抵梅稍残而杏方盛，间有玉兰几株初放”。

在一个方圆不过几十里的地方，看梅花九天，是古人的生活节奏缓慢，还是光福之梅，足以让人流连忘返？

遥想当年，无数个早春，光福诸山的各色梅花竞相绽放，灿若锦绣，那暗香，浮动于湖光山色间，引来无数为之朝思暮想的清客。爱梅之人姚希孟，还在《梅花杂咏序》中谈了他的观点，认为梅得山水而色扬，光福诸山乃太湖之雉堞，由城里来此探梅，只需一叶扁舟至灵岩山下，或纡迤从穹窿坞入，或直接从青芝山而来，皆盘折香林。转入邓尉，梅花愈盛，波容水态愈媚。

由于光福具有得天独厚的自然环境，自古以来经济富庶，有谚道“山家十八熟”，说的便是光福物产的丰尧。郑逸梅《谈山家十八熟》，梅就排在第一位。二十四番花信风，梅信也为第一，冰肌王骨，花香袭人，透露了春天的消息。其实，农人植梅并不是为了赏花，而是收获结出的梅子，作为经济收益，哪种花果经济价值高就多种，反之则砍伐，甚至因为吴江、湖州一带蚕桑业发达，每年都要来山中采购大量桑叶，当地农人就砍去梅树，改植桑树，一大批古梅树就这样消失了。故在民国文人游记中，经常会出现“败兴”两字。

当然，农人看重的是梅子的经济价值，文人注重的是梅花的文化内涵。寻幽者往往夜以继日，探访胜迹，袁学澜《姑苏竹枝词》一咏再咏：“游船历遍十三桥，邓尉梅探二月朝。有客推敲驴背句 满山香雪入诗瓢。”“第一游春是探梅，虎山桥下酒船开。骑驴担榼寻香雪，尽向铜坑西碛来。”“骑驴担榼寻香雪”的情景，在早春光福随处可见，石桥之上，崎岖山道，人们戴笠骑驴而行，雪里探梅，驴背觅诗，探梅的过程，实在也是文人高士热衷的享受过程与创作过程。

光福的梅花，比起杭州超山、广东大庾岭罗浮山、武汉东湖梅岭来，有过之而无不及，因此也是苏州岁时风俗的盛观，袁学澜《吴郡岁华纪丽》卷二说：“梅之花以惊蛰为候。花时，红葩绿萼，相间万重，孕馡糁霙，芗气蓊葧，攒枝布柎，玲珑璀璨，合匝缤纷，弥望不绝。二月中旬，郡人艤舟虎山桥，襆被遨游，舆者，骑者，屣而步者，提壶担榼者，相属于路。率取道费家湖、马家山、蟠螭山、铜坑、石壁、弹山，而以石楼为投最。其地俯窥旁瞩，濛然暍然，曳若横练，凝如积素，绵谷跨岭，扬菁眂烟，七钿九华，宝妆天缋。而邓尉山前，香花桥上，坐石栏徙倚，日暖风来，粉鲜玉皎，秾芳遥袭，熏袂染衣。时有微云弄白，岚气萦青，左澄湖镜，右嶂岩屏，水天浩漾，苍翠互错，资清欲冶，蒸成香国，真脱然尘壒矣。”探梅游人，或一叶扁舟笃悠悠停泊虎山桥，或坐车、乘轿、骑驴，循着御道慢吞吞而来，所到之处，满目皆梅，红英绿萼，相间数十里，迤逦至香雪海，光福俨然是一个小香国。

光福探梅，顾禄在《清嘉录》卷二里提供了一条祖传的光福探梅路线。首日由光福至三官堂前，费家河头抵涧里乌山头、铜坑，寻吟香阁遗址，过巉山头及草庵、惊鱼涧，登官山岭，取道董份墓至玄墓山，从蔡家场一直到柴庄岭、老虎洞、姚家河头宿；翌日，从姚家河头经光福凤鸣冈，上崦崦岭、司徒庙，看清奇古怪四古柏，上香雪海，由倪家巷、铜井山下至潭东，上潭山，登石嵝，转天井村，上看红梅、绿萼之和丰庵，登六浮阁看太湖，至潭西访五侯公墓，过蟠螭山，上大石壁归查山，复由潭东上长岐岭，过钱家磡，一直仍上柴庄岭。归途泛舟，梅花数十里，历历在目。若一旦走错路，往往不能遍历光福的梅花。这条赏梅路线，堪称经典，如今一年四季均可用来游历秀丽山水，欣赏四时花卉，品尝时令蔬果，随时随地都会有意想不到的收获。

顾禄说到的天井村，现在依然可称之原始静谧。2013 年春天，我与友人相约寻访“黄家坟”，不曾想，访“黄家坟”未得，却意外地闯进了这个藏于深山我不识的小山村。按地图标识，自费家河头一直往南，就能到青芝山。我们驾车许久却未见，似乎迷了路。下车看四周，都是连绵的山脉，已分不清哪座山是哪座山了。我们问了几位村民，都说青芝山只是个村名，并不是山名，我们早开过头了。这下更糊涂了，民国的地图上分明这样标着，怎么会错呢？不管怎样，既来之则安之，到前面看看。

车沿着仅能容下一辆车距宽的小路，七弯八拐地进了一处山坳，四周群山围绕，村里寂静无声，美极了。当我仰面环视，有井底之蛙的感受，又有一种穿越的懵懂，仿佛是在梦境里，毫无真实感可言。在村里转了转，民房墙体、池塘周边随处可见石牌坊、墓石和各种各样的石条石板。我们来到一户人家门前，向一位长者打听这是什么地方，他指着东边说这是东山，又指向西边说这是西山。东山和西山，地图上从未见过啊？想了一会，终于弄明白了，这里大概就是潭山的天井村，这里也的确像个巨大的天井，村民俗称的东山，恐怕就是潭东，西山大概就是潭西。

据记载，旧时天井村的村民多植红梅盆景，担之以卖，文人笔下称为“百花庄”，廖文锦《香山杂咏》有曰：“弹山直下百花庄，天井人家占尽香。瑶岛仙人愁冷淡，试匀粉黛媚东皇。”何广生《光福后竹枝词》亦曰：“橐驰绝技属山家，花木成畦整复斜。天井梅桩董坟桂，一年岩户好生涯。”其实村民所卖也未必仅仅是梅桩，一年四季，花事不绝，品种就多了。如水仙，廖文锦咏道：“名姝原与水为缘，已斗芬芳复斗妍。雾鬓风鬟难者识，故教留作地行仙。”这一带水仙多种于地上，望之数顷一色，颇为壮观。又如牡丹，廖文锦咏道：“破屋荒凉僦老翁，贪邀富贵向春风。能偿多少中人赋，深色花栽一万丛。”还有蔷薇、海棠、茉莉等，各擅胜场，特别是桂花，天井的桂花以朵大瓣厚、色黄味浓闻名，担卖桂花也就成为一种营生。沈颢《青芝坞》咏道：“山中花市在中秋，日夜提筐采未休。卖与维扬商客去，香油都上美人头。”

赏花之外，光福还有佳处可观。清顺治六年（1649），秀水人怀应聘等一行买棹游光福。一路乍雨乍晴，众山忽隐忽见，阴云开阖，月如仰盂。当晚舟泊费家河头，举杯邀月，相与尽酣就寝。鸡未鸣，雷大震，雨如倾注，令人心生畏惧。等到天亮，雨势仍旧不减，同行之人不禁担心，如果雨一直下个不停，到了这里却不能进山，花要是落了如何是好，倘若进山雨不停止，又怎能尽兴游遍其境呢？怀应聘却无此顾虑，既然古有踏雪寻梅，

民国光福乡区域图

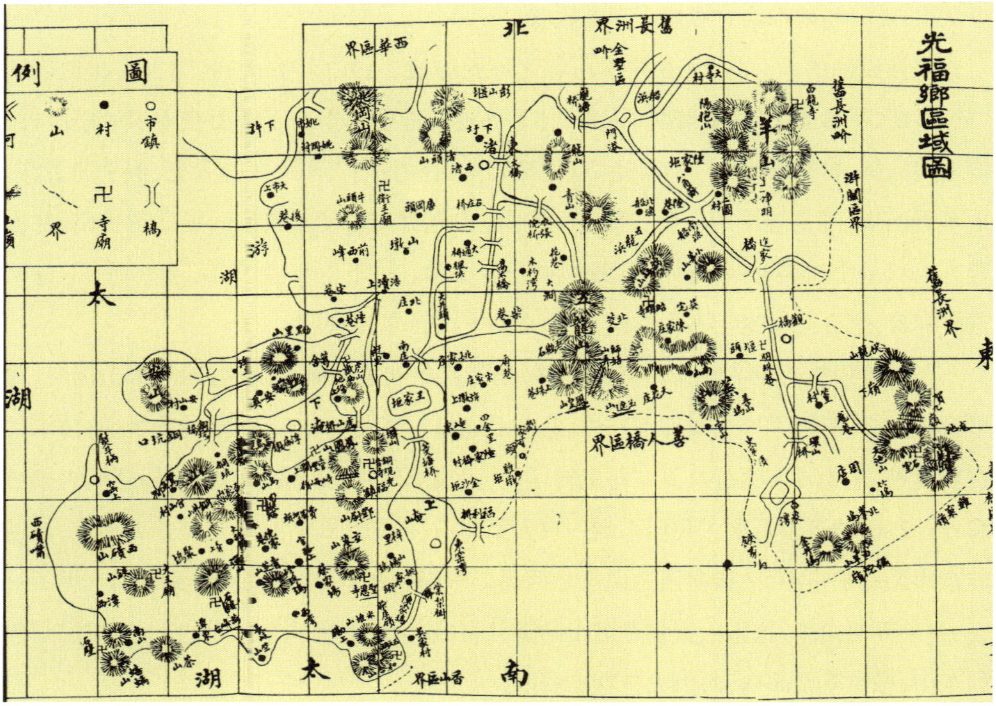

天井村

今日冒雨看花亦堪称佳话。少顷，山动云行，有霁色，三人遂乘竹舆、担奚囊，由董坟次有西堂取道花深处，乃从棘林樊圃转折而出，竟上马家山。

果然，雨中自有另一种奇景。倚石一望，如银海生涛，白云布地，独有两松矫矫如飞龙，若张鳞振鬣，竞作飞腾状，令怀应聘等人为之心动神移。据他们考证，“其处即宋黄金紫公墓旁，在昔有松大、松二，亡之久矣，人弗及见，此即俗名松三、松四也”。他们观赏了吾家山梅海，上轿直至西碛山旁的铁山。又至东边的茶山，其石磊落，皆生苔衣，色如铜绿，石缝矮松，根盘节错，高不过四五尺许。仰观而南，则湖光波溢，可挹可濯，山川映带，真若有三万六千顷之广。俯瞩而北，则雪色凝空，旋飘旋积，村落深藏，几千万树点缀其中。花气酝酿，令人自醉，非人世所有。惟一遗憾的是，山上无亭榭可供歇脚。

随后上蟠螭山，过潭山麓，登七十二峰阁，见群松昂立，一水交吞，呼吸之间，波翻山涌，至于芦根沙嘴，网集渔炊，宛然图画。又从山腰东绕湖堤，不一会，雨来了，不及寻览石壁、惊鱼涧、五云洞、米堆山、柴庄岭诸胜，大家心中闷闷不乐。见道旁有一山家，门径清雅，先命轿夫入内与老妪说好，买薪煮茶，兼得避雨。雨止即过长岐岭，岭也多松，大小不一，岭阴梅花无数，一眼望去，毫不逊色于马家山、茶山。归途中，野梅离落，格外赏

香雪如海

心悦目。畅游归去,怀应聘写了一篇《游光福访梅花记》。

如果按怀应聘的行踪,也不啻另一条经典赏梅观景路线。西碛山与蟠螭山之间有一小山,名铁山,旧有二楞庵,相传为瑗禅师所居,明天启初讲师通润兴复,怀应聘文中没有提到,恐怕当时已经废圮了。

据民国《光福乡区域图》显示,铜坑桥西南、窑上东面是惊鱼涧所在,那里有徐枋涧上草堂遗址,里人陈三庭又建一处园墅,汪琬题名为云壑藏舟,有回波榭、逍遥坞、心月山房、同湖舫、泛香居诸胜,依林傍涧,轩槛列护,梅花开时,一望皎然,为邓尉胜景之一。同治年间,园为潘霨所得,葺为家祠,改名韡园,也称荥阳别墅,亭轩池馆,别饶幽韵。酷爱梅花的彭玉麟来游,画梅壁上,纵横六七米,因筑守梅亭。彭玉麟又有七古一首题壁:"韡园粉壁净于雪,令我狂醉污泼墨。乱写梅花纵复横,千株万株虬如铁。纵有五丁六甲来,费尽神力不能折。任他美人月下看,任他高士山中歇。罗浮仙子竞欢颜,如射神人开笑靥。繁华最厌软红尘,清芬压倒众香国。记得当年顾瑛头,满壁沧州画妙绝。我今泼墨画梅花,写于邓尉荥阳宅。道子传神牧已枯,疏影暗香写不得。主人有鹤守天寒,冰雪心肠有谁识,世事原如壁上观,何必定须分黑白。留将清气在乾坤,十二万年不许灭。"这诗写得苍古峭拔,实在是不可多得,以壁上梅花与山中梅花相得益彰,任由人看,而神力难折,可谓奇思妙想。遗憾的事,至1926年春,李根源来到涧上游潘氏韡园时,见亭台池馆已年久失修,彭玉麟的壁上梅花,早已被无知妄为之徒涂抹糟塌,这真是可惜,却又是无奈的事。

被称之"梅痴"的吴昌硕,与香雪海的关系尤为密切,七十二岁高龄还再度重游香雪海,并作梅花图,题《忆香雪》于画上:"十年不到香雪海,梅花忆我我忆梅。何时买棹冒雪去,便向花前倾一杯。"周瘦鹃、赵朴初、苏步青等现代名流,也曾于此留连忘返,并赋诗咏之。周瘦鹃《邓尉探梅》曰:"万树梅花锦作堆,皑皑一白满山银。几时修得山中住,朝夕吹香嚼蕊来。"赵朴初《邓尉观梅》曰:"眼明一望十里外,清心直欲通千载。若逢北友问江南,为道曾经香雪海。"苏步青《邓尉探梅所见》曰:"老夫粗俗少幽怀,偶尔随群亦探梅。节近春分香渐褪,望穿树梢雪仍堆。吴音处处尖而软,车响辚辚去复回。古柏清奇堪作伴,不知何地隔尘埃。"

苏州人汪东,曾有数次光福之行,他在《清游香雪海》中说:"邓尉之游,以民国十八年为最乐。其时余主中国大学中国文学系,同系诸子,如王伯沆、吴瞿安、黄季刚、胡小石、汪辟疆、王晓湘,皆以文学名,诗酒之会,月必数聚。季刚尤好游,金陵胜迹,搜寻殆遍。是年春假,倡议至邓尉探梅,余与瞿安为东道主,吴九珠、张颂涛预焉。买小舟,用

玉蝶梅

朱砂梅

汽油船缆之以行，舟中贮酒数斛，酣饮联咏。既至，屏山轿弗御，陟磴支筇，各时为偶。邓尉梅极盛时，有‘香雪海’之名。艺梅者意重收子，为农家副业，其后寖薄，多改种桑，此行所见已然，梅亦半谢，余笑谓‘真沧海桑田’也。”此行虽未见繁花似雪的梅花胜景，但光福的其他景致还是给他们留下了美好的印象。六七年前的冬天，蒋维乔光福之行也见到了令他纠结的一幕，当时除香雪海尚多梅花外，他处已砍伐无馀，改种桑树。古梅树在那个阶段被砍去不少，这是非常可惜的事。

1935 年 9 月 1 日，苏福路全线贯通，苏州至光福的长途汽车通车，一下拉近了城镇之间的距离。起先路还没有完全修好时，长途车只达善人桥，一路很是颠簸，有的坐客甚至因此吐得狼藉不堪。到了善人桥，离邓尉山还有十多里路，可到轿行雇轿子。每年春天，轿行生意特别好，常常买不到票，于是便有轿夫兼职做起了黄牛。当时向行里买来回票价三元，“轿夫黄牛”只须二元四角，因为轿行经手须扣去六角，“轿夫黄牛”情愿让利给游客。时任震旦大学教授的谭正璧就亲身经历过这事，他那回来光福很是败兴，观梅佳处的梅花亭已破损不堪，又因二日前刮大风，梅花已零落十之五六，用他的话说，所谓香雪海，已令人觉得香销雪残，有美人迟暮之感。

二十世纪后半叶，经“大跃进”和“文革”后，就更是芳踪难觅了。

近年来，香雪海景区加大植梅力度，引进各地名种，如宫粉白梅、宫粉红梅、玉蝶白梅、玉蝶红梅、雪见车、送春梅、南京红、黄香梅、墨梅、单瓣绿萼梅、重瓣绿萼梅、满天星、红绿和红白鸳鸯梅等，现在景区内共有三千馀株梅树，使香雪海名副其实，依旧不愧为春日赏梅佳处，每年吸引成千上万的中外游人到此访古探幽赏梅。2013 年早春，我陪好友寻春香雪海，见景区拆了围墙，以一带溪水代替，游人漫步山下公路，就能自下而上领略香雪如海的胜竟，心里很是欣慰。忆昔抚今，作《香雪海探梅》诗三首 ：“早春邓尉舆舟挤，佳丽娉婷柳岸行。只为梅花几万树，冷香幽绝玉姿清。”“邓尉山前锦绣屏，轻云弄白雾萦青。香花桥上凭栏眺，芗泽遥侵衣袂馨。”“虎山桥畔画船邻，崦水回环桃柳新。花信从来梅为首，罗浮仙子下凡尘。”

天然图画铜井山

2013年春分前两日，正当桃红时节，柳绿时分，我与在光福工作生活十六年，即将调回城区工作的友人相约，再一次一起访古山中。友人对光福的山水可说是了如指掌，我曾有幸在他的引领下，在短短一个月内，几乎走遍了光福所有大大小小的山丘，欣赏了不同高度和角度呈现出的湖光，踏过了为前清皇帝修筑的御道，细数了散落于沟渠边田地里精美的墓石。……我敢保证，只要你和我一样，哪怕只是走马观花般游历一遍之后，就一定会像我一样，深深爱上光福这个地方。

我们访游光福诸山，从不走寻常路，故而不经意间会偶遇鲜为人知的奇景。在春日暖阳的拥抱下，从光福汽车总站西边入铜井山，于山坡新植的桂树林中向上穿行。桂树虽小却茂盛，枝丫偏偏与我们作对，一根根伸着懒腰阻挡我们的步伐，也挡住我们寻找山间小道的视线。午后的阳光，从密密的树叶间星星点点地洒落在砍伐后树桩一圈圈的年轮上，令人目眩。朋友说，要不回头重

铜井山石磴

新找山道吧。我说,决不回头,人到山前必有路,再坚持一下就柳暗花明了。跟着感觉踩着坑坑洼洼的碎石,跨过一根根树桩,低头一阵猛钻,几分钟后豁然开朗,一条石磴横在眼前。这样的奇迹,在我们的游山经历中常常出现。山道很陡,台阶又高,爬到山顶已气喘吁吁,待放眼四望,立刻惊呼起来。

铜井山距青芝山半里,与西碛山并峙,铜井、青芝等山夹御道而峙,耸出云表。廖文锦《香山杂咏》有曰:"铜井青芝错犬牙,蜿蜒十里亘长蛇。两边相扼不相让,划破青天一道斜。"这种险峻的情景,如今也只能想象了,取而代之的是一条双车道公路,盘旋于山与山之间。铜井山,相传晋宋间有人在此凿坑取沙土,煎之成铜,于是有泉出之,洼处为井,因泉深如井,又因泉底有铜,故称铜泉、铜井,山以井名。要说井有多深,曾有好事者将石块坠入井中,欲听其声来判断深浅,然而根本听不见石块落水的声音。据说嘉靖年间,城中有倭警,不少人选择到此避难。

徐枋在《邓尉十景记》中说:"邓尉诸山,铜井最胜,以其有石有泉也。其顶高出诸山,独有二大树冠之,远见三十里,石磴盘纡,拾级而上,既陟其巅,有巨峰横偃,大如十间屋,其高几丈,嵌空崚嶒,作势奇妙。峰下有泉二,俱在石罅中,石皆青碧色,其质细润如古铜器,而泉深如井,故名铜井,一云泉底有铜,故水味尝涩,要不可考也。峰侧有古庙,居二大树下,庙旁精舍三四楹,坐卧食息,与奇峰相对,而烟云出没皆在足底,真殊境也。"

当然,现在的情况与四五百年前相比,已不可同日而语,就连李根源在《吴郡西山访古记》中提到的陆润庠所题"西桂堂",吴承潞所题"如是堂",都已消失不见,仅见毫无人气亦无香火的大殿,还有西侧建到一半的精舍,山巅一幢烂尾楼。好在有千年之久

日渐枯竭的铜井

的双泉仍在，石壁上刻有“灵泉”等字，斜斜的石壁下悬溜汇泉，虽一泉已浊，幸而另一泉清冽可饮，掬饮之，涩涩的。铜泉依旧，风光仍秀，让我感到欣慰。但我一年之后又去，情况却有了变化，石壁上再无水滴落下，水位也因此下降了，似有枯竭的迹象，这让我非常担忧。虽说荒废的庙宇可以重建，可是人类对大自然破坏造成的后果，是无法逆转的。

关于山顶古庙，王撰《山行竹枝词》咏道：“铜井峰头槲叶黄，小庵一带石为墙。山中霜信今年早，叫破秋云雁几行。”据徐傅《光福志》记载，山之巅有玄武庙，山之西为孙家岭，迤南为孙家堰。如此看来，徐枋所见的古庙当是玄武庙。而李根源则在《吴郡西山访古记》卷一中说，登铜井山，游金月寺。但不知这金月寺与玄武庙是否为同一寺庙。另据民国《吴县志》卷三十六上记载，铜井山香如坞有天寿禅寺，宋绍兴间建，元至正间废，明洪武初重建，隆庆间修。

由于优越的地理环境，这里的果蔬氤氲在太湖濛濛烟雨里，色香品味具全，自然滋味独特。华钥《吴中胜记》写道：“铜井去光福数里，越岭乃至，一谽有水尺许，铜青点点浮石者是也。三面皆湖，环叠数岭，岭多树果，亩直一金，其人朴而讷，盖别一山林矣。”正如许兆熊《光福竹枝词》所咏唱的那样：“四序盘餐足菜蔬，草花木叶护幽居。闲翻志乘查珍品，只数上湔青鲫鱼。”“果品山中尽可尝，杨梅特地表吾乡。色香品味传来久，铜井安山是最良。”

另外，铜井的梅花颇为有名，加之与著名的吾家山香雪海为邻。凡是早春来铜井山赏过梅的文人，无不写诗咏之，如汪琬《夜坐梅花下听潘尔开琴》一首，写得格外扣人心弦：“月明铜井缺，夜静山苍然。四顾梅花林，霭霭浮轻烟。幽人坐花下，对月稍挥弦。风吹弦上音，俱向遥空传。萧飒涧底松，潺湲崦西泉。抚此未终曲，惊禽啼不眠。”梅，于冷月下，轻烟缭绕，几许神秘，几多销魂；在暖阳里，山色相映，千种姿态，万般滋味。

梁辰鱼《登虎山桥陟铜井入梅林》也咏道：“暮宿东湖湄，朝游怯登顿。结伴遵平麓，步步入幽胜。岩转径始仄，地僻坞更尽。梅花遍村落，山色相照映。樛枝浸回溪，疏香堕危磴。盘纡湖南路，松风起清听。数里到兰若，禅门闭花径。古殿响夜铎，空林发春磬。重湖临翠微，波明远山净。落日浮洞庭，双峰列明镜。怀古慨子皮，扁舟每游泳。始知独往事，不与尘世竞。悠悠林岩中，可以谢名姓。”梅花更能勾起对故人的思念，平添几分伤感，又似乎多了些许安慰，潘奕隽《铜井道中有怀星桥少甫》赞叹道：“舍人簪笔记同时，水部风流我所思。此日探梅成独往，当年吟药喜相随。”

将铜井山推为绝美之境的人很多，如昆山人葛芝，他在《游铜井记》中就说：“游西山者，皆指玄墓为名胜，他山若避席焉，未有知铜井为特出者也。吾友素庵子、俟斋子探奇选异，悫然称铜井为第一，遂谋铜井之游。”因约徐枋等友人同游，先是游小赤壁，因徐枋足有癖疥之疾，不能步行，坐轿先登。从山麓至其巅约二里，中道见怪石累累卧于道旁，灵质森秀，非同一般。入寺门，银杏一株，极其郁茂。巨石巍峨覆其间，中一水泓然，所谓铜井。佛殿三楹，后倚绝壁，高数仞，古树参差，皆可爱。于是，他们在东岩下饮酒，边饮边揽湖山之秀，葛芝说："吾尝登缥缈峰矣，峰于群山最高，群山无敢蔽之，故所见全，登之者，震泽失其广焉。兹游异是，众山云属，湖水缨带，参错倾侧，恍惚万状。峰外有峰，峰之外复有峰焉，或青或碧，所谓峰者若千百峰也。峰外有湖，湖之外复有湖，互为输灌，乍放乍束，若明若灭，所谓湖者若千百湖也。踵之所至，目辄变易，群峰众水，皆若左右奔赴以效其胜，美哉观乎。昔羊叔千爱岘山，每游则叹曰：'吾魂魄犹登此也。'百年之后，请以兹为佘之岘山焉。"

葛芝初名云芝，字龙仙，号瑞五，昆山人。早年受业于张采，又是张溥的女婿，深受"娄东二张"熏陶，入清后决意做遗民，潜心王守仁之学。尝屏弃家累，入山独栖一室，竟日瞑坐。归庄在《观梅日记》中则说："瑞五自昆山挈家来居，与其夫人同学道，偕隐之乐，心甚羡之。"葛芝著有《卧龙山人集》、《容膝居杂录》等，留下了不少吴中山水的记咏。

不知从哪年夏天开始，铜井山西北麓的官山，像是披上了一条洁白的丝巾，这丝巾就是希罕的木荷林。说其希罕，因为它是亚热带树种，属茶科，又名荷树，属常绿乔木，树高可达三十米，胸径达一米，主要分布于印度、马来西亚，能于官山成片茁壮生长，不能不说是个奇迹。炎炎夏日，徜徉于浓密的木荷下，一粒粒小小的花，以洁白的花瓣、金黄的花蕊、淡淡的芳香，送来丝丝凉意，何尝不是夏日里的"香雪海"呢。早春赏梅花，

铜井山上新建的寺宇

仲夏看木荷，于铜井山最为适宜。

铜井和铜坑两山，常常被混为一谈。李根源《吴郡西山访古记》说，铜井山右为山涧，前为大官水沟，似乎就错把铜坑山当作铜井山了。其实铜井在南，铜坑在北，是一高一低两座山，王士禛《玄墓竹枝词》咏道："西来铜井又铜坑，山势高低有二名。试上龟峰光福塔，白波翠巘两边生。"清代地图显示，铜井山东北紧挨着吾家山，吾家山北为乌龙山，民国《吴县志》卷一《光福区图》上的乌龙山，则标注为乌山、龙山两座，吾家山北、龙山西为铜坑。张郁文《光福诸山记》和徐傅《光福志》均说铜井山北麓有观山（官山），在铜坑、铜井两山的山坳处，名官山村，这里有岭有庵又有朝士坞。

铜井山历来被认为风水宝地，冢墓很多，俗称"大墓头"。李根源《吴郡西山访古记》卷一记道："经铜井山，有南畇老人彭殿撰定求墓。又有明御史毛公凤仪墓，有坊、石马等，已圮。又经吏科给事中蒋公墓、赵氏墓、贵州巡抚潘公伟如霨墓、独山莫氏墓、宋氏墓，有坊，已圮。村民正伐墓树，土人云坟主子孙所卖也。过大马头，弹山下有巨墓一，有标、石马、石羊、石虎、石狮等，无碑字，询乡人无知之，谓已数十年无人问矣。左距巨墓丈馀，有坟，碑刻'女卿华大小姐墓'，乾隆二十一年父毕求玉立。"

凡著名的名胜古迹背后，必定有著名人物支撑，彭定求作为铜井山的代言人，正是相得益彰。彭定求是苏州府长洲县人，字勤止，一字南畇，号访濂。康熙二十五年（1686）进士第一，自翰林院修撰至侍讲，立志解除当时理学界朱、陆门户之争，议论力求贯通。其学术根基于王守仁，为汤斌弟子，著有《阳明释毁录》、《儒门法语》、《南畇文稿》等。在翰林四年，因父丧乞假归，即不再出仕。西郊山水间到处可见他留下的印记，如康熙二十五年（1686）题"昙花现瑞"，三十四年（1695）撰《重修积翠禅林碑记》，三十七年

官山木荷林

铜井山巅好风光

（1698）撰《重修兴贤桥及鼎建文昌阁德政碑》，五十六年（1717）撰《重建藏书庙记》，以及朱用纯墓志铭、施亮生墓表、李嘉猷墓表、周弘墓志铭等。康熙五十八年（1719）卒，享年七十三岁，自书墓志，葬于他最爱的铜井山，安息在他最为推崇的铜井观梅佳处。

不知彭定求何时喜欢上铜井山的，有一点可以肯定，自从康熙四十一年（1702）他游光福十日、得诗二十八首之时，便一往情深地爱上了这里。他在《铜井观梅记》中说，吴中人观梅，必在邓尉山左右，近处吾家山、青芝山一带，环聚三四里，游屐骈集，喧阗成市；转而西南稍远，则茶山、潭山、石嵝、石壁，高阡精舍，茏葱相望，游者略半。彭定求往年早春也是按此路线赏梅的，感觉不过如此，直到卜生圹于铜井山坞那年，发现坞深而藏梅，丛丛玉立。当地人告诉他，坞西为惊鱼涧，多种梅，北接铜坑山麓，而涧外有斗柄嘴（熨斗柄），从西碛山逆折而北，横亘三十几米，为太湖水入西崦处，于此观梅最胜。此番话说得彭定求好生期待，因拟花期遄往。

彭定求像 《吴郡名贤图传赞》卷十八

来年仲春之初，新晴犹寒，彭定求迫不及待，一叶扁舟往光福而来。过玉遮（屏）山，不走原来路线，直从铜坑而至熨斗柄。回看涧上，花阴弥漫于层峦叠嶂间，震泽西来，水天一色，藉地列坐，滉瀁荡胸，有数艘渔舟斜渡渚旁，以视泊画舫、簇篮舆、摩肩接趾者，杳乎如岛屿隔信，惬于所闻。越三宿，渐次仍过吾家山、青芝山、茶山、潭山、石楼、石壁诸处。朝往暮归，虽光景犹昔，盘旋独久。他说："铜峰日当我目前，可勿登乎？"既而登铜井山，则雾豁云披，清旸停午，徘徊中峰之下，瞥见湖崦波光外环内绕，澄然若镜，列岫参差，梅在望中，若远若近，若离若合，若隐若见，忽忽香触鼻观，疑天女散花，移步换景，吴中郡西风光无不一览而尽得之。山之高，水之深，与梅之淡且逸，天地间如此灵閟之境，令彭状元突然起了遗世独立之想，喟然感叹，顿改旧观。

早春初逗，携杖探春，抽毫作赋，聊纪胜游。此次铜井山观梅，令彭定求终生难忘，他将所见所闻所感所思统统写进了《邓尉梅花赋》。下面就让我们一起穿越时空，回到清代，在那美得化不开的诗情画意里，作一次难得的人文之旅："维青阳之毓粹，见玉树之含芳。风台横绕，月观轻飏。一枝兮春晖早逗，几树兮凡卉莫当。莫不摅远韵、挹清光，孰与乎千岩摇曳，万谷回翔。离离乎如游众香之窟，霏霏乎如探群玉之藏。吴会江乡，姑胥山郭，缥缈烟峦，青葱林壑。过石鼓之嶙峋，接铜岭之磅礴。波间明镜空澄，桥畔彩虹双落。迤逦崇冈，嵯峨杰阁，历邓尉之周遭，望梅英遍于丛薄。尔乃韶光乍启，暖律初回，南枝潜发，东风暗催。则有连村盈坞，漫岭延隈，琼姿交映，仙蕾争开。深雪扃寒，姑射之神忽降；横参耿碧，霓裳之舞争来。盖地本膏腴，花宜林麓，繁植同千亩之禾，丛生倍万竿之竹。先杏蕊以舒荣，掩兰皋而蕴馥。"如此美文不可多得，字字珠玑，句句锦绣，七分景色加上三分想象，山水云烟花草，一切的一切，读来越发令人心动，文人手中的那支笔，就是有如此大的魔力。

那几日，彭定求又揽胜万峰之巅，眺远太湖之曲，光润叠嶂，晨迷乌钵，层岚晓沐，疑素练之盈波，讶白云之满谷。“若其皓容，倚月冷蕊，当风欲霁而明晖千状，其雨则暗雾万重。绕屋而枝枝连卷，嵌石而树树摩空。磴道窈折，涧户潜通，氤氲百和之音，真是婆罗树下；汗漫恒沙之数，非惟薝蔔林中。是以精蓝递兴，化城作供，霁旭融和，流澌解冻。骚人攀树神怡，烟客投林色动。笛里孤吹，琴中三弄，何殊官阁之吟，不减罗浮之梦。山中踏雪，陋金谷而非荣；月下咏花，望陇头而作讽”。如此梦境般的游历，真让人羡慕，换作是谁都会为此痴迷的。然而随着生态环境的日益破坏，如今已不可复制，大部分山丘在人类的折腾下，早已失去了往日生机，无奈只能从古人的游记中回味。

早在彭定求之前，明人陈仁锡就在《铜井山重建石桥记》中说过，凡游光福，不泛西崦，不登铜井，与未游光福无异。铜井之胜，以太湖带西崦，以西崦带东崦，虎山桥在乱山中，铜井桥峙乱水中。早先铜井桥为木桥，不久腐败，濒危数年，到宋代方始甃以石。明代建成坚固的石桥，后人之功倍于前人，故而费用也多于往日，好在乡绅里人踊跃捐资。桥成之日，陈仁锡登桥遥想，早春的桥南，梅花三十里；初秋的桥北，桂花千万树。向东遥望，山之半，石皆拔起，如张巨翅，为凤凰山；冈陇抱，岩岫缀，幽而旷，是邓尉山；山半面湖，远见法华如屏，浮于水面，奇石高松，谷啸数里，是玄墓山；缘溪一桥，如伸左臂，昔日养虎，今日秣马，是虎山；自西崦湖阔十馀里，乱流而渡，槛与湖浮，是青芝堤；树树凌波，香雪扑人，霏桃间之，蟠螭朝士，是西碛山；西望太湖极其壮观，烟霞乱抹，近者九龙，远者苕霅。根据文中描述，他所说的铜井桥大概就是铜坑桥，当然这并不重要，总之光福的美景，令文人墨客一见钟情，二见倾心，三见归隐。

古人认为，铜井山颇要高出周边诸峰，其实并没有潭山和西碛山高，只是居众山之中，故而登临气势磅礴，可坐而收其全胜。倘若早春时来，那么自铜井石磴而上，陟一蹬则足蹑香尘，降一陂则手提花鬘，时腾出花上，时窜入花底。于山巅俯首引睇，万坞皆梅，山腰以下，香雪如海，花气上蒸，如浴香沐。或席而坐，或石而卧，或远而望，或近而倚，恍若泛雪海之上，游月宫之中，足蹑香尘，清芬袭衣。于是，素彩眩目，眼神迷离，思维模糊，思绪纷飞，身子飘飘然，诚所谓别有天地，宛若神仙中人。真是“千山松色万山梅，鸟道篮舆次取来。为爱五湖波上好，石台盘坐几忘回”（陈瑚《坐铜井石台诗》）。此情此景，怎不让人心动。

确实，立于山顶，放眼一圈，白波翠巘，各擅其胜。越过邓尉山、玄墓山等层层起伏的山峦，盈盈一湾东崦湖点缀其间；透过波光粼粼的西崦湖，点点青螺浮于如镜湖面，与倒影相依相拥，成双成对。光福的湖山之秀看在眼里，醉在心头，如不登临，怎饱此等眼

大吴胜壤图册·邓尉山　清马咸绘

福，如何知道吴中的丘陵竟也如此缠绵，湖水居然如此动人。惟一憾事，独西碛山所挡，不能目送夕阳沉入湖中。看到这里，大家应该明白我登上铜井山顶惊呼的原因了。不知你是否也与先贤有同感呢，反正我是感同身受，爱梅之人的心情完全可以理解，本人也是个梅痴，每年梅花绽放，往往题诗数首以自娱，为此我的老师来新夏先生特别为我取书斋名呆呆馆，即将“梅”的异体字“槑”拆开，我又取字呆呆。

首次游铜井归来，咀嚼回味，胸口满满的幸福；追古思今，心里阵阵的涟漪，故以一首《西溪子》抒怀：“石磴盘纡奇峭，山顶古泉孤庙。远峰回，云水静，花树映，铜井风光入胜。醉双眉。寄新词。”

黄茆迟桂花

一个秋雨濛濛的早晨，我站在天井里仰望灰色的天空，当细细的雨丝从天际飘飘悠悠地落到我的脸上时，顿觉一阵凉意侵入心底，这秋雨虽细，却送来久违的清凉，无奈也带走了夏日包裹我心的温暖。奇怪，我的情绪怎么如此低落，莫非这就叫秋愁？忽地思念起了唐寅，于是驱车前往窑上，我要去他曾经画图的地方，寻找些许慰藉，说不定还能与窑上迟桂花的馨香来个亲密接触。

窑上位于西碛山北麓，驱车从光福镇沿吾家山北麓到窑上的尽头约三公里，旧有内窑、外窑之分，民国时居民多王姓。房屋沿山道两侧一字排开，南边人家背山，北边人家临湖，尽头是一片茫茫的太湖，为风景绝佳处。奇怪的是，向村民打听熨斗柄的位置，连问几家都回答"没听说过"。心想沿着湖边走一定能找到，可是只有一条往左的山路，按地图上标出的位置应该往右才对，不管了，先走走看。走啊走，却始终未见传说中的熨斗柄，也未见西碛山西麓的怪石巉岩，更未见有泉注出石罅的夹石泉、白鱼泉和老虎嘴。失望之馀，歇坐湖边石上，望着左前方冲山一弯长长的堤岸挂于水天之间，无风无浪，湖面静止如镜。忽地，左下方一艘快艇斜斜地划破了水面，往右上方急行而去，惊起一群野鸭。实在无法想象，当年拍岸的风浪令瘦弱的唐寅站立不稳，左右摇晃，熨斗柄前，黄

西碛山"老虎嘴"

窑上西施滩

芦苦竹好似屏障，飒然欲鸣。

有人说，熨斗柄是伸入湖中长三四十米的小丘；又有人说，是湖边一块块突出水面的巨石形成的石堤，形似熨斗柄而已。熨斗柄虽很早有之，然而自从唐寅来过，这熨斗柄才出了名。关于唐寅所画《黄茅小景图卷》，顾文彬在《过云楼书画记》卷八中说到过，引述了李日华《六砚斋笔记》中的评价："此卷独写老树寿藤、烟壁沙浪于荒江之滨，是以有无映带，浓淡相发，控搏吐吞，有濯足万里之概，所以为奇。客于首署一标云'天下唐卷第一'，诚第一也。"

《黄茅小景图卷》，卷首有张灵题"黄茆小景"四字，后有唐寅自题七古一首："震泽东南称巨浸，吴郡繁华天下胜。衣食玉帛百万户，樵山汲水投其剩。我生何幸厕其间，短笠扁舟水共山。黄茅石壁一百丈，熨斗湖水三十湾。北风烈烈身欲坠，十里梅花雪如磨。地炉通红瓶酒热，日日蒲团对僧坐。四月清和雨乍晴，杨梅满树火珠明。岸巾高屐携小伎，低唱并州第四声。人生谁得常如此？此味惟君曾染指。若还说与未游人，生盲却把东西指。"署"吴趋唐寅为丘舜咨题"。因唐母姓丘，这丘舜咨大概是他的中表昆弟。诗后又有张灵、祝允明、文徵明、陆守、钱贯、蒋塘六家诗。由唐寅诗中，可以看出当年熨斗柄一带的春日风光。

唐寅，明苏州府吴县人，字伯虎，一字子畏，号六如。少与文徵明、都穆、张灵等交游。弘治十一年（1498）举乡试第一，次年赴京会试，科场案发，谪为吏役，羞愧难当。故而不就，又遭妻室变故，放纵颓唐，自署"江南第一风流才子"；十六年（1503）筑室桃花坞，虽家无儋石，常宾朋满座，风流文采，映照江左。正德七年（1512），应宁王宸濠之聘至南昌，察其有异志，假装癫狂放还。唐寅好读书，诗词文赋具擅，画入神品，王穉登《吴郡

唐寅像 《吴郡名贤图传赞》卷七

姚希孟像 《吴郡名贤图传赞》卷十三

丹青志》称其“画法沉郁，风骨奇峭，刊落庸琐，务求深厚。连江叠巘，纚纚不穷，信士流之雅作，绘事之妙诣也。评者谓其远攻李唐，足任偏师，近交沈周，可当半席”。不啻为有明一代宗匠。嘉靖三年（1524）卒，年五十五岁。著有《唐伯虎集》。

清康熙五年（1665）二月十九日，归庄与俞南史、葛芝等友人一起来此畅游，自惊鱼涧到熨斗柄，欹坐石上，波涛冲激，欲溅衣裾，西望湖水，浩无津涯，与天为一。见熨斗柄前，临湖有夹石泉，同游者掬泉饮之，都说甘甜无比，因路险而难行，归庄只能扶杖遥观，垂涎而已。又至小赤壁，眺远之胜，略同熨斗柄，而路更加崎岖，惟坐卧平石，欲濯足湖流而不能。俞南史当时六十有馀，而登高涉险捷疾如飞，令五十多岁的归庄自叹不如。

关于熨斗柄，姚希孟于天启三年（1623）春作《梅花杂咏》，写道：“花中有韵仗湖山，恰是高人互往还。欲借潺湲洗粉白，更留苍翠点苔斑。香光度处开千顷，树杪行来到几湾。遥计片云常扃护，年年清梦亦跻攀。”前有序文描绘熨斗柄一带景致：“熨斗柄者，水滨巨矶，大可数百弓，丛荟既穷，微茫若辟，激荡汪洋，殆欲浮山而去，此绝胜处也。面湖而人立者，皆在峆岈怪石，借梅作粉墙，狡狯乃尔，犹未奇也。逦迤而西碛，蜿蜒而盘螭，以一湖献酬群山。山姿屡变，水面亦忽忽改妆，玦者以规，鞴者以伞，如屏罢张，如镜

黄茅小景图卷　明唐寅绘

启匣，漭漭汤汤，吐吞日月，震泽之灵，锵佩来谒，洒道清虚，霏微香雪，至铁山而还，于是叹观止矣。”

姚希孟，明苏州府吴县人，字孟长，号现闻。生十月而孤，稍长与舅氏文震孟同学，并负时名。万历四十七年（1619）中进士，改庶吉士，天启五年（1625）被劾为缪昌期党，削籍归里。崇祯二年（1629）起为左赞善，历右庶子，为日讲官，以少詹事外贬南京，寻移疾归。崇祯九年（1636）卒，年五十八岁。福王时，追谥文毅。著有《清闷阁全集》等。

我于此深秋之际，寻熨斗柄不得，只能回头觅迟桂花。光福不仅梅花自古有名，桂花也毫不逊色，至今在光福地区依然流传着这样一句话：梅和桂、梅和桑是两对好姐妹。梅子、桂花、桑叶，是旧时光福人赖以养家糊口的生计，尤其是梅和桂，因为在保鲜技术相对落后的过去，农人在长期实践中得出个经验，就是用梅酱水浸泡的桂花能保鲜。所以只要有梅树的地方都能见到桂树，甚至现在的桂树数量已超出梅树。

桂花，木樨的通称，又名岩桂、金粟，雅号仙友，特产我国西南部、喜马拉雅山东段，栽培历史已有二千五百多年。早在春秋战国时期，就有桂花的记载，屈原《九歌》有“援北斗兮酌桂浆，辛夷车兮结桂旗”之句。南北朝时，范云有“南中有八树，繁华无四时。

不识风霜苦，安知零落期”的咏桂诗。农历八月，古称桂月，此月既是赏桂的最佳时期，又是赏月的最佳月份。芬芳的桂花，中秋的圆月，自古以来多少文人士大夫诗词歌赋歌颂赞美。“嫦娥奔月”、“吴刚伐桂”、“蟾宫折桂”等神话故事，因蕴含吉祥的寓意而深入人心，从而历代文人墨客和达官显贵，都喜欢在官邸宅第引种桂树。

桂树高可达十米，树姿挺秀，风韵高古；叶形椭圆，四季油绿；花集叶腋，中秋绽放；花小四出，皎洁清丽，有白、淡黄、金黄、红等色，是绿化用树的首选，1987年被评为中国传统十大名花之一。窑上村民一直以种植果木为生，枇杷尤多，晚近则以桂花出名。从经济角度讲，品种要数银桂最好，香气浓郁，出花量大；金桂黄灿灿的，颜色喜庆，这两种深受花农的喜爱。其馀像四季桂、单桂等，比起金桂、银桂来，无论是花的颜色、香气和产量，都无法与之相提并论。李根源在《吴郡西山访古记》卷一中说：“余观光福种植花木，以天井、窑上为盛，珍珠坞次之。桂花多于梅花，故春游当继以秋游也。”

回到停车的地方，见路边一位老师傅正手持竹竿打着桂花，树下铺着被单，上面已是一层金黄。我问这算不算是迟桂花，老师傅笑了，指着南面的山坡说：“你来得正巧，这两天花树又开花了。”这个消息让我振奋，连连称谢。当地人对桂树情有独钟，因此欢喜地称之为花树。今年的桂花也实在有趣，由于天气变化异常，两次台风加上五十馀天的干旱，使得桂花乱了方寸，我家门前的一株窑上金桂，就时开时谢，反反复复，居然花开五度，金桂、银桂统统成了四季桂。若是常年，花期从九月中旬至十月中旬，花开两度就结束了。

嫦娥执桂图轴　明唐寅绘

窑上桂花

我从两座民房间穿过，沿一条小山道直行往上。边走边欣赏路边的桂花，四百多株百年以上的老桂树，大多集中在半山腰以上，之所以还能保住这么多老树，要感谢原本那条崎岖起伏的羊肠山路，因为买家出再高的价，也无法将大树运出去。近年来开发的小区绿化或富豪家装修别墅，都喜欢进山买大树，因此树的身价有所提高，特别是造型好的老桂树。前几年又开通了现在这条可通汽车的山道，加上近年来桂花收购价持续偏低，半山腰以下方便搬运的老桂树陆续被卖掉，虽然挖掉一棵老的补种一棵小的，但树的阵容明显变弱。其实大树移植，成活率并不高。

不过此举似也无可厚非，据说这里除十多家经营红木家具及从事其他生意的比较富裕，其馀人家几乎都靠这些花树过日子，男劳力平均每年也不过二三万元的收入。过去家家自制桂花酱，现在没人肯做，卖不出价钱，连成本都收不回。怕苦又嫌收入少的年轻人，几乎都外出打工了，剩下的大多是五六十岁以上的老人。之前这里也开过好几家农家乐，由于地处偏僻，平时根本没什么生意，后来陆续都关门大吉了。我有些担心，如此下去，以老桂树出名的窑上，终有一日落得个徒有虚名。若想保住这最后的老桂树，政府必须及时出台相关扶持政策，或以老桂树为主题开发些什么文化产业出来，村民一旦生活不成问题，也舍不得再卖掉祖上传下来的自然遗产。

一株被雷劈过的老桂树又一次吸引了我，几年前来时它就给我留下深刻的印象。

此时在淡橘色的馀晖笼罩下，叶与细枝之间，缀满了花苞。这株造型奇特，甚至有些古怪、有些丑陋的桂树，经历了别的桂树不曾经历的苦难遭遇，因此成就了与众不同的个性，当大部分桂花开到极致，它却只是含情脉脉的星星点点，当山坡上繁花落尽，它却低调地迟迟绽放，只为等待有缘人的出现。桂树如此，人又何尝不是如此呢。

爬上赏桂亭，放眼望去，雨后的空气格外清新，右手边湖对面的半岛是镇湖，最远处那朦朦胧胧的一片，便是无锡了。此刻，夕阳刚好落到湖面，一串串红日随波荡漾，与天边的晚霞相映，水天一色，如锦似缎。山间隐约有鼓声回荡，应该是从司徒庙或是铜观音寺传来的吧。一路下山，穿梭于老桂树林中，贪婪地吸着鲜香湿润的空气，嗅着十里八里都闻得到的馨香源头。当一阵微风吹过，花雨缤纷，空气中满含着一种难以形容的撩人香气，将我深情围绕，这种感觉奇妙无比，不由想起郁达夫写的《迟桂花》来。

“我接过来喝了一口，在茶里又闻到了一种实在是令人欲醉的桂花香气。掀开了茶碗盖，我俯首向碗里一看，果然在绿莹莹的茶水里散点着有一粒一粒的金黄的花瓣。则生以为我在看茶叶，自己拿起了一碗喝了一口，他就对我说：‘这茶叶是我们自己制的，你说怎么样？’‘我并不在看茶叶，我只觉这触鼻的桂花香气，实在可爱得很。’‘桂花吗？这茶叶里的还是第一次开的早桂，现在在开的迟桂花，才有味哩！因为开得迟，所以日子也经得久。’‘是的是的，我一路上走来，在以桂花著名的满觉陇里，倒闻不着桂花的

赏桂亭远眺

香气。看看两旁的树上,都只剩了一簇一簇的淡绿的桂花托子了,可是到了这里,却同做梦似地,所闻吸的尽是这种浓艳的气味。老翁,你大约是已经闻惯了,不觉得什么罢?我……我……' 说到了这里,我自家也忍不住笑了起来。则生尽管在追问我:'你怎么样?你怎么样?' 到了最后,我也只好说了:'我、我闻了,似乎要起性欲冲动的样子。'"这桂花茶究竟有没有这样的神奇功效,不得而知,不过喝起来一定能让人心情愉悦的。

是啊,窑上的花农当然也可以制作桂花茶。光福的土茶不是自古有名么,据说始于两晋南北朝,到宋代已是闻名遐迩,有"邓尉雪绿"的美誉。光福的桂花始于唐代而盛于宋代,有"八九月间山家艺此以败四方"的记载,这两种代表光福的物产,如若有机地结合在一起,将毫不逊于郁达夫喝过的桂花茶。你想呀,桂花的幽然醇香配上碧螺春的纤细可人,真是天造地设的一双,喝茶之人在大饱口福的同时又能大饱眼福,何乐而不为呢。

诚然,八九月的光福,八九月的窑上,的确是秋游的佳处,行走于幽香飘然的田头山坡,令你昏昏欲醉,飘飘欲仙,流连不忍离去。

烟霞乱抹西碛山

西碛山北麓即是窑上，在铜井山西，西北两面临湖。西碛山不仅有山水之胜，还因隋代的五侯坟在此而具有深厚的人文底蕴。

据民国《吴县志》卷四十一记载，五侯坟在光福西碛山黄公坞。《吴门表隐》也说，顾野王子盛南、鸿南、周南、夏南、允南暨沈、钱、徐、陆、章五夫人并葬于此。南宋以来，顾氏子孙都祔于祖茔。元元贞元年（1295）二月，大风拔起古树，下得顾氏石函族谱。据现居苏州的顾氏后裔顾建新介绍，他手头有一本《顾氏宗谱》，其《五侯墓考》一章的内容，就源自五侯墓下的《武陵顾氏族谱·石函谱传》，其中并说到顾野王夫人贺氏，是光禄卿贺琛的女儿，与顾野王合葬于石湖越来溪畔的下周村。

顾野王长子顾盛南，字以成。天生好武艺，善用兵，喜击剑，任南安刺史。梁绍泰二年（556）与父亲一起参与平定侯景叛乱，立战功，官至佐卫大将军，受封安远侯，卒后谥壮。

次子顾鸿南，字扶九。以治军号令严明著称，令敌方闻风丧胆，也曾与父亲一同平定侯景叛乱，官任荆州太守。南朝陈太建九年（577），北周灭齐，顾鸿南以侍御史出镇临淮，建有功勋。祯明三年（589），隋文帝杨坚侵陈，顾鸿南迎击其部将杨素，大小二十馀战，隋军失利，死亡数千人。陈后主嘉其战功，封鸿南为宁远侯。然陈军最终大败，鸿南力尽自刎，卒后谥穆。其后裔迁徙浙江，分出昆山给事一支，后裔中有杰出人物顾炎武，分出雍里一支，后裔中有顾鼎臣。

三子顾周南，字雅操。官辅义都尉，镇守吴兴。陈祯明二年（588），隋文帝派贺若弼围攻吴兴，周南与四弟夏南（字欲清）坚守不降，双双自刎殉国。据传尸首逆流至峡石镇，被百姓捞起，葬于石湖边的翠薇山，即上方山。至南宋时，宋高宗被金人围困，周南、夏南都显梦于高宗，告知如何脱金人之厄，因灵验，宋高宗追封周南、夏南分别为靖远侯、平西侯。

五子顾允南，字信符。身高八尺，能力超群，究心经术，梁武帝时举为五经博士，以世乱隐居虎丘山。隋开皇九年（589）代理岷州刺史；十年（590）率兵征讨关西刁民取胜，以功封征西侯。大业八年（612）卒于家中，享年八十岁。后裔远及云贵陕川，苏州顾姓大部分出自其中。

顾野王的五个儿子先后均被封侯，这在苏州历史上恐怕少有，也就有了五侯之称，自然成为人们心目中的英雄家庭，因有五数，也就衍变为五通、五圣或五显了。韦光黻《闻见阐幽录》记道："吴人祀五路神，旧谓之五圣，本顾野王休伦子也。野王子五人，皆忠节死事，封侯。明初号五显灵顺庙，楞伽山香火尤盛，因黄门公墓在楞伽，故从祀于此。" 顾野王五子的墓在光福，却因葬于石湖上方山的父亲，有幸成为五通庙里香火供奉的主角。

明代后期民间以顾野王五子为五通，有一个重要原因，那就是天启年间发生了一起关于顾野王墓地的纠纷，此事顾炎武曾记之。清顺治九年（1652），顾炎武至上方山谒顾

苏台十景图册·顾野王坟　明文嘉绘

野王墓，有《同族兄存愉拜黄门公墓》诗，诗序中说："卢襄《石湖志》曰：'墓上有一巨石横卧，可二丈许。石上石松一枝，似盖，湖上望见之，即知为野王坟。'今树与石无恙。天启中，有势家欲夺其地而葬。窆已穿矣，族兄存愉发愤，讼于官，得止。其势家所筑周垣及树木，皆归顾氏。"然而"西北一隅，明中为势家所占，屡讼未复"（《吴门表隐》卷一）。直至道光十年（1830），才由顾氏后裔赎归。

这次夺地之争，迫使顾氏后人采取防范措施，于是顾惕畴写了《黄门祠碑记》，以上方山五显庙为祠，从祀顾野王五子，一是神圣不可侵犯，二是扩大顾氏家族的影响，以防夺地事件的再次发生。由于顾野王的墓在上方山，故以五子从祀，也在情理之中，写《清嘉录》的顾禄，写《吴门表隐》的顾震涛，都是顾野王的后裔，正因如此，记载顾野王五子奉祀上方山五显庙，似乎是古已有之。至于五侯进入五显庙后，也成为淫邪的五通，则是始未料及的事。

西碛山之巅有划船石，西麓有怪石巉岩，有夹石泉；南麓有白鱼泉，清人李重华有《白鱼泉》咏道："湖滨一乳泉，甘滑倾细浪。知有白龙游，偶作凡鳞状。"南麓又有逸园，原为程文焕丙舍。程文焕，字豫章，号介庵，事迹不详。康熙四十五年（1706）葬父于此，筑室傍庐墓，并构筑园林；四十八年（1709），何焯为题"九峰庐"，并有跋曰："程君豫章，葬其尊甫远之先生于西碛山麓，因丙舍以庐墓，适当湖山胜处，其前远近高下，为峰有九。"五十三年（1714），邵泰题"逸园"两字于壁，蒋恭棐为之作《逸园纪略》。从蒋氏文中的内容，可见逸园当时的景观胜处。

逸园占地五十亩，临太湖，四面树梅植竹，檀栾夹池水。过饮鹤涧，古梅数枝，槎枒入画。历广庭，拾级而登，为九峰草庐。庭前丘壑隽异，花木秀雅，庭后有牡丹三十本，

顾炎武像 《吴郡名贤图传赞》卷十六

旁构小阁，名为花上。后为寒香堂，堂之西偏有室，名为养真居，草堂之东为心远亭，额为戴易所题。亭北崖壁峭拔，有室三楹，名钓雪槎，旁有栏槛，可为坐立之倚，佳花美木，列于西檐之外。下则凿石为涧，水声潺潺，左山右林，交映成趣。槎之东有银杏一本，树干粗到需三四人合抱，传为宋元旧物。稍东有廊，名为清阴接步，又东为清晖阁。草庐之西，名梅花深处。又引泉为池，名为涤山潭，潭上有藻渌亭，石梁横跨其上，名为盘碕。再北有芍药圃，竹篱短垣，石径幽邃，即白沙翠竹山房。旁有斗室，名为宜奥趣，每春秋佳日，主人鸣琴其中，清风自生，翠烟自留，曲有奥趣。后为山之幽僻处，古桂丛生，幽阴蓊蔚。由竹篱石径折而西，飞桥梯架岩壑，下通行人，为迪山，也称涤山，应该就是铁山，因其石色如铁故名。山由西碛逶迤成陇，高七十馀米，其中平坦处，石台方广三米开外。登其巅，则莫厘、缥缈两峰隐隐在目，白浮长空，近则几案间；东则丹崖翠坞，云窗雾阁，层见叠出；西则风帆沙鸟，云烟出没，如在银白世界中，为逸园最胜处。

数十年后，逸园传至程文焕之孙程锺。据《清稗类钞·义侠类》记载，程锺字在山，世居枫桥，其父亲为富商，门庭豪侈，而程锺生性渊静，好读书，不问家人生事。以诸生一试于有司，不得志，即弃举业，以诗歌自娱。中年父殁，他查点账簿，才知因商品连年减价销售，拖欠了不少债务，将居积货物统统出售，也无法补足欠款，只能弃其室庐，移家至幽僻的西碛山下旧园居住。园中有紫藤，枝干奇古，阴覆数亩，本为山家荒圃中物，当年其父见而爱之，并买其地以为园，然仅有屋数椽，馀皆菜畦。程锺用心经营，遂有九峰草庐、清晖阁、寒香泉、钓雪槎、渌藻亭、腾啸台诸胜，取名逸园。程锺妻顾信芳，号生香居士，也能诗，高情雅致，不减程锺。梅花时节，文人游屐必至，把酒赏梅，诗词倡酬。春秋佳日，夫妇俩偕游铜坑、邓尉间，布衣椎结如村民，而行吟不辍，见者以为神仙中人。这样神仙般的日子过了二十馀年，终日吟啸，夫唱妇随，罕入城市，直到妻亡夫老。

《清稗类钞·义侠类》所记似乎有误，“当年其父见而爱之”，“其父”应该是“其祖父”才对，不然就无法与蒋恭棐写的《逸园纪略》相一致。

年迈的程锺，望着小妾所生一子方在襁褓中，自知无力再拥有此园，便将逸园售于扬州盐商江昉，更名西碛山庄。不过江昉非常大方，付款之后仍让程锺继续留在园中，他只是偶尔来此与老园主一起觞咏数日而已。乾隆四十年（1775），应江昉之请，袁枚作《西碛山庄记》，同时有诗《看梅邓尉，游程氏逸园，园主在山老人外出矣，题诗留赠》。

袁枚对老园主有所了解，与新园主关系也不错，听说逸园易主，先骇而后喜，心想程君治园之力已尽，故弃园；而江昉之力有馀，故得园，对于园子今后的建设来说，未尝不是件幸事。况且园中亭榭无可更改，惟台旁少屋，天风清寒，客难久留。于是得构数椽其间，观鱼龙出没，与缥缈、莫釐二峰朝夕拱揖，仿佛置身天际。袁枚爱山庄形胜之奇，天施地设，非人所为，"入其门，古梅铺棻，芳树蓊蔚，曲涧巉岩，环庐而呈"。清晖阁、九峰草庐、钓雪槎、鸥外春沙馆等十馀处，皆各极其胜，而腾啸台最奇，西碛山从背后而起，接天苍苍然，面临太湖，三万六千顷之烟波，浮涌台下。

江昉，清徽州府歙县人，寓居扬州，字旭东，号橙里。生性恬静，惟以诗书自娱，所作诗词意境清远，与任大椿、齐召南、厉鹗等交游。乾隆五十八年（1793）卒，享年六十八岁。著有《晴绮轩集》、《练溪渔唱》等。

袁枚，清浙江钱塘人，字子才，号简斋，晚号随园老人。少负才名，乾隆四年（1739）中进士，历任溧水、江宁等县知县，有政绩。三十三岁即告归，在江宁小仓山下筑随园，吟咏其中，名重天下。四方人士到江南，必至随园投诗文。他主张男女平等，为诗文倡导"性灵说"，广收诗弟子，女弟子尤多，并组织随园女弟子雅集，曾在杭州举办女子诗会，江南一带的名门闺秀有十馀人前往参加，多擅长书画，如席佩兰便是苏州极具代表性的一位，还有卢元素、王倩、吴琼仙等。袁枚著有《小仓山房集》、《随园诗话》、《子不语》等。

西碛山上数九峰

乾隆四十五年（1780），高宗南巡，曾驻跸于此，有《游西碛程园纪事成咏》。大概是因为程锺依旧住在园中的缘故，又或是陪同的地方官事先并未说明，反正高宗诗中依旧以“程园”相称。据说那天皇上听说盐商已将逸园买下，顿时不快，并下令让新园主将园子还给老园主。后来随着新老园主的相继亡故，西碛山庄渐废。又过四十年，山庄圮为一片瓦砾，今已不知曾有其处了。

1926年春，李根源来游，他在《吴郡西山访古记》卷一中记道：“沿湖岸行，经石梁、龙头嘴、夹石泉，小村有贝氏墓，寻程氏九峰草庐不得。东南行至山东按察使石公韫玉墓，背西碛，向白渭岛，坊联曰：‘有地在心，不求风水好；无田亦祭，只要子孙贤。’经大王庙、吴家祠、关帝庙、顾氏祠、止静庵、养蜂场，寻顾氏五侯墓不获。”

李根源访程氏九峰草庐不得，访五侯墓不获，只见到贝氏和石韫玉墓。贝氏不知何人，石韫玉是苏州府吴县人，字执如，号琢堂，晚号独学老人。乾隆五十五年（1790）一甲一名进士，授翰林院修撰，官至山东按察使，曾佐勒保军幕，镇压川陕楚教民起事。嘉庆十二年（1807）告归，掌教紫阳书院二十馀年。其为文贯串古今，尤长于经世

烟霞乱抹西碛山

西碛山上

之学，诗破除唐宋门户，授笔立就。道光十七年（1837）卒，享年七十三岁。著有《独学庐全稿》等。

2013年3月21日，我和友人相约西碛山探胜，希望能访到一些古迹。和往常一样，不走防火通道，垂直往上爬行，一路过关斩将，还不时采到肥嫩的蕨菜，很是得意。可是得意不久，就遇到阻碍了，一片突出山体的巨石挡住我们的去路，比起玄墓山的真假山来气势更为磅礴，比起日前在潭山见到的更为陡峭险峻。

终于到了山顶，与光福别的山不同，西碛山的山顶面积很大，狭长的像极了巨龙的脊背，走到南面，左手边多出了一层山石，不知是否就是史书中所说的划船石。据我判断，逸园应该就在脚下的山麓。东望，山外有水，水外有山，山环水绕，层层叠叠，美不胜收；南眺，不远处的蟠螭山、冲山太湖渔港、漫山等，历历在目。通往冲山的防洪大堤，于

水中呈 Z 形向前伸展，堤的东边，波光粼粼的湖水托起百艘渔船，船桅耸立，动人心弦；堤的西边，一块块围湖形成的荡田，星罗棋布，煞是好看。西看，左边的冲山和右边的镇湖，像两只伸入湖中的手臂，欲将前方茫茫的太湖拥入怀中，偶尔有快艇飞过，打破这份宁静。

从隋代的五侯坟到清代的石韫玉墓，从九峰庐、逸园再到西碛山庄，历代名人曾经在此留下了种种印记，如今或自然消亡或人为破坏，再也无处寻觅，终将成为历史记忆，消逝于太湖茫茫烟水中。但愿，这里的自然山水不会因此褪了颜色。

太湖第一渔港

2005年8月27日，光福冲山的一个小渔村，出现了难得一见的热闹场景，因为首届开捕节祭祀大典正在隆重举行。

祭台设在一艘七桅大船上，二百馀人组成的祭神队伍，个个断发纹身，穿着祭神的服饰，在充满神圣、庄严、喜庆又带点神秘的气氛里，在激情澎湃的鼓乐声中，祭司手持令旗，在他的指挥下，有条不紊地进行请神、上香、宣读祭文、上供、行礼、敬酒、唱娱神歌、放鞭炮等仪式。最后九声礼炮响起，百馀艘渔船齐齐扬帆，场面壮观，气势恢宏。随着渔民们齐声高喊“开船喽”，船队缓缓行驶，离开渔港，渐行渐远，直至消失在烟波浩渺的太湖深处。

冲山太湖渔港，作为我国最大的内陆渔港，至今仍拥有近千艘五桅、七桅古渔船，渔民靠湖为生，多少年来对太湖产生了既热爱又敬畏的特殊情感，从而形成一系列独特的祭祀方式，也仍然保留一些纯朴的渔家生活习惯和传统的渔俗文化。不过这样有组织大规模的开捕节祭祀大典，恐怕还是有史以来的第一次。有趣的是，太湖渔民所祭之神，有花神仙姑、蚕花姑娘、宅神、门神、冲山大王、光福土地神、猛将神、大禹王等，可谓众神齐祭，礼多神不怪。随着时代的发展，思想的进步，文化的重视，开捕前的祭祀，从以前的个人迷信行为上升为太湖渔俗文化活动。渔民虔诚祈祷，感恩母亲湖千百年来赐予的衣食无忧、子孙繁衍、平安幸福的富足生活。

太湖渔港在冲山东南隅，其山形西高而东低，西南临湖最高处为主峰大南山，海拔八十四点九米，按现在地图标注，顺时针方向分别有北山、小浮山、长浮山、白浮山（红浮山）、癞头浮、箬帽浮六座小山围绕相拥。据记载，清乾隆年间，这几座小山还都是互不相连的岛屿，随着逐年淤积和水位下降，加上人工围湖造田，到了清末与大南山相连，成为一个大岛。那时，每当太湖汛期水位涨高时，六山仍各自为岛，如此变幻莫测，很是神奇，不过这样的奇景，如今再也见不到了。其实也不仅是冲山发生变化，很多地方都因淤积和水位下降而发生改变，完全不是当初的模样。比如旧时，东崦湖一直通到圣恩寺所在的玄墓山东麓，游人一叶小舟至此系舟登山，寻胜览景；赏梅胜地香雪海所在的吾家山山麓，大片梅树丛中点缀蜿蜒的溪水、精致的石桥，入画得很；又有蟠螭山石壁永慧禅寺，立于寺前望湖台观七十二峰，太湖浪涛直拍足下，惊险难忘……

冲山东南部的白浮岛，不知何时成了渔民集中居住的地方，称之渔民新村，过去终年生活在渔船上的渔民，有了陆地上的稳定住所。渔民的生活淳朴又简单，每年开捕季节一到，家里劳力一齐出动，几家合一大船，开到太湖深处，大船停下不动，每天捕得的鱼虾，由小船运回渔村出售。这样的日子，一过就是几个月。也有一种小型流动渔具"飞机网"，专门捕捞太湖银鱼的。或许在我们看来渔民的生活充满诗意，在太湖深处赏景是多么美妙自在，每天吃自己捕的鱼虾是多么美味有趣，每晚躺在随波晃动的船舱如摇篮一般多么惬意舒服，或者仰面躺在甲板上，吹湖风数星星是多么浪漫悠哉。可是真实的捕鱼生活不仅没有浪漫，更多的是辛苦和乏味，每天对着一望无际的湖水，有时连着几天都看不到一艘渔船经过，干着重复枯燥的拉网、清理网具、分拣捕获物等活计，吃着顿顿相同的湖鲜，再说晚上，累了一天哪里还有什么闲情数星星。

封湖的日子，渔民们过的又是另一种生活。湖湾停泊着数百艘渔船，男性渔民忙着修修补补，他们基本都有一手修船绝活，就是压船不起水，俗称压舱。女性渔民则与其他村民没什么两样，带带孩子，做做家务，织织毛衣等，渔网也很少自己织了，都买现成的。

有了渔民，便有了渔市，也有了太湖船餐。在这个湖湾，看得见太湖美景，却吹不着狂

五桅船

首届太湖开捕节

风，打不到巨浪，村里利用旧渔船办起了船餐，在闲暇之馀增加渔民收入。没想到的是，太湖船餐，以活蹦乱跳的湖鲜和旖旎的太湖风光相得益彰，这一独特优势，一经问世，迅速火爆，食客兼游客纷至沓来，既可大饱口福又能大饱眼福，这等美事谁能抗拒。于是餐船从一条、两条到八条、十条，从简易装修到豪华打造，从一层船面到二层三层。近年来，政府和渔民们保护太湖水质的意识都特别强，不仅船餐上岸，每年还有许多人参与捐钱投放花白鲢鱼苗的活动中，太湖的水质现在有了明显改善，湖里的鱼也越来越多，越来越大，开捕期间，通常每天都能捕到七八斤重的大花鲢。

据说第一个来冲山居住的人叫李云生，浙江衢州府龙游县人，明隆庆二年（1568）成为冲山岛主，娶顾氏为妻，先后生下天爵、天胜、天祥三兄弟。到了雕刻艺人李永良已是第十八代，现在李氏已有二十代裔孙，这手雕佛像的手艺已传承了近百年。不知从何时起，这里几乎家家雕佛，被誉为“冲山一绝”。释迦佛、药师佛、阿弥陀佛、弥勒佛和地藏菩萨、观音菩萨（有鳌鱼、杨柳、净瓶、千手等造型）、文殊菩萨、普贤菩萨、伽蓝菩萨、韦驮菩萨以及四大天王、十八罗汉、济公、财神等，这些巨型佛像、神像，均以上等香樟木为原料，面相丰润，表情庄严，线条流畅，造型优美，雕刻技艺精妙无比，不仅销往普陀山、峨眉山、五台山、九华山等全国各大寺庙、道观，还远销东南亚各国。这门手工艺的传承，对苏州的宗教文化以及传统手工艺的发展，都起到了积极的推进和传播作用。如今一进冲山村，就能看到一条工艺佛像

冲山佛像雕刻

雕刻街，北面还有太湖佛雕市场，令人难以置信的是，一尊尊精美的雕像，竟然出自一间间简陋的厂房，两者形成鲜明的对比。

冲山的名字，大概是指冲入太湖的山吧，清代时有居民百馀家，环山荡田皆于洼下，湖水涨溢即泛滥成灾。道光后期，更是十年九荒。咸丰十年（1860）四旬，李秀成率太平军攻占苏州，古城顿时乱作一团，居民纷纷逃往周边乡下避难，也有不少人逃来光福。天灾人祸，更是雪上加霜，好在这一时期出现了许多行善之人，光福善堂在此建粮仓，以济饥荒。这里举两位，一位是乡绅汪正，一位是僧人觉阿，两位均居此避兵。

据张郁文《木渎小志》卷三记载，汪正，木渎人，字石心，深受冲山人的爱戴。他生平无所嗜好，惟独孜孜不倦地行善举。道光十二年（1832）、二十三年（1843）、二十四年（1844）和咸丰二年（1852），镇江、江宁、徐州等处分别遭遇水灾，汪正集赀往赈；五年（1855），河南大饥，他又醵资远赴设粥，收养妇孺二千馀人；十年（1860），太平军破长兴，杀人无数，他又前往掩埋。是年四月，郡城不守，携家避难冲山，山人敬其美德，见汪正至，争相迎接。他虽身处流离转徙之中，而乐善好施始终如一，不仅一一安顿前来投靠的戚友，还给予寒者以衣，病者以药，亡者以棺。同治二年（1863）卒，年六十一岁。编有《木渎诗存》十四卷、《木渎文徵》八卷，时人称为“文献渊薮”。

觉阿，这位充满传奇色彩的诗

渔港归舟　1950 年代摄

僧,苏州府长洲县人,俗姓张,名京度。童年茹素,为学官弟子,名声很大,尝佐州县幕,通达时务。不知是怎样的因缘所致,令他弃儒冠而入释家,并且与父母及弟同时出家,先至常州天宁寺受具戒,复谒金山。归吴即至支遁栖隐处,筑室西津桥畔通济庵,绕屋种梅五百树,课诵其间,不辍吟咏。与田夫野老亲近,遇农田旱潦及地方疾苦,即驰书城中知交转诉,促当道为之方略。咸丰十年(1860),避乱冲山,时多水患,觉阿集田百馀亩,建粮仓于山巅,赈给饥饿的难民,山中人对其感恩戴德。觉阿平生好作诗,与冯桂芬友善,当时冯桂芬也应他之请,携家避难于此,冯氏诸子皆从其学诗。觉阿著有《通隐堂集》、《梵隐堂集》,死后葬于五峰山博士坞。何广生《光福后竹枝词》咏道:"多少丛林古刹存,缁留(流)往往有灵根。璧公不作觉阿逝,谁与名山兴佛门。"

李根源在《吴郡西山访古记》卷二中记道:"山坞尽处,为圣叹冢,建'清文学金人瑞墓'碑,吴荫培书。右侧为白马涧通济庵僧觉阿遗冢,并其祖墓。(觉阿曾作《迁葬祖茔于博士坞》并《筑生圹纪事》二律,见《梵隐堂集》。)"两位诗人先后葬此,相互作伴,"可谓德有邻矣。时坞中杜鹃盛开,有红、紫、黄、白四种,灿烂悦目,为诸山所未有。其圣叹、觉阿精灵之所集与"。这样难得一见的奇景,令李先生感叹不已。

李根源一行随后又来到觉阿曾经居住的通济禅院,见到冯桂芬题额"五百梅花草堂",壁嵌《白马涧通济庵记》,道光十八年(1838)江夏、陈銮撰书书条石二方,觉阿禅师遗像,由弟子悦岩熙题额。还有墙外觉阿手植的百馀株老梅仍在,然早已物是人非。觉阿出家前所著《通隐堂诗》和出家后所著《梵隐堂诗》,并行于世,诗板当时藏于庵中。

自民国建元以后,太湖湖匪甚盛。李根源在《吴郡西山访古记》卷五中说:"近年匪风之盛,蔑以加矣,为自来所未有。推原其故,在撤废前清湖防旧制,改设水上警察始。今之水警,驻城镇而不驻湖,防湖上入河港之匪,而不清湖中岛屿屯聚之匪,故湖匪有巢穴(冲山、泽厥诸岛及南太湖各港为其大本营,而角头、明月湾、阴山、余山、叶山及大雷、小雷、夫山、椒山,亦尝出入泊船),又有消货买械弹之路(上海),求其不日聚日多,肆行无忌,其可得耶?(余今游山所得匪情,泽厥有百馀人,冲山有二百馀人,大雷亦泊有匪船若干,明月湾中匪在彼地讲赎肉票,渡村附近客民在彼拜老头子,人数过千云。)今之防区,太湖隶水警第二区(指苏省言),二区五大队也,仅仅以一大队分驻东山,还兼顾西山、马迹,其能当此重任乎?幸历任者及地方士绅保卫团、公安局善于因应,匪亦默契,故十八年中,东西山、马迹从未一受匪劫,而滨湖七邑(吴县、吴江、无锡、武进、宜兴、长兴、吴兴)之乡镇,则已寝不安席矣。湖面之抢劫者,无论矣。今日劫某村,明日劫某镇,始在湖滨,近且至城下。报纸不绝书,告警公文不绝途。待城中派队往,匪已饱掠唱凯歌以去,求见一匪面尚不可得,遑言剿耶?”李根源原本想买下景色秀丽的湖中白浮岛,以作隐居之处,价钱都谈妥了,终因畏惧湖盗而放弃。后至蟠螭山石壁永慧禅寺,对那里一见锺情,白浮岛也近在咫尺,遂别购寺左右约五亩地,拟他日营筑生圹。

白浮岛与蟠螭山遥相呼应,若于石壁永慧禅寺西眺,粼粼波光簇拥着冲山及与之相连的数座小岛,朵朵浪花仿佛就在脚下绽放,湖湾中的数百杆船桅直指天空,许兆熊《光福竹枝词》有曰:“太湖三万六千顷,襟带三州号巨区。七十二峰环水外,打鱼船尽泊菰蒲。”咏唱的大概就是这里的景象吧。若是天气晴朗,正巧遇上红红的夕阳西下,渔船身披晚霞陆续归来,由远而近列队进港,这幅渔舟唱晚的画面,那才真叫个美啊。我就有幸观赏过,并作小诗以记:“憨山台下宜人景,白浪层层拥远峰。数百桅杆渔港立,梅坡花发暗香浓。”

抗日战争时期,冲山是新四军太湖游击队根据地。在这片山水之间发生过一起重大事件,1944 年 9 月 9 日,日伪军围困冲山,中共太湖县委薛永辉等人在芦荡中坚持二十天后胜利突围,为了让更多的人接受革命传统教育,当地政府在那里建立了新四军太湖游击队纪念馆,镌刻了纪念碑,目前已是苏州市爱国主义教育基地。

1970 年,从长浮山筑成五百米的大堤直通白浮山,冲山从此成了半岛。白浮山与西碛山遥遥相对,相隔盈盈一弯湖水。1996 年开通了光福公路,每逢节假日,自驾游的车辆就此络绎不绝。行驶在环湖公路上,一路景色迷人,若是春日来此踏青,那么公路左边隔着小溪的一带桃花林,一定会点亮你的眼睛。尤其是夜雨过后,桃花笑春,愈加娇艳欲滴,就如唐寅所咏:“花开烂漫满村坞,风烟酷似桃源古。千林映日莺乱啼,万树围春燕双舞。”由于桃花花期较长,加之菜花相续开放,春天的冲山以及整个吴中郡西,

漫山岛

石壁永慧寺西眺

冲山和漫山岛

显得花团锦簇，分外妖娆，缤纷万丈的桃柳，片片飘落的飞英，胭脂染就的溪水，灿若锦绣的黄花，还有漫步于桃树下、碧柳间、菜花中，那一路追逐蝴蝶嬉戏的孩童和野花簪发的娇俏女子，令这幅流传数千年的风俗画，平添了几多动感，几许温情。

漫山岛属冲山村，距离最近的笠帽浮山约三点五公里，坐落太湖东南水域，是一个四面环水的湖心岛。从空中俯瞰，它形似靴子，又如八卦图。清初，渔民成为这座面积仅一点三平方公里小岛的首批居民。漫山岛原为两个岛，1980 年代以后，围湖造田，南、北两山由东、西两条大堤连接起来，便成了一座岛，就有了东、西两洲，洲中有湖，俗称西口荡。南山海拔七十七点三米，为全岛最高点。山顶平台称望夫台，从前丈夫去湖上捕鱼，每天黄昏，妻子都站在山顶眺望，期待丈夫早点归来。据说，山上还有春秋时期的藏军洞呢。

2013 年小满后一日，我与好友往漫山岛访友，上午去东山采枇杷，故而下午未能赶上渡船，遂决定改乘快艇。我们从蟠螭山石壁永慧禅寺的观音殿上快艇，如箭飞行于湖上的船，在身后激起一道欢快的白浪，偏西的太阳洒向水面，无数波光忘情地跳着舞。

由于还在禁捕期，茫茫的太湖不见一艘渔船撒网，只有水鸟自由而寂寞地翱翔。不远处那青黛色的小山屹立在水中，被阳光包围着，湖水簇拥着，透着安静悠然的世外气息。

转到岛的西边上岸，沿湖有船餐，这大概可算得最后的船餐了。友人的竹屋很是别致，西北两面临湖，南边有山坡作屏。拾竹梯而上，右转过回廊，再右转是相连的竹亭，正对夕阳。屋子西、南，有竹篱围起，篱内种满了各色花草，于竹亭观花，赏心悦目。见我们对花着迷，友人如数家珍，一一指给我们看，说给我们听，应该有几十种之多吧，为了让所有的花尽可能排着队绽放，为此，他还专门从网上购来相关书籍，认真研究，仔细琢磨，播种时更是精心策划，如今花事安排得当，四季花开不断。屋北一大片地种满了果蔬，基本做到自给自足。这样自在无碍的生活，无关身份，无关收入，更无关风月，卧听山风，笑看浮云，静观落日。这种原始慢生活状态，人人羡慕，但又不是人人做得到、放得下的。

三点半是友人与大黄狗散步顺带买菜的时候，每天这时刻，大黄狗叼起竹篮催促主人。今天我们也有幸参与其中，一行四人加一只犬，往东行走在山中小道上，田里不时有收油菜籽的村民，友人一一与之打招呼，看来非常熟悉。左转进入一片水田，田埂两旁的渔网上爬着一只两只晒太阳的螃蟹，被围起来的人工鱼塘与太湖水保持循环流通，加之日照充足，成为很好的太湖清水蟹养殖基地。堤外是滔滔太湖水，堤内片片芦苇，从这里看出去的景色截然不同。

穿过水田的长堤，有几株粗大的银杏树立于河边，再往前是村子。房屋与房屋之间形成的小巷里，一大群鹅、一大群鸭见了我们，排着整齐的队伍往小巷深处一摇一摆地走去，身后留下遍地的粪便，如此壮观的场面，我还是头一回见。友人见我蹲在脏兮兮的地上拍个不停，都摇头笑我。据说南山坡上还有生态鸡养殖场，这漫山岛可谓是家禽、野生动物和人类共同的乐园。一圈下来，没见到一个年轻人，恐怕都出去打工了，菜篮里倒是沉甸甸的。在这里秤显然是多馀的，买龙虾，随便估个价，还推来让去地加价；蔬菜直接从地里拔，一元二元任意给，还外送几棵别的。回到竹屋，夕阳已经斜斜地铺满湖面，随波一荡一漾的，将湖水染成一大块柔软细滑的红锦缎子，湖畔的大灶台已升起袅袅炊烟。套用古人的一句“徘徊不忍去”，很是相宜。

太湖之美，美在三万六千顷水面点缀着的七十二峰，蓝天碧水，风清云淡，粼粼波光，点点船帆，景色如诗如画。太湖好似娃娃脸，说变就变，去时风平浪静，回时却是暗流涌动，快艇颠簸得厉害，在水天一色的湖面上感觉有些无助，只能闭上眼睛、抓住椅背，好在十几分钟很快过去。回蟠螭山已是黄昏，淡橘色的馀晖笼罩着古寺，清明寂静。

太湖渔港

回家作五律小诗一首以记："初上漫山岛，渔村趣事夸。灶头生野火，亭畔拥繁花。黄犬衔篮子，龙虾买几家。鸭鹅排队唱，堤岸夕阳斜。"

漫山岛西十四公里有平台山，因山形平坦似台而得名，东西长，南北狭，海拔仅为五点六米，面积不过零点二平方公里。因为处于太湖中心点，从这里到任何一处湖岸，大致距离都为二十五公里，渔船二个半小时才能到达。早就听说，无论太湖水位涨跌多么厉害，平台山一如既往保持不变，从不存在涨潮、落潮，这点的确很是神奇，难怪当地人称之为神仙岛。曾经为了这神仙岛的归属问题，无锡宜兴与苏州光福对簿公堂，最后苏州凭借冲山村村民持有的两张 1951 年颁发的土地证，得以保住平台山。

据《太湖备考》记载，平台山原名杜圻洲，一名北嶋山，有"太湖第一山"的美誉。山上有禹王庙，始建何时无考，南朝梁大同三年（537）重建，清咸丰年间毁于兵燹，同治年间又重修，民国时期仍有庙屋二十馀间，在小小的平台山上已属庞大的建筑群了。1958 年，顺应时代需要，农民上岛拆走门窗炼铁，没有了门窗遮挡风雨，庙宇逐渐倒塌。大概在 1960 年至 1962 年之间，庙宇被拆，建起灯塔。1994 年开始，太湖渔民重建禹王庙，

平台山上禹王庙

平台山

主殿供奉“治水禹王”神像，两侧次殿分别供奉保佑渔获满仓的“刘王千岁”和主管水路平安的“水路天台”。殿前的铁香炉，是1996年铸造。除此，另有屋八间。

岛上除这座禹王庙外，几乎没有其他建筑，灌木丛生，守岛人吴伯良在小岛上已居住十七年，他是吴县文管会当年特聘的看岛人。由于小岛离陆地较远，又没有定期班船往来，平日人烟稀少，幸亏还有几位渔民栖息于此，相互有个照应。不过每年农历三月十三日，是一年中小岛人气和香火最旺盛的日子，渔民相聚这里举行祭祀禹王庙会，人们祈求风调雨顺，渔家丰收，充分体现了人与自然和谐共处的太湖渔俗文化。

置身四面环湖的小岛，会是怎样的感受？如若胆子够大，在此过夜，那么，当一轮圆月照着小小的湖中小岛，仿佛是聚光灯照着的天然舞台，今晚你将在这个舞台上唱独角戏。是孤独，是自在，是恐惧，是坦然，恐怕各人有各自不同的感受，不过经历这一夜之后，你对人生会有全新的感悟。不妨放下一切，清空大脑，在清冷的月色中静下心来，听一听汹涌的波涛，这大自然的和弦乐章，一定别样动听，振奋人心，这段奇特而又美妙的记忆，将是铭心刻骨的。

湖山尽处听经声

光福有一个神奇的小小半岛，因一头向南伸入太湖，如蟠龙作蜿蜒状而得名蟠螭山。北倚铁山、西碛山，东北为查山、潭山，东、南、西三面临湖，目之所及，渔洋山、东山、西山和漫山、冲山等，或远或近隔水连绵环抱，故而清人有“三面青山三面水”之咏。

蟠螭山的山体由火山岩构成，南北长仅八百米，东西宽只二百米。山有两峰，相距二百米，主峰南山在东北，海拔四十四点五米；次峰憨山台在西南，海拔四十点六米。据徐傅《光福志》记载：蟠螭山巅洼然中虚约三亩许，称石壁窝，四壁如削，高五六寻，大如数千石囷，所以也叫石壁、大石壁或石壁坞，俗称南山，近年称南山公园。南山这个名字，很容易让人联想到陶渊明“采菊东篱下，悠然见南山”之句，这里远离尘嚣，风光殊胜，也确乎是旧时文人向往、当今市民憧憬的世外桃源。

蟠螭山位于光福湖山尽处，琉璃万顷横陈于前，古人说，当波涛之神阳侯发怒时，蟠螭山也当随之撼动。2013 年立夏后三日，我有幸领教蟠螭山鲜为人知的原始风采。那天午后，陪同苏州王稼句、刘晓新和南京王欲祥先生访石壁永慧禅寺。时风雨交加，西碛山、潭山、竹山等浓淡分明，岚烟起舞，太湖七十二峰隐跃于薄雾中，水天迷蒙一色。上蟠螭山入个叶斋，灵根监院洳山寺茶招待。席间，交流临济禅宗精髓，尽兴而返。归途，

石壁永慧寺山门

由灵根监院引领，拜谒了诗人吴伟业墓。蟠螭山去过多次，风雨飘摇中的石壁永慧禅寺令我印象十分深刻，尤其第一次与本家大诗人梅村先生如此近距离接触。归作五绝两首《冒雨访石壁永慧禅寺暨拜谒吴梅村墓》："雨中探石壁，草木展欢容。品茗听风浪，倾谈临济宗。""拜谒诗人墓，潭西苗圃中。难圆文社梦，传世著书丰。"

蟠螭山的原始险峻，可从明人徐枋游记中略略窥探："先自平畴蹑山麓而上，数折至山之半，辟径如砥，夹路皆松杉也，上倚巉岩，下俯太湖，湖水淜湃，吞啮山足，风起则谷啸水涌，声闻甚远。盘山而行二里许，将至石壁下，又有一峰隔之，再转而入，其径最狭，过数武，忽有平地，周数亩，上即石壁也。"徐枋在《邓尉十景记》中，将石壁列为其中一景，他认为这里的山石固然逊色于铜井山石之灵妙细润，而独以雄峭作奇，崭巉如削，壁色正黄，势呈环抱，当不减赤城。中有精舍，游者至此，必留宿寺中。同时代的张宏，作《苏台十二景图册》，其中一帧《蟠螭春晓》，画的就是蟠螭山，可见当时原始险峻的自然风貌。

光福诸山奇石较少，石壁虽地处僻远，却以陡峭奇险引人入胜，倍受文人青睐，留下许多题咏。明末进士、官至礼科给事中、明亡后流寓苏州的姜埰，有《石壁庵》咏道："六朝遗迹倚崔巍，欲削芙蓉护讲台。山色晴空还易雨，人家桑拓更宜梅。佛香入院双林净，水天湖遥百道回。几处登临看不尽，清川华薄又相催。"寄情于山水，与

苏台十二景图册·蟠螭春晓
明张宏绘

僧人为友，听经品茗赏梅，以共同探讨诗词书画文章为乐，不问世事，是胜国遗民普遍追求的生活方式。

寺前石台，居高临下，为观赏湖光山色绝佳处，清人孙原湘《石壁》一诗，为我们描述了如入仙境般的画意："苍苍绝壁瞰湖边，万顷琉璃照眼前。风雨欲来云满地，人烟何处水浮天。松声时作空中乐，鸥影都成世外仙。七十二峰看不了，一峰诗思一飘然。"又，顾汧《石壁》诗曰："石台踞坐晚风清，落落烟波钓艇横。七十二峰收一望，凭虚真欲驾天鲸。""风雨欲来云满地，人烟何处水浮天"，这样的意境如梦似幻，毫无真实感可言，恐怕诗人和我一样，不知置身天上人间了。

光福赏梅自古出名，不仅香雪海，石壁也为佳处，清人邵长衡说，那里春时梅花烂漫，望之如残雪满山，与湖光相辉映。康熙五年（1666）二月二十一日，归庄与光福友人俞南史、葛芝、筇在同游石壁，见梅杏千株，白云紫霞，一时蒸蔚。石壁数仞，巑岏硉矹，前俯太湖，长松万株，风至涛作，声与水波相乱。倚绝壁，坐长林，瞰大泽，尽享山游之快致。眼前的美景令归庄陶醉，不禁忆起顺治十八年（1661）那次来游，含光法师为他沽酒，饮于佛院之外，当时自己有"松下壶觞避法筵"之句，惜今已物是人非。古香上人求归庄书，当时即录此句，然石壁当时正迎接新塑佛像，道场未散，故而归庄一行匆匆离去。

至民国，汽油船的出现，令苏州与光福的距离一下子拉近了。1916年农历正月，钱基博偕友探梅到此，"山之上为平地，有寺焉，石壁四周，奇峭崭截如削，独其南面湖，豁然开朗，向水环山，所谓石壁坞也。寺曰石壁精舍，门外石台斗入太湖，登眺极畅，风涛澎湃，声起足底"（《邓尉山探梅记》）。1929年，汪东与友人至邓尉探梅之后来到石壁，

永慧禅寺望太湖　1950年代摄

发出由衷的赞叹："邓尉最胜处，为从石壁眺太湖诸峰，湖波万顷，漱荡几席，烟云杳霭，时见远帆，同游者皆徘徊不忍去。"当梅花落尽，桃花可称石壁又一绝，烟雨三月，如锦步幛，郑逸梅在《谈山家十八熟》中，将石壁桃排在第二，仅次于梅，可想而知当时的景致之胜。

建于石壁窝里的石壁永慧禅寺，也叫石壁精舍，据说初创于明嘉靖中，或许更早，隆庆三年(1569)，高僧憨山复建；天启四年(1624)，僧人性德重修。清顺治十六年(1659)，禅僧济照居之；康熙年间，里人塑佛像后增建大悲殿；嘉庆至光绪年间，又数次重修，许兆熊有"蟠螭山下石壁坞，标题古隶是尊生。几度废兴今复旧，湖山尽处听经声"之咏。

光福诸寺中，石壁永慧禅寺比不上圣恩寺的地位，也不如司徒庙的古老，更没有铜观音寺的著名，然而有憨山上人、王穉登、吴伟业、翁方纲、吴慈鹤、虚谷、李根源、江寒汀、愿满法师等都在此留下遗踪，不仅为石壁永慧禅寺增添了文化底蕴，也为苏州历史锦上添花，这数位鼎鼎有名的人物，都可以专文记之的。

憨山上人是明末四高僧之一，滁州全椒县人，俗姓蔡，法名德清，字澄印。年十二，投南京报恩寺出家。隆庆五年(1571)，他北游参学，游五台山，见北台憨山风景奇秀，即有取以自号之意。至万历十一年(1583)赴东海牢山(山东劳山)那罗延窟结庐安居，始

憨山上人像

永慧禅寺大殿

以憨山为别号。天启三年(1623)示寂于曹溪南华禅寺,年七十八岁。据乾隆《吴县志》八十七记载,石壁寯"于前明嘉靖间建,隆庆三年僧憨山复创,王稺登题今额"。李根源《吴郡西山访古记》卷一记道:"抵石壁寺,名永慧,明憨山大师结茆地也。憨山与六祖真身,在韶州南华寺。"寺僧请李根源题名摩崖,李根源说:"地以人重,憨山为此山开山祖,此台即名憨山台可矣。"

《江南通志》卷一百七十五说,憨山"年十二入南京报恩寺,事无极法师,内江赵贞吉摩其顶曰:'儿他日人天师也。'后驻锡曹溪,宗风大振,海内称憨山大师"。曹溪原是中国禅宗的祖庭,但到了明末已荒废,经憨山锐意经营,始恢复旧观。因此,他被称为曹溪中兴之祖。憨山一生弘法,所度弟子很多,如有福善、通炯、颛愚等,有的后来成为一方宗师。当时士大夫如汪德玉、吴应宾、钱谦益、董其昌、屠隆等,也对他很敬仰。

憨山早年诗文和书法都很知名。他说古人都以禅比诗,不知诗乃真禅。他认为陶渊明、李太白的诗境玄妙,在不知禅而有禅味,若王维的诗多杂禅语,后人虽夸他善禅,不过是文字禅而已。他谈到自己的书法时说:"余生平爱书晋唐诸帖,或雅事之。宋之四家（即苏、黄、米、蔡）犹未经思。及被放海外，每想东坡居儋耳时桄榔庵中风味，不觉书法近之。”（《梦游集》卷三十九《杂说》）他一生很有文名，往来南北，多为人撰写碑记塔铭，所作序跋赞亦不少。今在石壁摩崖石刻对面墙上，嵌有憨山书《六咏诗》碑刻，其书法造诣可见一斑。

憨山上人之后，又有王穉登，他对石壁永慧禅寺做了十分重要的文化宣传工作，自从他为光如上人题额，寺名延用至今。李根源当年访古到此，见王穉登题“石壁轩”额仍悬挂于僧房，隔两日再去，将其“钩摹刻石永之”，他在《吴郡西山访古记》卷一中记了这件事，这方碑也终如他老人家所愿，虽“文革”时遭到破坏，第三个字和第一行落款被凿得模糊不清，所幸依然保存了下来。

王穉登，明常州府江阴县人，移居苏州，字百穀，号玉遮山人。少有文名，善书法，十岁能诗，既长，名满吴会。钱谦益《历朝诗集小传》丁集说：“吴门自文待诏殁后，风雅之道，未有所归，伯穀振华启秀，嘘枯吹生，擅词翰之席者三十馀年。闽粤之人，过吴门者，虽卖胡穷子，必踌门求一见，乞其片缣尺素，然后去。”王穉登与申时行交厚，“申少师以元相里居，晚年颇交相推重，轩车造门，宾从填咽，两家巷陌，殊不相下”。与王世贞亦有深交，“伯穀奖引寒素，敦笃故旧。王弇州殁，其仲子士骕，中蜚语连染系狱，伯穀倾身援救，有古人风义，不但以文彩见重也”。王穉登诗文风格平易，迹近“公安三袁”。就是这样一位人缘极好的大才子，却与仕途无缘，万历时曾召修国史，未上而史局罢。由此他将全部精力投入到著书之中，有《南有堂诗集》、《吴郡丹青志》、《吴社编》等，还著有散曲《吴骚集》。万历四十年（1612）卒，年七十八岁，葬白马涧斜月岭。

吴伟业墓在蟠螭山，方志都如此记载，李根源数度寻访，才在蟠螭山北、潭西高家前

吴伟业像　清顾见龙绘

村访得，当时占地十七亩，碣题“诗人吴梅村墓”。现在的墓为 1983 年重修，墓碑由冯其庸书，规模虽已大不如前，然三百多年来历经浩劫仍能保存下来已属万幸。令人费解的是，学问渊博、诗名卓绝的吴伟业，何以墓碑上只写“诗人”两字，死后又要以僧服入殓？这与他的身事两朝的经历有关。

吴伟业，明末清初苏州府太仓州人，字骏公，号梅村。复社领袖张溥弟子，崇祯四年（1631），一甲二名进士，授编修。弘光时为少詹事，以马士英、阮大铖当权，乞假归苏。入清后他闭门不出，仍主持文社，声名甚重。后以陈名夏、陈之遴等荐举，地方官敦促就道，无可奈何，被迫于顺治九年（1652）进京，官至国子监祭酒，十四年（1657）南归。虽只有短短五年，却让他感到失去了士大夫立身之本的气节，致使刻无宁晷。当奏销案起，几至破家，心灰意冷之馀，留下遗命，以僧服殓，葬于邓尉、灵岩附近，墓碑题“诗人吴梅村墓”。康熙十年（1671）卒，享年六十三岁。

嘉庆年间重修石壁永慧禅寺，吴慈鹤撰《重建蟠螭山石壁记》有序，对当时情况予以记录。吴慈鹤的小楷，用笔精到，观者无不称妙，这方石刻嵌于大殿前的壁间，“文革”时虽遭破坏，有些字被凿去，但碑身至今保存完好。吴慈鹤，清苏州府吴县人，字韵皋，号巢松。嘉庆十四年（1809）进士，官至翰林院侍讲，曾督河南、山东学政。大概是少时随父吴俊宦游粤东、济南的缘故，吴慈鹤长大后也好游，车之所至，山水为缘，常常赋诗抒怀。游历令他视野开拓，作起诗来也格外有感觉，为时流所重。道光六年（1826）卒，年仅四十九岁，留下的著作有《凤巢山樵求是录》等。

蟠螭山南麓，有石壁永慧禅寺历代祖师塔林，清代画僧虚谷上人墓和大休上人舍利塔也在这里，虚谷上人现在的墓碑由顾廷龙题。日前，灵根监院请来古建修缮的专业公

吴慈鹤像 《清代学者像传》第一集

司，对虚谷上人墓及祖师塔林进行全面的环境整治，并植罗汉松四十馀株。

虚谷上人与古寺颇有渊源，这里可多说几句。

虚谷，安徽歙县人，侨居扬州，本姓朱，名怀仁，后为僧，名虚白，字虚谷，别号紫阳山民、倦鹤。虚谷曾任清军参将，后来毅然走上艺术创作道路，从而成为晚清海上画派杰出代表，为我们留下一定数量的绘画作品，其代表作堪称我国民族绘画的艺术珍品。虚谷擅长花卉、蔬果、禽鱼、山水，题材均来源于生活，由于有着丰富曲折的人生经历，使得他的画作富有强烈个性，常见松、梅、菊、鹤等不畏严寒，孤高自洁的作品，具有冷隽、荒寒的风格，线条、色块和章法力求创新，郑振铎称之为“战斗的线条”。

回顾虚谷生活的年代，不难发现他出家的真正原因，清政府日趋昏聩，侵略者大肆攻掠，民族面临生死存亡，身为军官，屈辱、悲愤、怫郁却无从化解，脱下戎装，穿上僧袍是他最好的归宿，抛弃参将的荣禄，过起云游四海的清苦生活。远离宦海，虚谷在寺院里找到了安放画案的理想之地，他将书斋取名“觉非庵”，意思是“实迷途其未远，觉今是而昨非”。虚谷何时出家，始终是个谜，不过他在三十岁时，写过三首出家诗，画友杨东山说他“意有感触，遂披缁入山”。

虚谷平日以书画为佛事，喜欢与文人聚在一起，和张鸣珂、胡公寿、吴昌硕等甚好，颇受同道敬慕。感情最深的要数上海的高邕之、任颐，他们互相敬慕、影响，彼此惺惺相惜，在友人眼中，他就是“虚谷先生”。上海朵云轩藏有一把虚谷的自用扇，一面为任颐画柳燕，一面为高邕之书法，上款即为“虚谷先生”。

任颐为虚谷画过一幅肖像画，称“道兄我师”。高邕之也得到任颐为他画的肖像画，还请虚谷题跋于上，于是虚谷题了一首长诗，很是难得，从中或多或少可以窥见他的内

虚谷上人墓

心世界，诗道："吴门箫声好天籁，何苦学书负书债。书债无台避不易，天下人人识书丐。粗头乱服得书意，肉眼当前未肯卖。东坡破砚高枕卧，羲之俗字健笔碍。古人知己问谁是，江都李与陈留蔡。临池日日推懒病，爱己之钩无乃大。见我论书心辄醉，技痒弄笔类爬疥。相约忍饥逐鸥鹭，一任侏儒饱成队。我书意造本无法，愧不如丐书已戒。索我题句真可笑，此事应书咄咄怪。"这幅画高邕之有生之年一直挂于书斋，现藏于故宫博物院。

当任颐逝世后，虚谷号啕大哭，写下"笔无常法，别出新机，君艺称极也；天夺斯人，谁能继起，吾道其衰乎"的挽联，尽显悲痛、惋惜之情。而在虚谷逝世二十八年后，八十一岁的吴昌硕再次看到老友的佛手立轴图时，惊叹其画艺超群，沉思良久之后，将所有的情感凝聚成一首七绝，题于画上："十指参成香色味，一拳打破去来今。四阑华药谈风格，旧梦黄炉感不禁。"

虚谷的诗虽不多，然动辄有奇句，耐人寻味，高邕之曾为他编次《虚谷和尚诗录》梓行，惜已无从饱此眼福，只能在他的画作中偶尔欣赏数首而已。他一生锺爱梅花，有月梅、雪梅、写梅等多首咏梅诗，如有曰："当空明月是前身，月照梅花分外清。光腾梅影横斜地，遍地梅花遍地春。""无端白雪落沙来，古本疏枝上粉苔。似雪似花花似雪，梅花又向雪中开。""有粉有色更精神，一树梅花天地春。一觉浮生尘世外，空山流水岂无人。"梅花傲霜斗雪的精神，正是虚谷孤标傲世个性的真实写照。

由人民美术出版社出版的《虚谷画册》卷首，富华、蔡耕撰写的前言中有这样一段话："又得虚谷诗三首，系'光绪丁酉十一月高邕(之)书于上海'的扇面。"这三首诗如真出自虚谷之手，那么就是高邕之抄写老友的诗以寄思念，因为虚谷当时已经逝世一

虚谷像 《中国历代人物图像集》

年，再或许，这三首诗是高邕之怀念虚谷而作也说不定。不管怎样，其中有一首似乎与虚谷晚年居住的永慧禅寺有关，诗曰："梦向梦中说，身从身外存。沧州新壁画，紫塞旧袍痕。鸿雪成陈迹，龙泉未报恩。拈花微一笑，往事莫重论。"诗中提到的龙泉，可能就是指蟠螭山上的龙泉，如此看来，虚谷对于他最后的归宿，怀有特别深厚的情感。

虚谷与吴中诸寺院关系密切，画过《光福寺图》，画过《瑞莲放参图卷》等。他还担任过狮林寺住持，后退居不管庙务，来到与狮林寺有法系关系的石壁永慧禅寺养老。清光绪二十二年（1896）于上海城西关帝庙坐化，享年七十四岁。其徒时狮林寺方丈恬盦迎回其骨殖，归葬永慧禅寺祖师塔林。虚谷一生行事潇洒，以绘画谋生，却不为金钱所动，诗中有"闲中写出三千幅，行乞人间作饭钱"之句。他接受画作约稿时，总是将银钱、纸张并放一处，画完一件，动用一笔。后来，人们整理他的遗物时发现，未及完稿的润笔费分文未动。虚谷对待生活和艺术的态度，正如与他交往三十馀年的张鸣珂说的那样，"虚公原是振奇人"。

虚谷身后还影响了一大批人，江寒汀就是其中一位，他擅长临摹虚谷作品，神形皆备，足以乱真，他十分崇拜和欣赏前辈的绘画艺术和人格魅力，就连卒后也要追随，葬其墓侧。

江寒汀，江苏常熟人，原名荻、庚元，号寒汀。被誉为当代"海派花鸟画第一人"、"江

我与梅花是故人
清虚谷绘

石壁摩崖石刻

南四才子之首”、“海上花鸟四大名旦之一” 等，是海派小写意花鸟画的代表人物。江寒汀幼年就喜绘事，十六岁师从同里陶松溪习画，二十八岁开始以卖画为生。后负笈沪上，得以纵观宋元墨宝，钻研名家画法，悟其谨严放纵之意，雨露舒卷之态。所绘百花百鸟长卷达七十米左右，一枝一叶皆别具神韵，足见功底之深。后任教于上海美术专科学校，1956 年进入上海中国画院任职。他留下了多本画集，笔墨老到，形象生动，构图巧妙，格调雅致，成为初学者竞相临摹的画稿。1963 年在上海逝世，年六十一岁。

石壁的摩崖石刻堪称一绝，石刻有两处，一处在寺内石壁，一处在憨山台，先后刻于清末至民国年间。寺内石壁有李根源题 “蟠螭” 及章炳麟、吴湖帆、于右任、孙光庭、陈夔龙、弘一法师等题二十六方，还有近人石刻数方，含篆、隶、行、草、楷各书体。李根源在《吴郡西山访古记》卷一中还作了记录 :“摩崖题名分七段 :一隶书，道光庚子春二月十日，元和韩崇自石楼探梅至此，登览竟日，题名壁间。二行书，道光庚子初秋，南海吴荣光解组归里，道出吴郡，游灵岩、光福、香雪海、元墓，登蟠螭山，西望太湖诸胜，同游者乌程王渔、长洲顾沅、嘉定瞿树辰，荣光题记，子尚忠侍。三隶书，咸丰元年正月二十二日，吴县汪楏、汪锡珪、汪藻、汪玉鸣，释杲朗同游。四篆书，同治庚午初夏，望江倪文蔚、湖口高心夔、独山黎庶昌、秀水杨象济同游，石壁刻石署名长洲潘锺瑞书。五隶书，同治九年二月二日，元和顾文彬挈子承探梅邓尉，冒雨到此，时将北行，于故乡山水不能忘情，扪壁记此。六行书，民国八年，偕张耀曾、孙发绪、李为纶来游，谷锺秀题。七，谷锺秀书‘饮渌’二大字。”

1926年春，李根源首抵石壁，因寻访吴伟业墓不得，隔两日又来，总算访得，心情格外的舒畅。那天住持松林引他西去三百多米石台观景，李根源叹湖光山色之美，寺僧见状，乞题摩崖名，李根源为题“憨山台”，又领至台旁观泉，拟名“梅村泉”（疑为今“印泉”）。回到寺中，磨墨铺纸挥毫，题名一一书成，一并写了已毁旧额“个叶斋”，还为寺东一井题“尊生泉”（以王穉登字命名）。

如今憨山台所处之地，由于历史原因，已不属寺院，故疏于管理，憨山台东侧的印泉，完全不见了李根源说的“泉水清澈照人，终年不涸”的景象，若是枯水期，水位极低，距离洞口约二米，淤泥填塞，气味难闻。石台东侧壁上有李根源、孙光庭、尹明德等书题的摩崖石刻八方，如今只落得蔓草斜阳，欷歔凭吊而已。于憨山台眺望，周边的自然山水倒是依旧可观，一如李根源所说“气象万千，如入画境”。北面山坳里的潭西村，犹如一幅水墨画，叫人好不向往。

李根源是喜欢这里的，他认为光福诸山之胜，除了渔洋山就数石壁，当初欲买白浮岛，因惧怕湖盗而放弃，别购寺左右约五亩地，拟他日筑生圹之用，至今大殿前左壁，仍然保存一方李根源和松林住持签订土地代管合同书的石刻，在“文革”时同样遭到破坏，

憨山台摩崖石刻

但仍能看出大概内容。李氏将坐落听字圩内的二亩三分水田换山地二亩三分，在寺之东北；又有山地二亩五分，在寺之西北。因该地离苏州太远，不便照料，除粮按年自行完纳外，委托寺院代为照管，还特别关照，地里的茅草可随意割用，但树木万万不能砍伐。

1949 年以后，愿满法师是石壁永慧禅寺第一任监院，他为恢复古寺竭尽全力。

愿满俗姓许，江苏淮阴县人。十七岁在镇江金山寺出家，用功勤苦，深得大德器重，后于灵岩寺闭关三年，出关后，修复北禅寺，再度静修三年。1952 年，虚云和尚来苏弘法，愿满得其授记："汝能了悟佛性，弘扬佛法，当度化众生。" 1950 年代，愿满修复并主持木渎法因寺。"文革" 期间，与其他法师一样，愿满先后被逐至木渎郭家村和光福香雪海村劳动，他边劳动边修行。

那些年，永慧禅寺几乎荒废，砸的砸、毁的毁，两座空荡荡的清代建筑，也幸亏有当地村民在此养蚕才得以保住，直到 1974 年成为吴县文物保护单位，才渐渐有了起色。1978 年 6 月，圣恩寺融宗住持请来愿满担任监院，当时和全国各大寺院一样，永慧禅寺处于恢复阶段，愿满带领几位弟子修佛殿、请佛像、建僧寮、置香烛等，很快寺里的日常事务便开展起来。愿满一度云游四方，先后与天台国清寺、镇江金山寺、扬州高旻寺诸高僧大德同修共进。1988 年赴宁夏高妙县大弘佛法，普化众生。1996 年 9 月 3 日，扶襟正坐，于寺内示寂，享年八十九岁，安葬于祖师塔林。

愿满法师的弟子慧光任监院后，与慧真师太一起多方化缘、募集资金，1998 年修建藏经楼，同时沿蟠螭山南麓修小道；2006 至 2008 年在湖滨建观音殿，修筑观音殿至寺内的石磴；2010 至 2012 年在寺东南部建法堂，还于石壁之巅原有的一层僧寮上再建一层，供奉药师佛像。2012 年 10 月，慧光回广东老家闭关静修，大弟子灵根法师从上海

愿满法师墓

银杏

石楠

镶金碧玉竹

龙华寺回来接替监院一职，目前正不遗馀力地着手准备，修缮日渐破败的两进清代殿宇及周边配套设施，完善道场的同时，着重进行古寺的文化建设，继续传承和弘扬佛法。

旧时登蟠螭山从北面进入，险峻难行，现在则由石壁嘴拾级而上。沿湖林阴小道精致蜿蜒，人字砖的缝隙里长满点点新绿，山坡上的果树不时送来阵阵清香，可惜树下一座座新添的坟墓有些煞风景。过寺里的历代祖师塔林，走上高高的石磴，两边是葱郁的乔木，一百十五级台阶之上就是古寺。当门“佛”字照壁，山门左，为仿刻的翁方纲题“石壁”碑（原碑今藏司徒庙内）；山门右，即李根源摩王稺登题“石壁轩”碑。寺内有著名的植物三宝，两株五百馀年的银杏当门而立，树冠苍翠浓绿，此为一宝；寺后石壁间，一株八百多年的石楠嵌身岩缝，紧贴石壁盘虬而上，似蟠螭卧伏，攀爬至崖顶舒枝展叶，乃又一宝；还有一宝镶金碧玉竹，相传憨山大师植两株于寺中，经过数百年的繁衍，至清代百馀竿修竹周绕佛殿，翠屏百仞，天然森削，成为山中最胜处，春秋游履必至。

从寺中梵宇举目环视，三万六千顷湖光美景尽收眼底，不同季节呈现出不同的画面。若于细雨霏霏的早春，湖中朦朦胧胧的青螺，或高或低、或近或远，环绕蟠螭山，与山巅庄严肃穆的古寺，组成一幅水墨写意山水长卷。2013 年 4 月 13 日，我有幸陪同海上李福眠、陈克希、韦泱、袁继宏及金陵董宁文诸师友访蟠螭山，师友们大赞景色殊胜。入精舍，有幸品山寺清茶，无比甘冽清心；有缘观灵根监院手书《心经》，颇得唐风遗韵。归家，作小诗记之：“白浪天边挂，青螺水上停。船桅云半指，石壁梵呗听。岩壑繁花映，茶汤肺腑馨。蟠螭

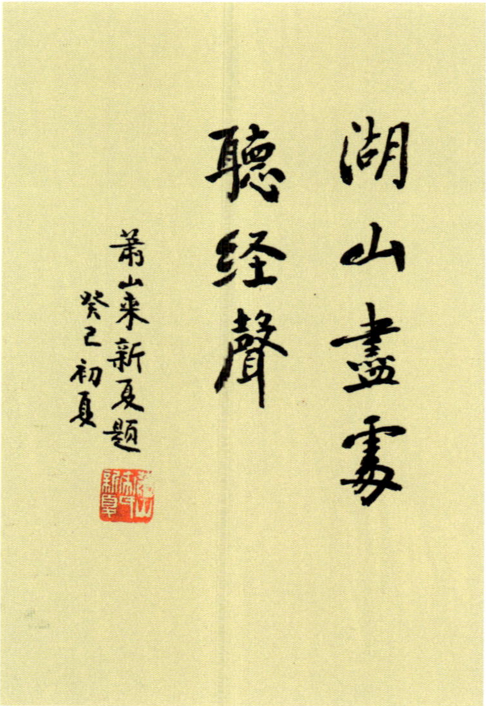

来新夏先生为石壁永慧禅寺题“湖山尽处听经声”

寻胜迹，精舍读心经。”若于杏叶飘飘的晚秋，寺内寺外地面屋顶铺满金灿灿的黄叶，红红的夕阳在湖心洒下一片锦绣，以及湖里的点点飞鸿、片片帆影，恰似一帧色彩绚烂缤纷的油画。今人芝兰有诗咏道："荷塘向晚渔村暮，万丈霞光叠翠深。墟里孤烟弥远野，长空旅雁穿旧林。画船未负仙人约，玉棹难忘骚客吟。欲觅乡关何处是，蟠螭山脚太湖心。”

每天晨昏从大殿传出的梵呗之声，在山间一座座错落有致的粉墙黛瓦中萦绕，赋予画面神秘气息。于石壁观景品茗听经，是都市人难得享受的清福，也是洗涤尘心的独特方式，颇有山中才一日，城里已千年的超然感觉，偷得浮生半日闲，诚然是每个来石壁探幽访古之人共同追求的。2012 年初夏，我的老师来新夏先生携师母焦静宜女士来光福小住，由我陪同到此一游，老师于石壁嘴小坐，观湖光，赏山色，听经声，大赞光福人文山水之美，回津仍念念不忘。一年后，书“湖山尽处听经声”，时年九十一岁。

石壁永慧禅寺自明代憨山上人复创，再由上世纪愿满法师恢复，古寺屡毁屡建，胜境有盛有衰，曾经的有缘人也只是匆匆过客，惟有大自然的杰作——石壁，一如既往地耸立，不由使人感叹世间万物的沧桑巨变。也正因有了千百年的自然发展和人文积淀，如今远离古城的蟠螭山及山上的石壁永慧禅寺，仍然是大自然赐予苏州为数不多的胜境之一。

潭山·查山

自石壁嘴沿湖往东行，眼前的小山为查山，背后高出许多的那座山便是潭山，也称弹山，在玄墓、西碛两山之间，其首在太湖之滨，绵亘六七里，东北接青芝山，东南接竹山，南拥石嵝精舍和万峰台。何广生《光福后竹枝词》有“水不潆洄山不浓，天教巨浸润芙蓉。太湖三万六千顷，包络西南数十峰”之咏，指的就是这一带。

滨湖处有七十二峰阁，为明代大学士顾鼎臣所筑，阁背山面湖，后有峭壁雄踞，旁多长松巨石，举目一望，湖中七十二峰之胜，湖光山色之美，难以用语言形容。徐枋《邓尉十景记》将七十二峰阁列为一景，并这样说 :“山多松，凌寒苍翠，弥望岩谷，一路从松，诘曲而上，杰阁耸峙，与文康公墓相望，背山面湖，一望而七十二峰之胜尽在目矣。黛眉螺髻缥缈烟波间，而风涛之动息，云峦之明灭，每游必尽其奇，无有同焉者，吾不能为形容也。”

2013 年 3 月 20 日，与友人相约爬潭山，访七十二峰阁遗址。自石嵝精舍的山门拾级而上，走完长长的石阶，一直往山上而去。这里的泥土似乎与他处有所不同，脚踩的是一层黝黑松软的肥沃土壤，难怪这里的竹子、树木都长势旺盛。山坡不是很陡，走起来并不费劲。至半山腰，左手边巨石林立，石壁较为平坦，很适合石刻，历代喜欢题刻的文人应该没有注意到，不然早就刻满了。如此看来，光福并不似前人认为的少石，只是未发现而已。一路上，无数一人高的小树苗正发着毛茸茸的嫩芽，不知名的小树上，开满了白色的小花。

接近山顶处，似乎有一块巨石盖在上面，巨石侧面几乎垂直，上凿石阶，我手脚并用地爬上去一看，山巅平坦，有二百平方米左右，满目尽是大大小小的石块，还有铁架和许多彩色布条，似有小石屋存在过。边缘躺着一块正方形的石板，是由苏州市国土资源局 2007 年 8 月设置的国家测量标志，严禁碰动，并有一行专业符号。潭山以二百五十一点八米之高，位居光福诸山之首，俯视四周，北面与铜井山所见相似，也是峰外有峰、湖外有湖 ;南面则三万六千顷太湖尽在足下，只恨那天山色朦胧，无法看清七十二峰，然近处的蟠螭山、冲山、漫山等，于薄雾中隐隐约约，更增添几许神秘气息。当然，早已颓圮的七十二峰阁，其遗址也已无处寻觅了。

邵长衡《弹山吾家山游记》写了清康熙间江苏巡抚宋荦游山一事，时在正月二十日，清晨出发，行过董浔阳墓，径益狭，花益密，低枝触帽挂衣，游者须时时侧身低头而过。山上的七十二峰阁，当时已倾圮，不可登临，李文正篆书题额也破碎。阁后稍东百馀步，正面太湖，湖中东、西洞庭山就在眼前，马迹山则如翠屏一般隐于百里之外，其他如龟，如鼋，如龙舌，如梭，如蛇，如猫，如鼠，如凤凰，如钱堆，如大玑、小玑、大雷、小雷，如石公，如谢姑，如东鸟、北鸟、东鸭、西鸭，如琴，如杵，如笔格，如箬帽，远者，近者，浮者，沉者，峙者……七十二峰，如一一可数的云朵飘在湖面天边，这七十二峰阁的名字取得实在是妙极了。除了欣赏湖景，七十二峰阁又为山中看花最胜处，早春时节，由阁往东，山之高下如阶梯，然上下皆梅；阁之西，茶山、石壁梅花烂漫，满山的残雪和天边的白云一色，与滟滟的湖光交相辉映。

潭山之西，峙于湖边仅百步之遥的小阜叫查山，俗称茶山，一名绣球山，也称槎山、焚山、坟山等，又叫小鸡山。许兆熊《光福竹枝词》咏道："小鸡山即是茶山，鲁望当年数往还。绿萼红梅满篱落，更宜此处看烟鬟。"小鸡山之名，最早出自陆龟蒙《送小鸡山人序》。茶山于邓尉诸山中最小，山高不过数仞，广不过三十步，像个小土丘，然山上皆石，立者，仆者，侧者，平者，偃而跪者，高而突者，委邃盘郁，咫尺异势。茶山濒于湖又得诸峰回揽，故而山虽小而景尤佳，遂为登陟之胜处。

徐枋画跋称"山中人以山在太湖滨似查然，故以茶为查"。其实名为查山的缘故，与宋高士查莘曾隐居这里有关。据张郁文《光福志补编》记载，查莘，字耕野，原籍安徽休宁，遍游云海、匡庐、罗浮诸胜，后归居苏州。至光福，爱其湖山之胜，遂买地于此，种梅

查山和潭山

湖上数青峰

结屋，取名梅隐庵，又在潭上崖壁刻“梅花潭”三字。后人因此有潭东、潭西之称。查莘又乐善好施，倾其所有以济贫苦人家，人们为了纪念他，故而改茶山为查山。何广生《光福后竹枝词》有曰：‘休宁游客爱江南，到此曾营梅隐庵。可笑寓公翻作主，山从查姓踞烟岚。”明代时，其后人查应兆也隐居于此。

同样爱上查山的，还有明人李流芳。李流芳初游到此，就一见倾心，这里不仅能尽览湖山之胜，尤以看梅为宜。他十分想在梅林之上建一草阁，阁名就叫六浮阁，不但绘之以图，而且还写诗作记，其友邹孟阳欲代为经营，但终究未成。李流芳对此一直耿耿于怀、念念不忘，所作诗中一似阁已创立，如《己酉春日，弹山看梅，信宿山阁》诗，有“七载阁中人，重来死亡半”句；又《西碛看梅，宿六浮阁》，有“因此发浩想，就此结茅宇”、“兴阑更秉烛，相对寒夜语”等语。其《茶山感旧》诗则发出“廿年怀卜筑，贫老苦奔迸”的感慨。文人的想象力是超乎寻常人的，或许只有这样，才能稍稍弥补他心中无尽的遗憾，正所谓人生如梦，想象远比现实美好。

李流芳，明苏州府嘉定县人，字茂宰，又字长蘅，号香海，晚号慎娱居士，工诗善书，尤精绘事，万历三十四年（1606）举人，两应会试不第，遂绝意进取，崇祯二年（1629）卒，年五十五岁，著有《檀园集》。

时隔七十年，至清康熙年间，张文萃买山始建此阁，且治生圹，仍题李氏旧名六浮阁。张文萃，苏州府长洲县人，号松园老人。张文萃卒后，其子张士俊补葺六浮阁，康熙四十年（1701）阁成，有径有堂，有庖有湢。于是四方名士牵拂相招来会，朱彝尊、徐釚、

顾嗣协等集贺，登上六浮阁，一睹渔帆出没，浦树清疏，山鸟旦暮拂帘鸣唱，此情此景，令各位名士流连不舍，留宿于阁中。所谓六浮，指太湖中的六个小岛屿，当时称长浮、白浮、箬浮、苎浮、茅浮、箭浮，自查山望去，六峰点点，尤为可爱，拿朱彝尊的话说，“其石浮者六，一一如蚕眠”。如今，这六个小岛已经与冲山相连，成为一个大半岛了。应阁主之请，朱彝尊为其撰记并题额，汪份也作《六浮阁考》，追述六浮阁缘起。

张士俊，字籲三，又字景尧，号六浮阁主人，生卒年不详，康熙五十三年（1714）仍在世，著有《春秋集传》、《必观亭集》等，并辑刻《泽厚堂五种》。朱彝尊，嘉兴府秀水县人，字锡鬯，号竹垞，晚号小长芦钓鱼师、金风亭长，早年参与抗清复明，事败出走。康熙十八年（1679），举博学鸿词科，授检讨，预修《明史》，三十一年（1692）赋归，著述以终。其诗与王士禛齐名，词与陈维崧齐名，并开浙西词派之先河。著有《曝书亭集》、《日下旧闻》等。

六浮阁在查山之阳，背阜面湖，具区浸其右，周围以石楠、栝柏为藩篱。当春梅怒放，拓西窗俯视，繁花百万若密雪覆盖原野，游人无不惊诧其胜绝，正如李流芳所说，“昔来我独赏，近乃游者竞”。诚然，光福虽有玄墓山、香雪海等赏梅佳处，而于梅花深处探梅更是件赏心悦目之事，仿佛一失足就掉进了花的海洋。姚承绪《吴趋访古录》卷二有《西碛山》诗曰：“邓尉探梅谁胜境，无过铜坑与铜井。就中西碛尤出奇，万玉山头回倒影。西围香气郁崔嵬，岳色湖光随意领。六浮高阁凌苍穹，足下白云乱俄顷。山僧煮茗烹石泉，一片禅心印花冷。梅花到此萃成窟，环带群山弄光景。英飞百谷散琼瑶，云压千岩耀明靓。不减罗浮蛱蝶游，清磬一声催梦警。”

查山的胜处，在于能兼得赏梅与观湖，徐枋在《邓尉十景记》中认为，邓尉看梅玄墓称绝，其次为马家山、董坟、朝元阁、槎山、磡上。然而马家山、朝元阁有梅花而无太湖，山不得水，其势不奇；磡上固临湖，然一面取致，旷而不深；惟查山三面皆崇山峻岭，登山南眺，则远水兼天、白云空蒙，太湖若在足下，七十二峰，青螺隐跃。有风飒然，则银波荡空，杳然万顷，滉漾浩渺，尽入无际。回顾三面，凡岩壑壁坞，篱落丛薄，幽深窈窕，曲折层叠，铺天盖地尽是梅，攒蹙繁英，莫得隐遁。顾汧有《茶山》诗曰：“怪石嶙峋点绿苔，短筇徙倚久徘徊。游人为问勾留处，千顷湖光万树梅。”早春的阳光，温柔而亮丽，梅树丛丛，花光照眼，仿佛玉波雪浪汹涌，青峦碧岫间白，与万顷澄波争奇斗丽。

茶山坞中，有一无名小庵，吴江叶绍袁顺治三年（1646）避难时曾居此，他在《甲行日注》卷三中记道：‘浓云淡烟，山静如愁，晚来丹碧流霞，如七重宝络。庵面临具区，洪波淼漫，西送落日，夕阳入户庭中。二桂高森，幽香分袭；老梅瘦倚墙外，环以巨篁、长松、孤桐、丛蕉。屋后枇杷、杨梅，复荫周匝，竹木似为差胜。旁无居邻，户绝人迹，庵故未有名，余名曰一字庵。《法华经》云：‘如是二万佛，皆同一字号。’日月灯明也。”

那时门外有一井，仅三尺深，而泉色洁映，叶绍袁取名浸玉。泉左枕潭，西山上茂松千章，顾鼎臣墓所在；右有土地庙，据说供奉的神为东汉广平王吴汉，最称灵异。潭西有蟠螭山，山上有龙王庙和石壁庵；又西为冲山，在湖中，离岸十里。虽说此处开窗即与湖山相接，俯映碧流，如绛仙绿螺，轻烟淡荡，翠岚欲滴，晚则返照波中，落霞天外，终日可凝情倚镜。但故国之思、羁旅之怀，一往而深，叶绍袁时常夜不能寐，辗转天明，“拨土炉，犹有星星馀火，吹点瓦灯，灯上犹存残草二穗，焚松球烘酒复温，一菜侑之，倾壶乃寝”。

徐学谟像 《中国历代人物图像集》

其中况味,是不难想见的。

值得一说的是,直至民国年间,潭山下仍有明礼部尚书徐学谟、大学士顾鼎臣等名人墓。清广西提学佥事申䍐墓,在徐学谟墓的上方半里许,墓制精伟,不亚于徐墓,惜无碑字,乡人称“申阁老父之墓”。潭山之阳有明祭酒陈霁墓,广百馀亩,有石兽、龟趺等,碑也未刻字。潭山下有个叫张家涧的地方,或许与清长洲人张孟球在此建瞻云阁有关。张孟球官至河南提刑按察使司,与子张学庠均于康熙年间视学云南,其裔孙张日晸,则于道光年间巡抚云南。后阁废圮,旁为张氏墓。

如今,偌大的潭山,仅徐学谟墓仍在山南麓。徐学谟,明苏州嘉定县人,字叔明,一字子言,号太室山人。嘉靖二十九年(1550)进士,授兵部主事。后为荆州知府,景恭王赴藩地德安后,欲夺城北沙市地,学谟力抗不予,为王所劾,荆人遂称沙市为徐市。万历中,累迁右副都御史,官至礼部尚书;二十一年(1593)卒,年七十三岁。著有《世庙识馀录》、《湖广总志》等。李根源在《吴郡西山访古记》中记录了当年在潭山所见到的徐学谟墓,有石坊、石兽、翁仲等,并有神道谕祭碑六方,现在仅见1986年3月25日吴县人民政府立的一块墓碑,不过经过“文革”等非常时期,能拥有一块安身之处已是难得的幸事了。

这不,贵为内阁大学士的顾鼎臣,则没有如此幸运了。顾鼎臣,明苏州府昆山县人,字九如,号未斋。弘治十八年(1505)进士第一,授编修,嘉靖初官礼部右侍郎。为官期间,东南赋役失均,他屡陈其敝,最后世宗令巡抚裁减田赋,使江南赋税有所减轻;奏请筑昆山城墙,后倭寇起乱,昆山得以保全,被誉为济世良相。世宗因纵欲无度,体质羸弱,便迷信方术,内殿设斋醮,终年香火袅绕。斋醮时要献给天神奏章祝文,用朱笔写于

顾鼎臣像 《中国历代人物图像集》

潭山之巅观日出

青藤纸上，称为青词或绿章。当时词臣争以青词邀宠，顾鼎臣、袁炜、李春芳、严讷、严嵩等先后都因青词而平步青云，当时人有“青词宰相”之诮。在这些“青词宰相”中，顾鼎臣是第一人，其进《步虚词》七章，并列上祭坛中应行事项，世宗大为欣赏。嘉靖十七年（1538），顾鼎臣以礼部尚书兼文渊阁大学士参与机务。然当时夏言专权，其不能有所作为；十九年（1540）卒，谥文康，赐葬于此。翟銮和严嵩分别为他撰写了墓志铭、墓碑。

廖文锦有《香山杂咏》咏道：“可怜宰木已全删，故老荒丘一水环。七十二峰高阁废，空留渔艇守文山。”小注说：“弹山亦叫文山，据说顾鼎臣墓在治垄时，命湖中渔舟至夜必环其山而守之，今依然也。墓旁有七十二峰阁，已就圮矣。”可见当时虽然七十二峰阁已圮，但墓依然完好。缪应让有《潭山至顾墓登七十二峰阁》咏道：“花似仙姝山似屏，山光叠翠护娉婷。荒祠神降灵风满，远浦龙过水气腥。墓上石麟今卧草，楼边沙鸟自梳翎。年华一似湖流疾，七十二峰依旧青。”1926年春，李根源一行到此，见墓地广百馀亩，有墓标、翁仲、石兽等，另有碑四方，分别为诰敕二，御祭文一，神道碑一。

据当地村民回忆，顾鼎臣墓一向完好，直到“文革”期间的某一天，丧失理智的人们，挖地三尺，打开棺盖，里面露出好几层套棺，套棺之间放满石灰，四百多年后，顾鼎臣面目依旧安详，如熟睡中，亲历者曾夸张地说，他脸上的麻子依然清晰可辨。接下来发生的事实在此

查山老樟

不忍细述,陪葬品被哄抢一空后,最终落得抛尸荒山。许多年后,一直被前人认为无大林木的查山,顾鼎臣墓地里居然奇迹般地长出一株香樟树,且长势迅速,如今已非常突出,成为查山的标志性树木,远远地就能看到。

但愿顾鼎臣已化身那株香樟,牢牢地扎根查山,守护着光福的秀丽湖山,守望着自己百看不厌的七十二峰。由翟銮撰写的顾鼎臣墓志铭,今保存于吴中区文管会,还有附近村民的房前屋后依然散落着一些墓石,其中有一方“明进士”字样的石碑,静静地横卧于墙角的草丛中。

万峰围拱万峰台

潭山南麓的石嵝，也写作石楼，又称万峰台。万峰台的来历，颇具神话色彩，据传明初万峰禅师自玄墓山圣恩寺经此，见湖光山色殊胜，竹林古松清绝，荒无人烟僻静，觉得如此清幽之地，最适合坐禅静修，于是运气将数吨巨石聚集成台，形成突出的山崖。盘坐台前，望太湖诸峰，历历可数。

当早春之时拾级而上，黄叶铺地，梅香弥漫，龙泉枕石，春笋尖尖；当初夏之际登临于此，蔷薇花开，鸟声迭和，翠竹四围，凉风阵阵。春梅夏花、秋桂冬竹，占尽四时佳景，令人顿忘身处尘世。沈德潜《西山探梅》诗，有“石楼高傍弹山开，远近湖光入座来。莫笑老夫筋力倦，一筇直上万峰台”之咏，年迈力衰，即是拄杖而上，也要观赏绝顶的景色，可见文人雅士对此地喜爱的程度。

石嵝庵，也称石嵝精舍，在万峰台北面，建于潭山之腹，两边山丘如腋左右相抱，深邃而又宁静。石嵝庵创建无考，但不会晚于明代中期，因嘉靖至隆庆年间，莲池禅师的弟子养素居士曾息隐于此。清初包山古如法师之徒无声禅师居此，时佛屋渐圮，无声禅师加以修葺，庵中有屋五楹，修竹蔽之，且绕庵种枇杷数十本，遂萧然闲素，从下而望，不知上有精舍。无声禅师请友人葛芝写了一篇《石楼庵记》，由此可见修葺后石嵝精舍及

石嵝精舍

万峰台远眺的景致。抗日战争时期，僧脱尘又重修石嵝精舍。1949 年之后，吴县政府先后两次拨款修葺，当时有佛屋数十楹，正殿供奉缅甸信徒捐赠的玉佛。这尊玉佛，现藏于司徒庙内。

从石级而登，方广数十亩皆有怪松、巨石错立。近望诸山蜿蜒相向，远则巨浸渺然，就是太湖。湖上风帆飘扬，水鸟上下其间，若动若静，而七十二峰离立波际，各具情态，数里外铜井山、官山等若隐若现，明灭烟霭中。想来这样的地方尤宜于中秋赏月，当明月从天边悄然升起，月色如珠光般洒向如镜湖面，粼粼的波光托起玉轮，真分不清哪个是天上哪个是人间。而风涛之晨、雨天雾日，台上不能久立，若于此构一亭台，或筑以小屋三楹，那么背一袋粟米作朝夕之膳，披一件败衲而默坐其中，就如神仙般无疑。诚然，于万峰台望五湖如一杯水而已。

康熙四年（1665）二月十七日，归庄等一行数人由葛芝做导游，酒足饭饱之后往石嵝而来。归庄认为，石嵝平石拔起山半，似乎像楼，遂改石嵝为石楼。潭山之东西村坞，梅杏杂糅，千层万叠，山头遥望，如霰雪纷集，白云不飞，又似彩霞缤纷；至近观，则玉骨冰肌，固是仙姝神女，灼灼红妆。诸君见天低烟合，大雨将至，欲急回还。归庄以衰年多病怯于疾步，独自留下，令无声禅师引路，前往离此仅二里的茶山。

归庄昔年游包山时与无声禅师就已相识，一路叙旧，倒不寂寞。中途雨作，入山村塾师吴居士家避雨。饮酒数杯后，归庄口占一绝：“寻梅策杖茶山去，细雨霑衣屐暂驻。便将村酒二三杯，为赏山花千万树。”以此留赠主人。见天色已晚，雨依旧下个不停，两人冒雨返回石嵝。

石嵝多荡竹，巨者三四围，时春笋尚未冒出泥土，无声禅师掘土得之，作羹甚鲜，归

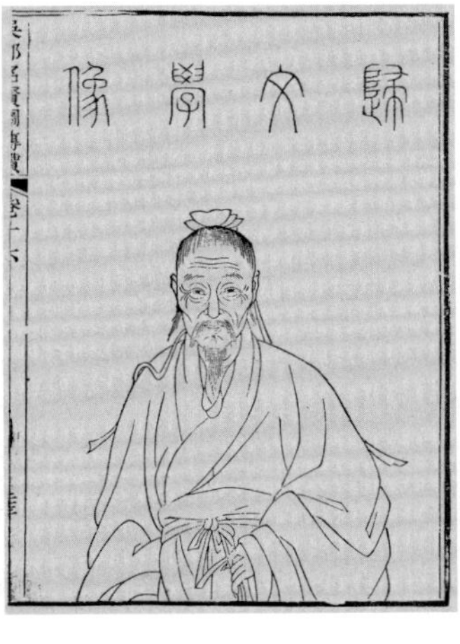

归庄像 《吴郡名贤图传赞》卷十六

翠竹精蓝

庄吃得津津有味。饭后，归庄见浴室颇洁，命童子汲泉水暖之，浴而就寝，枕上又口占一绝："头陀去僧亦无几，足倦登临便留此。早尝春笋浴清泉，佛灯对照心如水。"由于未曾饮酒的原故，归庄夜不能眠，五更即起，趺坐佛灯之下，尽长香一枝到天明，于壁间题枕上诗。策杖登山纵眺，晓气颇清，极目百里，虽东旭之光被潭山所挡，而四山雾气已散，不似昨晚烟岚四塞，湖光山色，犹在仿佛间。南望波涛万顷，渔舟数点，如在空际；前则潭山，迤西为蟠螭山，西碛在西北，皆玄墓之支脉。而诸山之南为东洞庭山，又西为西洞庭山，都浸于湖中。其馀若螺、若黛、若髻、若笠者，不可胜数，不知其名，但知其在七十二峰之中。

看到七十二峰，归庄不禁思念起潭山之麓的七十二峰阁，想当年登阁下瞰太湖，遥指群峰，是多么畅快，阁上还有李东阳篆额。二十年前来游，爆竹一声，万山皆响，待第三、第四次来，则阁已坏，几乎不可登临，匾额也消失不见，现在更不知怎样了。览眺良久，回石嵝用早饭，饭后同无声禅师继续往茶山而去。

茶山之景，梅花胜过吾家山，远望湖山，则亚于石嵝；吾家山梅花，惟南东北三面，茶山则花开四面环匝；登茶山虽太湖及群山在望，而山稍低，不能如石嵝那么爽豁。总而言之，在归庄看来，于吾家山、茶山和石嵝观景，各有千秋。至于七十二峰阁，归庄一行于二十一日自石壁过茶山至此时，见木工正在修补，想来他日又可复登，心生喜悦。以上即为归庄《观梅日记》里记游石嵝的一些片段，他在石嵝庵释无声的引领下作了深度游，感触颇多，并作诗咏道："翠微平石象高楼，烟树湖山望里收。千个筼筜一丈室，梅花风信飒如秋。"

光福陂湖二十馀里，满目皆山，山民缚芭种果，鲜澮一郡，而尤以梅林为盛。初春花开，自邓尉山至蟠螭山北麓的菖蒲潭，远近疏密，孕馡糁霙，弥望不绝，而石嵝为最。其地离城郭远，游人通常乘竹轿至香雪海而止，故而石嵝藏于深山，难为人知。嘉庆二十年（1815）仲春，沈钦韩造访徐氏浒溪草堂，沿路梅花灿然，"攒枝布跗，玲珑璀璨，无一瓣堕地"，秾芳袭人，衣袂薰染，仰窥晴昊，回顾林晖，玉暖粉鲜，资清欲冶。登茶山少憩，有阁面湖中六小峰，即李流芳所谓踞梅花之上者。过西碛，至石嵝，时七十二峰阁已毁。

万峰台俯瞰

由阁往东，山径高高下下，到处皆梅。濒湖而立，湖上袭来的阵阵旋风仿佛要撕裂衣裳，他们隐石分坐，俯瞰碌碌高浪，似乎要击碎岸边的石头，发出声声轰鸣，苍翠涌现，须眉清冷。斜出村舍，梅花夹之十许里，花瓣若积雪铺地，白云横冈，风猎而骇，久之声闻要妙。物色绵延，春光沖瀜，阳舒若动，众人欣然命酌，空樽而罢。如此游山两日，留饮又五日，石嵝以及光福的胜境令他们沉醉着迷。这便是沈钦韩《乙亥石楼游记》中所描述的大致情形，可见石嵝当时是怎样的声色俱佳。许兆熊也有同感，《光福竹枝词》咏道："弹山顶上万峰台，台下人家尽种梅。最好花时去登眺，湖光山色一齐来。"

沈钦韩，字文起，却取号小宛，在他身上体现出苏州男子柔情的一面。虽然出身贫寒，然而他质敏好学，借书苦读，遂精通诸学，成为嘉庆十二年（1807）举人，道光三年（1823），选授宁国训导。诗赋骈散文外，尤长于训诂考证，以《两汉书疏证》最为精博。著有《幼学堂诗稿》、《幼学堂文稿》等。

钱基博于1916年农历正月与金砚君、沈祥芝、任味知、殷静之四位朋友由同里往游苏州，然后从胥门出发，作了光福四日之游。钱基博在《邓尉山探梅记》中说，出游的第二天他们去了石壁，又去了石嵝，见夹道竹林拔地，高欲刺天。石蹬尽头，有古刹，门向西，上嵌横石，镌明人赵宧光篆书"石楼"二字。入门，北为殿，其南障以墙，东为客座，略似舟室，可惜窗户太小，不快游目。几上供着老树根，依形疏剔，嵌空成假山状，即所谓木假山。这木假山须由数百年老树奇巧生成，较为难得，今已无处可寻了。他们又登上万峰台，绝顶丛石骈立，有杨叔利诸人摩崖题名。钱基博见"邓尉"镌作"邓蔚"，以为写错了，后来检《姑苏志》及《叶和甫墓志铭》，方知也有所本。

1922年秋，蒋维乔与老友金松岑，也有光福之游，并作《光福游记》。他们也去了石嵝，虽阴雨绵绵，却挡不住他们的游兴，在圣恩寺午餐后，出寺乘轿西行。路小而窄，加上雨天，舆人缓缓而行，约五里抵达石嵝。只见修竹成林，临湖有万峰台遗址，可惜雨天雾大，七十二峰迷茫不可辨，登台惟见冲山、漫山之峰，距离至近，如在足底。

1926年春，李根源登石嵝门，道旁有龙泉，为吴荫培题。古寺四周的荡竹林里，到处冒着春笋。入门，赵宧光所书"石楼"旁，砌条石一方，上题行书诗一首："不作五湖客，争到万峰台。何年一片石，此日扫莓苔。"落款为"北野山人于道光二十二年寒食题"；还有文徵明隶书"碧梧栖"木榜，吴荫培又有"一径泉通下藏壑，万峰高耸上登台"联；寺额"石楼古刹"四字则由陆润庠书。寺后有泉，甘甜无比，大旱不竭，李根源题名"留馀泉"。复登万峰台，欲观钮树玉题名七十二峰阁，已无遗迹可寻。

万峰台石刻

在孙原湘的眼中，这里曾经是“入山无处不花枝，远近高低路不知”，诗人“贪受下风香气息，离花三尺立多时。历遍山隈又水隈，乱穿枝树上瑶台。平生不作低看态，却为南枝俯首来”（《雨中自邓尉至潭山》）。世事无常，人间没有什么是永恒不变的，为此孙原湘自己也发出“石楼遗址满斜曛，繁华到处终成幻”的感慨。

2013 年早春，我陪友人初访石嵝，入简朴的山门，是一条碎石铺就的山道，行至一半，路边有一井，井旁有吴荫培旧题“龙泉”石碑，边上有一小亭。前面是一段高高的石磴，阶上铺满了黄叶，与右边的一大片高大挺拔的翠竹形成鲜明对比，根部一只只黄笃笃的春笋正一个劲地往上冒，充满了生机。走完阶梯，往右便是精舍。入门，三间精舍呈四合院状，已然破旧不堪，仅有一位僧人居住。一只花犬正懒洋洋地躺着晒太阳，整

龙泉

座精舍寂静无声。寺后留馀泉即将被塌下来的山体掩没，水质也混沌不清。出寺门继续沿山道往前折而往右，尽头为万峰台，两层望湖阁闲置，前台坍塌。八九年前，吴中区林场请崔护、王稼句、潘振元、柯继承等先生和我，一起为石嵝题写对联和匾额，现在全都字迹模糊。这样破败的景象，是我始料未及的。

稍感欣慰的是，台下湖山秀丽，七十二峰隐约错落于波际，石嵝所呈现出的原始荒凉美，令我怦然心动的同时不免有些遗憾。游归，写下两首小诗以抒怀："山林多静谧，

竹醉舞翩跹。黄叶铺幽径,龙泉竖井边。石楼人罕至,花犬佛前眠。师祖参禅处,追思离别燕。”“登高眺远画图开,山水迷蒙拥树台。前世今生多少事,桑田沧海寄蓬莱。”

潭山东南有竹山(一作竺山),南临太湖,北越长岐岭至青芝山。东山麓有清代状元缪彤墓,李根源《吴郡西山访古记》中记录了他们从石嵝“度岭,沿竹山麓至丁未状元缪念斋彤墓”。张郁文《光福诸山记》也有“竹山,在青芝山南,上有缪状元彤墓”的记载。

缪彤,清苏州府吴县人,字歌起。先后五次北上应试,终于在康熙六年(1667)成为清代第十二位状元,授翰林院修撰,任康熙九年(1670)会试同考官,不久任侍讲学士。后因畏惧仕途艰难,以家丧为借口辞官回归故里,从此脱离宦海,不问时事,以教书为业,创办三畏书院,培育人才。缪彤以循规蹈矩闻名乡里,被誉为遵循封建道德规范的楷模,师从他学习的人很多,他为此特地印制曹月川《家规》、蔡虚斋《密箴》、刘念台《人谱》以教诸后学,成为前后从教达五十年之久的“状元先生”。康熙三十六年(1697)卒,享年七十一岁。著有《双泉堂集》等。

除了缪彤,葬于竹山的名人还有好几位,如沈杰、沈桼、沈以潜、姜垓等。

沈杰,苏州府长洲县人。成化二十年(1484)进士,知归德州,州当黄河冲,沈杰筑长堤,开白柳等河,河水由之入淮,民免垫溺。历知衢州府,大兴水利,修复堤闸,民得灌溉,而城中绝水患。终河南右布政。

缪彤像 《吴郡名贤图传赞》卷十八

沈焘，沈杰弟，字良德，号东溪。弘治六年（1493）进士，选庶吉士，授编修，官至詹事府右春坊右谕德。为校正《本草》总裁，正德初预修《孝宗实录》。正德十年（1515）卒，年六十四岁。

沈以潜，苏州府吴县人，名玄，字以潜，以字行。宣德初，徵入京师为医士，起先并不知名，因会院判蒋用文得病，皇上遣中使问他，你若死了，谁可代替？回答，沈以潜。就这样，沈以潜被提拔为御医。他看病之馀，工诗好琴。宣德七年（1432）卒，年六十四岁。

姜垓，山东莱阳人，字如须，号伫石山人，姜埰之弟。崇祯十三年（1640）进士，授行人，去官后居苏州。姜埰为给事中时，以建言触怒毅宗而下狱。后乡邑破，父亲殉难，一族二十馀人亡故。姜垓请求代兄系狱，让姜埰归乡葬父，终未准许。当姜垓还是行人时，见署中题名碑有崔呈秀、阮大铖，即上奏章请去。后来阮大铖得志，欲杀之以解当年恨事。为避加害，姜垓只得变更姓名，行走宁波，匿迹台岩间，很久之后才来到苏州，居虎丘，筑山塘小隐。清顺治十年（1653），先于兄长卒，年仅四十岁，门人私谥贞文先生。著有《筼筜集》、《伫石山人稿》等。

如今竹山南端临太湖处已经开发，且规模相当大，许多古墓连同墓地里的许多石翁仲、石马、龟趺以及神道碑、墓碑等都不知去向。据友人说，好几年前他几次来到这里，第一次来，看到有好几座古墓，墓地的规模相当大，有一对二米多高的翁仲、一对石马、一只龟趺，还有神道碑、墓碑等，当地民房精美的基石都是从墓地拣来的。第二次来时，已搭起了工棚正在搞房产开发，看到很多墓石都堆放在一起，问了民工才知道，是开发商让他们这样做的。第三次再来，不但墓石都不见了，就连墓也都被挖了。此举真是不可思议，对于古墓的毁灭性破坏，除了“文革”，大概就要数现在不计后果的开发了。

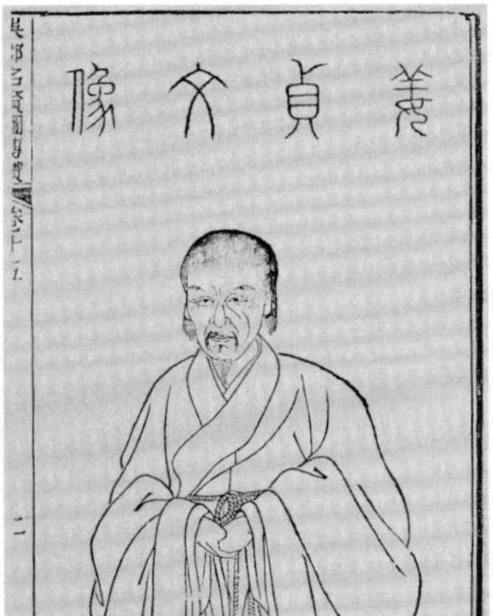

姜垓像 《吴郡名贤图传赞》卷十五

竹山东麓往北，玄墓山西麓以南，长岐岭东面，有个叫西湾的地方，被徐枋列入邓尉十景，他在《邓尉十景记》中写道："西湾在玄墓之西，太湖至此一曲，故名西湾。其地为邓尉山中最僻处，人迹罕到，而多隐者，依山为村，山家野店，无不朴古。山多丛竹，弥衍数里，亦诸山所无也。余喜其地之僻，尝游息焉。地在湖滣，每中夜，涛声直薄于枕，意即唐张潮所咏之西湾也，隔湖即凤凰山云。"

像西湾这样的风水宝地，自然也十分适合用来作墓地，据民国《吴县志》卷四十记载，"章文懿公懋墓在光福长岐岭下西湾"。2012 年 11 月 21 日，我和友人约定寻访章懋墓。出门时天又下起了雨，开车行驶在山道上心情不同往常，若在平时，见到四周的山上因冷热空气交汇而薄雾飘然时，会开心地唱歌，可是今天的心情却异常沉重，因为数天前媒体报道，西湾墓地又一只石虎被盗，这样的事在苏州西郊已不知发生过多少次了。

车停在山坳里，徒步走进村子。一路上见到一些散落的墓石，我们走到村子的尽头，拐弯继续行走在田埂上。走着走着，似乎一下子掉进了桂树的海洋里，我已完全分不清东南西北了。桂树与桂树之间是密密的碧螺春茶树，此时正开出一粒粒淡黄色的茶花，花蕊里满含晶莹的雨珠，这使我无从下脚，生怕碰落了这些可爱至极的小花。就这么慢慢地深一脚浅一脚地在树丛中小心穿行，似乎感觉脚下越来越沉重，低头一看，原来这里的粘性山土已经一层层牢牢地咬住我的鞋子不放。

一路上，田间的小水沟里不时有石板、石礅等物件，其中有两件漂亮极了，一件是荷花莲蓬，一件是小桥流水，其精美程度令我连连叫好，兴奋得扔掉雨伞，打开照相机上下左右拍个不停。我们在茫茫林海中兜兜转转、寻寻觅觅，终于发现了石马。看着这匹没

墓地里的石马

了头的石马，在泥地里不知躺了多少年，我轻轻抚摸着马背，马背上挂下的瓔珞雕工精美，凹凸有致……

不远处还有一匹，它侧着身子躺在乱石堆里，仅露出马头和马背的一小部分，可能是当地村民为了保护它，故意为之。这匹马要幸运得多，至少它的身体看似完整，尽管它那双大大的眼睛里透露着无尽哀伤。在两匹石马的东面还散落着一尊没了上半身的石兽和一尊没了头的石羊，它们长得如此敦厚结实，却照样被砍断，可以想象，“文革”期间，人们的革命热情是多么高涨。

章懋，明金华府兰溪人，字德懋，号闇然子，晚号縠滨遗老。成化二年（1466）进士，由庶吉士授编修，历福建佥事。任满辞官归乡，家居以读书讲学为事，人称枫山先生。弘治十六年（1503）起为南京国子监祭酒；正德二年（1507）托病辞官；嘉靖元年（1522）进南京礼部尚书。不久即去世，年八十六岁，谥文懿。著有《枫山语录》、《枫山集》等。

章懋为官清贫廉洁，虽身居高官，却一心为民，一生奉行“以便民为法，以利民为论”，忠君忧国，两袖清风，断冤狱，办书院，纂县志等，为国家、为百姓办了许多好事实事。然而就是这么一位清官，晚年生活却相当凄惨。弘治十七年（1504），章懋妻子郭氏卒。正德二年（1507），对于七十二岁的章懋更是不幸的一年，章懋与郭氏生有二子，章扩和章捷，四月长子章扩卒，十月孙章䜣卒，而次子章捷无子。正德四年（1509），章懋以侄儿章拯的次子章试入继为孙，不曾想正德十四年（1519）章试又卒。白发人如此接连不断地送走黑发人，人生大悲，莫过于此。

章懋发白体病，子丧孙夭，孑然一人，此时可以用万念俱灰来形容一点也不为过，用他自己的话说，“惟有伏枕待尽，已无意于人世间矣”。可是朝廷偏偏看重他的能力，屡

章懋墓遗址

湖山之间

屡下旨，委其重任。章懋身处绝境，仍以天下百姓为重，依然尽责尽力。也许章懋的行为感动了上苍，在他晚年娶少妾杨氏后，八十三岁居然喜得一子章接。章懋过世时，章接年仅三岁，他未给幼子留下任何财产。章懋过世二年后，金华知府王九峰具奏“月给米二石”，旨准，章接才得以活命。嘉靖二十九年（1550），兰溪县建圣贤祠，迎章懋像入祠。虽然浙江史料中也有章懋墓的记载，但在过去，一人两墓或数墓是常见的事。

从田间小沟里散落着的石马、石兽、石羊和雕刻精美的石板、石磡等物件，可以想见，当初冢墓规模一定相当宏大，如今却再也寻觅不到墓的遗迹，难道这位活着受百姓爱戴和尊敬的清官，这位可敬又可怜的老人，也与无数先贤一样，落得死无安身之地的悲惨下场了吗？

相对西湾，东面的磡上俗称东湾，徐枋《邓尉十景记》也将其列为一景。磡上多高崖，拔起湖中，也有平沙浮衍于波面。崖上崖下皆住着山家，屋宇篱落，井井行列。屋后皆高山，山坡上到处是梅，花开数里。轩窗乍启，波光如射，而蒹葭离披，天水俱永，难怪徐枋直呼“直移我情矣”。

磡上也叫坎上，因与“看浪”谐音，本地人俗称“看浪”，多么富有诗意的名字。的确，在此看太湖层层白浪拥向足底，是件再美再惬意不过的事了。坎上有三个村，水果和苗木是主要经济来源，由于临近圣恩寺，每年正月初九天生日，寺里举行斋天法会是一年中最热闹的一天，坎上村民拿出自产的鱼干、虾干、桂花酱、腌金花菜和各种蜜饯放在家门口卖，自发形成一年一度的庙会，既增添了热闹气氛，又增加了村民收入，此举堪称两

全齐美。后来人气越来越旺，近些年外地一些商贩闻讯也纷纷聚此，以至每年这几天，出现交通管制现象。

旧时从西湾、东湾去光福镇，必经一个山坞村落，名为蔡家场，《吴门表隐》记为奉慈村，因村里有一座奉慈庵而得村名，徐达佐的养贤楼即在其旁。奉慈庵建于北宋建中靖国元年（1101），僧明昕创建。旧时有可闲亭、紫云楼。元初庵分南北中三院，寻废。元至正间，僧祖兰居此。明万历年间竺峰、晓堂两僧别隅再建，有牛栏泉、凌碧松等古迹，惜久已不存。崇祯四年（1631），绅士顾锡畴、大任、我肇、孟兆和、徐郘、莫怡重建，后皆圮，仅存孤楼，供石观音像。再后来，更为谢姓坟。

清顺治三年（1646）八月，叶绍袁曾往一游，见门外石上镌有"凌碧松"三字，据说是赵孟頫书，然二松已非古本，吴宽喜爱的白山茶也已不见，徒留下"玉茶花落尽，坐久不知还"之咏，叶绍袁在《甲行日注》卷二中对此有所记录。吴宽似乎对山茶花有着特殊的感情，看了白山茶又看连理山茶，曾有《观海云院连理山茶》咏道："奉慈山茶好标格，花开如杯呈玉色。海云山茶更绝奇，奇处不论红与白。"九月间叶绍袁又去，同书卷三记道："庵中造如来新像，迎安宝座，剖石师送致，故邀余陪斋席焉。密林曲涧中，雨漇漇袭衣湿矣。至庵，雨忽大作，山顶白雾如蒸，及莲花座来，雨止。石公隽姿修挺，又非孤洁落寂者，自是神龙香像也。"寥寥数笔，写出了当时圣恩寺住持剖石禅师的风采。

蔡家场外有小虎丘，康熙五年（1666）二月二十二日，归庄作光福十日游之后，归途经此，"登小虎丘石浪亭，盖昔年顾封君实始辟而营之，今属之叶氏。其地多桃李，花时当是盛观，兼有眺远之胜，惜屋宇小颓圮耳”。顾天叙开辟的石浪亭在凤鸣冈晚香林，俗称小玄墓，蔡家场与凤鸣冈并不相邻，归庄此说似乎有误，恐怕是错将小玄墓当作小虎丘了。

小虎丘则为明末诸生莫怡所建，叠石栽松，颇有幽致。莫怡是徐汧和顾顼的门人，明亡以后，励节终身，结诗社于此，并营墓于内，墓旁筑香雪藏，王时敏题额并绘图，顾顼集古语为楹帖以赠之："风不出，雨不出；歌于斯，哭于斯。"并于墓旁建眠鹤楼，可惜如今也都遗迹不存。道光十二年（1832），莫怡裔孙莫颐欲重建小虎丘未果，绘图征题，顾承、蒋赓埙、顾震涛各有记。

莫怡及其事迹，未见于诸家遗民录记载，然而明清易代之际，像莫怡这样的人不知有多少。康熙四十二年（1703），吴江人黄容在《明遗民录自序》中说："大抵古今以来，一代之兴，必有名世之佐树伟绩于当时，一代之末，必有捐躯赴义之人扬忠烈于后世，而其守贞特立，厉苦节以终其身，或深潜岩穴，餐菊饮兰，或蜗庐土室，偃仰啸歌，或荷衣箨冠，长镵短镰，甘作种瓜叟，亦有韦布介士，负薪拾穗，行吟野处，要皆礌砢抱志节，非苟且聊尔人也，岂可与草木卒同其凋谢者哉。"他们中的许多人，各自怀着伤痛的记忆和辛酸的挣扎，也曾在苏州的山水之间，或衣僧袈裟而终身，或黄冠草服飘然长往而不知所之，历史似乎不该将他们遗忘。

据民国《吴县志》卷四十记载，蔡家场还有明耕学先生徐衢墓、贡生顾全暨妻周氏墓、隐士李佳墓、清节妇袁永安侧室韩氏墓等，袁枚曾为韩氏墓写志。2012年11月28日上午，天气晴朗，我和友人相约从蔡家场往北访先茔。先自蔡家场往东面的山上寻觅，路边的鸭棚里有几块墓石，这次我不再那么兴奋，淡定了许多。前面有一处池塘，水很深也很清澈，一位阿婆正在洗衣服。池边有一块石板，上面横刻“囗首里”左边竖刻“乾

叶绍袁像 《吴郡名贤图传赞》卷十三

隆拾贰年冬月”,另一边有“王氏墓界”,原来是一块墓界石碑。这样也好,近水楼台先得月,与其被外人盗取,还不如让当地村民拣来物尽其用,至少以后重修古墓时还能征集得到。

一路往山上而去,山坡上的树木,不知何时被砍光了一大片,满目皆是二三十公分高的光秃秃的树根,有些树桩上竟然长出了大朵大朵的木灵芝。远远地就见一墓碑孤独地屹立在一无遮拦的山坡上,面向西方。加快步伐走近一看,并非韩夫人墓,石碑上竖刻着三行字,“光绪十六年三月口口日谨立”、“皇清诰封淑人晋封夫人韩母晁太夫人墓”、“男恩口奉祀”。墓碑后面有一个很深的洞穴,这一定是盗墓后留下的,但不知这位晁太夫人现在是否还安息于此。

下了山,见一位老人正在井边打水,问起附近是否有古墓,老人很是热心,带我们来到不远处一座墓前,并说墓主人的后代已经定居上海。透过高大密集的灌木依稀看出是王氏的墓,看情形显然是后来重修过的。对了,下面池塘边那块“王氏墓界”,应该属于这里的。关于王氏墓,《光福志》和民国《吴县志》均记录的有两座,明代工部尚书王永和配陆淑人墓和云南按察使王天爵墓。王永和,明苏州府昆山人,字用节,一字以正,号梧竹,永乐十二年(1414)举人,授严州府学训导,擢兵科给事中,劾都督王彧等不法事,以正直出名,正统中擢工部右侍郎,十四年(1449),从英宗皇帝征瓦剌卒。王天爵,只知其是歙县人,嘉靖三十八年(1559)进士,曾官江西右参政。

告别老人,我们向北走了几百米后又拐进一条山路,走着走着,左边菜地外围出现了许多有图文的砖以及一些碎墓石,经验告诉我们周围有墓。果然不远处出现两个连着的高大土堆,爬上去一看,正是墓,一座被朝天挖开,泥土是新鲜的。另一座是从侧面

皇清诰封淑人晋封夫人韩母晁太夫人墓碑

挖开，我学着友人的样子蹲下身体往洞穴里看去，有一堆尚未腐烂的衣服，边上竟然还有一颗头骨。

返回山脚重新择路往山上行，到半山腰，眼前出现一座墓，这是我们寻访光福冢墓以来看到的最完好的一座，应是后人重新修复过的。整个墓园由石块砌成一人高的圆形围墙，两边是过道，墓前正中由上中下三块横放的石板组成，最上一块碑书“参议院议员潘承锷同妻毛夫人之生圹”，中间一块是二百字左右的墓主“生圹自记”，最下一块是墓围，中间为团纹，左右向两边对称扩展，分别由如意云头纹、团纹、寿字纹、中国结莲花流苏等组成。潘承锷，苏州府吴县人，清同治十二年（1873）生，字砚生。早年赴日本留学，入法政大学，毕业后回国，历任苏州法政学堂教习、苏州地方审判厅推事、江苏省议会议员，1922年第二次恢复国会时任参议院议员，后在上海执律师业。撰写过《裁判所构成法》，翻译了《国傣民巍法论》（商法之部）等。

一路向北，越往高处走，石块越多，用石块围砌起来的土墩差不多有一人高，面积很大，一眼望不到边。我们沿外围边走边察看，发现了多块墓石，而土墩是一片连着一片的，占地有十多亩，似乎是墓群。再往高处，有一高高的坟堆，中间是一个很大很大的坑，长满灌木，已分不出深浅。我们朝相反方向继续寻找，发现碎石片多得惊人，被砌得跟梯田似的一层又一层。我们分析，这些碎石原本可能是铺墓道的石板，后来才被砸碎的。此时，夕阳在山，红枫掩映，淡淡的馀辉笼罩在我们身上，山里的傍晚是如此静谧美丽。

回到山下，我们问当地村民，得知山上是三座申氏墓。回家查史料后可以确定，其中两座是申时行的儿子申用明和申用嘉的，至于另一座，目前尚不能定论。

申用明，苏州府吴县人，字晦之，生卒年不详。性情耿介，爱好学习，善写文章，尤得

参议院议员潘承锷同妻毛夫人之墓

父亲申时行看重。少补县学生,入南京国子监,受知于冯梦祯。遭逢父亲丧事,因悲伤过度而卒,私谥孝贞先生。顾天埈欣赏其文,序而刻之。民国《吴县志》卷四十记有“孝贞先生申用明及妻贞节徐氏墓,在光福邓尉山”。

申用嘉,苏州府长洲县人,字美中,号经峪。万历间举人,授赣州府推官,断狱多所平反,累迁贵州按察司副使,巡思石道,筑垣练兵,境内得以安宁,官至广西参政。

申用嘉之子申继揆,明末苏州府吴县人,字维志,号勖庵,晚号蘧园。由长洲县庠生承祖荫补中书科舍人,授徵仕郎,迁刑部主事、员外郎,再升郎中,任广东恤刑(由中央派往各地审录刑囚、清理冤滞的官员)。入清未仕,归于里,两举乡饮大宾。康熙十二年(1673)卒,年八十五岁。那另一座申氏墓,是否会是申继揆的呢?

由于过去墓前石碑刻字较少,即使有也多以黄石镌刻,而这种石头经不起长年累月的风化水蚀,时间一长,就很难分辨墓主的身份,更何况明代之后盗墓严重,大多墓碑已被挪作他用。到了民国,盗墓更是具有苏州特色,一旦墓主人的后代久不问津,看坟人便理所应当地变为己有,任凭处置,一大批名人墓就这样在守墓人的手中消失了。

光福的历史,大家或多或少都有所了解,光福山里究竟埋藏着多少座古墓恐怕谁都说不清。据我所知,就民国《吴县志》、《光福志》记载的古墓就有一百多处,当然光福的古墓只是苏州西南山里众多古墓中的一小部分。由于盗墓行为历来存在,古墓保护就显得尤为重要,回顾苏州历史,对古墓的保护其实一直都没有停过。光绪十六年(1890)探花、授翰林院编修的吴荫培,因读了明代举人黄省曾的《吴风录》,加上咸丰年间回到苏州,亲眼目睹盗墓后留下的惨状,当时被称之“苏州三鼎甲”的陆润庠和邹福保先后去世,惟独留下他一人,在这样的背景下,历史的使命感,让这位前朝遗老毅然地站了出

申用明像　吴郡名贤祠石刻

申用嘉像 《中国历代人物图像集》

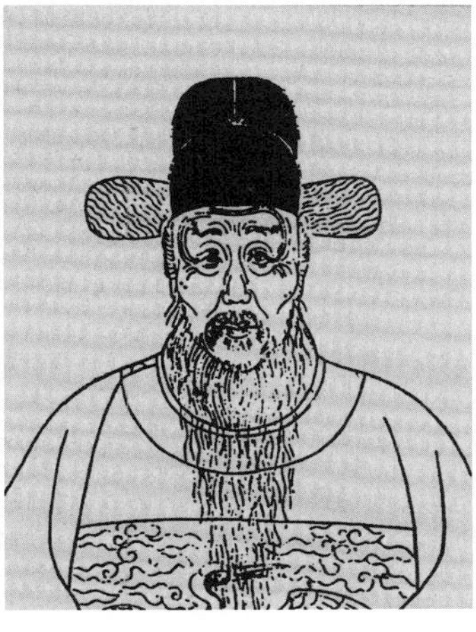

“申府界”碑

来，于 1916 年发起并成立吴中保墓会，李根源等名士积极响应，成为保墓会成员。

李根源于 1926 年、1929 年两次遍访苏州西部诸山，将亲眼所见的古墓现状一一记录，写下《吴郡西山访古记》，并将散落的名人墓方位手绘出来。吴荫培读了此书，很是欣慰，并题诗两章于书前。吴荫培去世后，李根源接过保墓会的重任，继续着保墓的事业。正因有了保墓会的快速行动，不仅苏州的盗墓之风得到扼制，经过他们的奔走呼吁，有几十处古墓及时得到保护，他们还将筹得的善款对多处名胜古迹进行修复。也因为有了保墓会全体成员的不懈努力，才促使苏常道尹李维源发布了地方法令，订立简章八条，通令苏州、常州地区十二个县切实保护先贤墓地。

时至今日，尽管保留下来的古墓少之又少，然而大多数古墓上仍留有吴荫培、李根源等名士的印记，为我们重修名人墓地提供了有力的依据。2007 年，有关部门着手修复申时行墓时，就参考了李根源当年的文字记录。前人为我们留下了这么多珍贵的史料，我们是否也该为我们的后代留下些什么？而现在，那些古墓或许因为“大跃进”、“文革”破坏严重，或许因为不符“文保单位”条件而任人盗取。我想，曾经为此作出重大贡献的吴荫培、李根源等先生，若泉下有知一定会痛哭流涕。大家都说古墓是一座城市的历史文化坐标，就目前大部分古墓的现状令人揪心，如若放任不管，就连最后一些墓石恐怕都保不住。保护古墓遗存刻不容缓，保护哪些，如何保护，还有待于相关部门尽快拿出行之有效的措施来。

情归珍珠坞

青芝山去光福镇三里，有小赤壁之称，东依玄墓山，西接渭山，南逾长岐岭为竹山，突入太湖。山间苍松万馀，楼阁台榭，宛然图画，柏屏萝幄，在在有之。碧栏红亭，与白波翠巘相映发，兼得山水园池之胜，苍松与春梅秋桂，各擅胜景，实在是美不胜收。

为此清初俞南史选择在此定居，朱鹤龄《俞无殊山居记》写道："俞子无殊居光福之士墟，故参政刘公锡玄别墅也。地当梅花最深处，瑶圃琼林，香光数十里不断，高士胜流，每鳞集焉。"俞南史，苏州府吴江县人，字无殊，号鹿床山人，安期子。入清弃诸生，与高僧硕士相唱和。顺治四年（1647），隐居光福，授徒空山，虽日益贫窭，然得山居之乐，正如朱鹤龄所说"富贵之与山林，二者必不能兼享"。他曾助顾有孝辑《唐诗英华》，所作之诗，和雅淡泊，类其为人。著有《唐诗揽香集》、《唐诗正》等。

写记的那年春天，朱鹤龄驾一叶小舟来访，见石径纡折，池水空明，草树一色，烟峦万状，玄墓诸峰之秀，可拱而揖之几案之间。"余解衣狂叫，顿若释炎歊而即清冷。无殊方与樵童牧竖游于无何有之乡，颓乎其若休，泛乎其若浮，不知身之处于山林也，非所谓久而忘焉者耶？忘其为山林，而此窈然以深、郁然以秀者，无不与性情耳目相接，宜其诗之澄澹工致，上薄左司，而非近时充隐诸人所可得而仿佛也"。这是朱鹤龄亲身经历后写入《俞无殊山居记》中的一段话，不难看出，光福山水之秀丽令他欣喜若狂。

朱鹤龄，苏州府吴江县人，字长孺。幼即颖悟好学，然受挫于科场，明亡后遂绝意仕途上的进取，退隐生活，勤奋著述，晨夕不辍，真所谓行不识途路，坐不知寒暑，人或称其愚，遂自号愚庵。起初专力于词赋，尝笔注杜甫、李商隐诗，故所作皆出入两家之风。与顾炎武交往后，又专力于经学，颇有造诣。康熙二十二年（1683）卒，年六十八岁。著有《禹贡长笺》、《诗经通义》、《读左日钞》、《愚庵小集》等。康熙本《俞无殊山居记》后有张虞山点评："说出山林人性情之乐，大意本王遵岩，而用笔俊洁，点染生姿，则长孺所独绝。"

据民国《吴县志》记载，在光福邓尉中峰东北，邓尉与青芝两山相临处，有南宋淳熙八年（1181）进士第一黄由及妻胡夫人墓。沈颢《青芝坞》一诗就提到"黄家坟"："黄家坟上桂连冈，采去花行动斗量。才到开时旋摘尽，不留枝上有馀香。”黄由，平江府长洲县人，字子由，号盘野居士。通判绍兴府，赈灾有绩，自金国奉使归还，迁嘉王府赞读。宁宗时权礼部尚书兼吏部，会禁道学，请奏不宜籍记“伪党”姓名，劾知成都。嘉定初知绍兴府，官至正奉大夫。这一带曾见一半身翁仲及一石窗，雕刻精美，不知是否即是黄由墓地之物。

这里的居民大多姓黄，族谱记载为北宋工部侍郎黄策之后，但不知黄由是否也是黄策的后裔。黄策，平江府吴县人，字子虚，自号随缘居士。黄彦子，元祐六年（1091）进士，历雍丘主薄、齐州教授。崇宁初年入党籍，羁管登州，后赦归，历通判严州，官至直秘阁；五年（1106），他曾为葬于光福士墟村道士坞的都官郎中章甫书墓志铭。绍兴二年（1132），六十三岁时，据说无疾坐化，葬于铜井山，有随缘居士塔，“随缘居士之塔”六字，是他事先自题。真是“石陼墩前水阁幽，白蘋红蓼满沙洲。渔舟唱晚渡头歇，坐对一湖烟雨秋”（许兆熊《光福竹枝词》）。石陼墩前有石陼庵，是随缘居士奉佛的地方，殿前有榉树一本，树围达七米多，惜清代时已枯槁。许兆熊又咏道：“石陼墩前石陼庵，随缘居士奉瞿昙。一株大树传当日，心木早灰倚佛龛。”由黄策让人想起朱勔，朱勔是北宋末年“六贼”之一，与黄策等人分属两个敌对的阵营，但他们的后人却都以卖花为业，由此也可略略见得一点历史兴衰的沧桑。

青芝山北有珍珠坞，群山环抱，一隅稍豁，最为佳处。据徐傅《光福志》记载，明人汪起凤的真如小筑就在这里，文震孟题额，据称风景绝胜。清初，叶绍袁道经于此，见有桃花二三十株，本小而色艳，如亭亭袅袅的少女，妖颜冶笑，婀娜动人。顾汧也于此筑室，名为青芝山房，并作《青芝山房喜周东来、褚柳刚过访》诗曰：“连朝阴霾合，有客带晴

黄由像 《吴郡名贤图传赞》卷三

来。赌奕巡檐笑，探梅度岭开。他年曾驿寄，此日待诗催。明月山头出，登临更洗罍。”他又于附近潭山，筑潭山丙舍。

袁宏道在《光福》中感叹道 :“嗟夫，此山若得林和靖、倪云林一二辈妆点其中，岂不人与山俱胜哉，奈何层峦叠嶂，不以宅人而以宅鬼，悲夫。”袁宏道提及的园墅，是董份的丙舍白云堂，故有“不以宅人而以宅鬼”之说。董份，乌程人，字用均，号泌园、浔阳山人。嘉靖二十年（1541）进士，因善青词得宠，官至礼部尚书兼翰林学士，名动朝野，权倾一时。然不久便夺职为民，卒于家中。他的墓规模宏丽，曾有桂花数百本，横枝交错，夹道相覆二三十年，但至清初仅存数株而已。

珍珠坞和南面的青芝坞也的确如此，这里冢墓很多，有端孝先生杨大濚墓、湖广提学佥事王志坚墓、胡节愍公甲桂衣冠墓、仁和县知县严觐墓、清刑部员外郎褚寅亮墓、贵州巡抚朱存理墓、娄县知县屈泰清墓、安塞县知县张鸥侣墓等。

其中有一个人是不能不说的，那就是对吴中山水情有独锺、与邓尉山水颇有情缘的徐枋，他的墓就在这里。

徐枋，苏州府长洲县人，字昭法，号俟斋、秦馀山人等。他是徐汧之子，汪琬的表哥。徐汧是明末复社著名领袖，崇祯元年（1628）进士，授检讨中允、少詹事，素以忠直砥行闻名。徐枋出生于这样一个簪缨世家，“美风度，喜谈笑，善属文”，一意向学，热衷于科场，十四岁入学弟子员时，徐汧携子见兵部尚书申用懋，被赞为“非常人”。崇祯十年（1637），十六岁的徐枋师从朱集璜学经，次年与朱集璜长子朱用纯同塾，两人在朝夕相处中培养出了极好的感情，成为一生的至友。十五年（1642），徐枋乡试中举。十七年（1644），徐汧携其入光福玄墓山，谒剖石上人，命执弟子礼，徐枋当时二十三岁，这或许

董份墓

光福新貌

就是日后他首先选择光福作隐居之地的主要原因。

明清易代的残酷现实，彻底粉碎了徐枋的仕途梦想，同时也改变了他的生活方式。南都失守，徐汧将赴水以殉，徐枋号泣，欲从父同死，父亲对他说："吾不可以不死，若长为农夫以没世可也。"父亲殉节后，徐枋出城隐居达四十年，守约固穷，鬻画为生，终身不入城市。清初名臣汤斌抚吴，曾两次屏去从骑登门拜访，都没能见上一面。他所往来的惟有吴祖锡、沈寿民、姜垓、朱用纯、杨无咎、戴易、魏禧和门生潘耒及释弘储等，多为名著史册的明朝遗民。

徐枋工草书，书法孙过庭，画宗巨然，兼法倪瓒、黄公望，尝寄灵芝一帧于王士禛，王士禛与金孝章画梅、王玠草书作《斋中三咏》以记之。他曾为穹窿山积翠寺扩南宏禅师塔撰写塔铭，又为位于小狮林寺楞严坛左的广运智大师塔撰写塔铭。其诗词长于述事，文辞健拔，与他的身世相同，多悲壮苍凉之音，一唱三叹，意味深长，感人肺腑。徐枋卒于康熙三十三年（1694），年七十三岁。著有《居易堂集》等。

徐枋以不降清、不事清被称高节，朱彝尊《静志居诗话》卷十九说："孝廉高蹈者，吴越居多，始终裹足不入城府者，吾郡李潜夫、巢端明及吴中徐昭法，此外不概见。昭法没最晚，故名尤重，江左得其诗画，不啻珊瑚钩也。"《国朝先正事略》卷四十五于徐枋则称"先生与宣城沈寿民、嘉兴巢鸣盛称海内三遗民"，可见当时徐枋在遗民中极高的地位。王峻有《徐先生枋传》，叶燮有《徐俟斋先生墓志铭》，可见其一生事迹。

隐居生活常常衣食不继，病痛缠身，徐枋的四个子女相继在饥寒交迫中先他而去，自己也在三十七岁那年大病一场，医者郑钦谕前往视疾，见病中的徐枋"约絮于背，荐薪而寝"，不禁心酸流涕，解衣相赠。次年，身体稍安，又遭"逋赋"案牵累，四处躲藏，居无

徐汧像 《吴郡名贤图传赞》卷十四

定所，辗转于吴中郡西穹窿积翠庵、邓尉青芝山房和天池、东渚等地，幸得布衣张隽仗义相助，为其倾资偿还所欠债务，祸乃解除。家贫绝粮，也只愿接受灵岩寺僧洪储所给，谓之世外清净食。平日“躬效老圃蔬韭外，多艺南瓜，夏秋间往往籍以晨炊”。他在《居易堂集序》中说：“崩天之敌，稽天之波，弥天之网，靡所不加，靡所不遘，而再益之以饥寒之凛栗，风雨之漂摇，世事之诖误，骨肉之崎岖，靡所不更，靡所不极。呜呼，亦可痛矣。”

尽管生活如此艰难，徐枋也绝不卖画给行节有亏之人，曾是明朝将领、当时的川湖总督蔡毓荣，慕其高节，不敢以金馈赠，托冯羽赠药，价值千金，欲求其画，徐枋退书返药，严辞谢绝。据说徐枋有一种非常特别的卖画方式，他养的驴子极通人性，只要将他的画和所需日用品清单放入驴背上的篓子里，它便独行至城边，和主人一样决不踏入城市一步。人们见了，都说“高士驴至矣”，然后各取字画，再按字条上所注换成物品放进篓子，驴即背回山中。时人以为趣事、奇事谈之。

徐枋重名节，笃友情，秉性豪宕，弟子潘耒举博学鸿词，授官归来，跪在门外三日，应许入见，并责怪道：“吾不图子之至于斯也。”徐枋与杨无咎、朱用纯交情至好，常以名节相互激励，时称“吴中三高士”。

杨无咎，苏州府吴县人，字震伯，号易亭。与徐枋有着同样的遭遇，父杨廷枢明末殉难，从此闭门隐居。徐枋长子孟然、三子文止皆师从无咎，临终时，他将幼孙、已故文止五岁之子放心地托孤于无咎。无咎著有《小宛集》，学者私谥正孝先生。

朱用纯，苏州府昆山县人，字致一，号柏庐。明诸生，入清后便隐居教读，康熙间坚辞博学鸿儒之荐。治学确守程朱理学，所著《治家格言》，流传颇广。另有《愧讷集》、《大学中庸讲义》。康熙三十七年（1698）卒，年七十二岁。

徐枋像 《吴郡名贤图传赞》卷十五

徐枋临终之前，预感到江苏巡抚宋荦会出面为他料理葬事，特地告诫家人，千万不要接受。果不出所料，徐枋卒后，宋荦派人送来棺具，寡媳孤孙以遗命谢辞。家贫如洗，葬事迟迟未办，族人又不准葬于祖茔，老友戴易只能另觅墓地。徒步跋涉深山穷谷，最后觅得珍珠坞，然而地价就得三十金，到处筹措不得，最后潘耒出十金，戴易卖字凑齐另外二十金，徐枋方才得以入土为安。潘耒和戴易又为之培土植松，伐石立表，墓碑刻篆文“明孝廉俟斋徐公之墓”。沈德潜有《咏徐枋墓》诗曰：“山间处处起高坟，百尺丰碑勒旧勋。独有真珠坞中墓，峨嵋晴雪太山云。”

至于涧上草堂，据《光福志》记载，徐枋初居惊鱼涧，后移居上沙，两处均称涧上草堂，风景也各有佳妙。惊鱼涧景色优美，周永铨《涧上至湖边游瞩》诗曰“曲涧引遥步，旷望平湖白。出林铜井僧，归棹洞庭客。宿雨冒春洲，川光黯将夕。”故而住在光福的徐枋，每每被眼前的景致打动，笔底便生出串串妙句，并题《邓尉十景记》，这十景是虎山桥、司徒庙、铜坑、铜井、石壁、槎山、七十二峰阁、西湾、磡上、玄墓。

梅花的品质是徐枋这班文人所热爱的，探梅、咏梅是他们从不厌倦的雅事。据《光福志》记载，在一个寒冷的冬夜，徐枋曾与友人共饮并赋诗，有“一夜寒香万树梅”之句，这样一种景致，比之香雪海的盛况，实在另有一种清旷的意境。

两处涧上草堂同样山环水绕，上沙涧上草堂，是康熙二年（1663）徐枋四十二岁时，僧人弘储为他建造的涧上之屋，徐枋《甲寅重九登高记》自谓：“涧上草堂在天平之阳、灵岩之阴，鸡笼、羊肠拥其右，笏林、岝崿崎其左，连峰叠巘，迤逦相属，若环拱我草堂者。余于人世寡所嗜好，而独负山水之癖。沧桑以后，绝迹城市，而遐搜幽讨山巅水澨，惟恐不及。自居草堂，则息影杜门，足不窥户十馀年矣。盖诸山之胜，无时无日不在吾前，其

暗香疏影图（扇面） 明盛茂烨绘

徐枋为穹窿山宁邦寺题“山辉川媚”

烟鬟岚翠，朝霏夕霭，若故出奇争胜，以慰避世之人之岑寂者。一涧度重岭而来，绕衡门而东注，平时则潺潺瀌瀌，幽鸣不绝，时雨既过，则迂回奔放，奇绝万状。一坐草堂，轩窗四开，而山水之奇已尽得之，少文卧游并不假图画矣，又何假出户仆仆杖屦为哉？”

徐枋移居上沙后，惟春秋两季扫先父墓时出门。然而独以酷爱邓尉山水之胜，所以不得不破土室之戒，尤其是虎山桥，每每徘徊桥上不忍离去。徐枋一生坎坷，贫病交加，好在有老友的激励和山水的抚慰，物质生活虽然清贫甚至残酷，而精神世界是充实愉悦的，无论是在惊鱼涧还是在上沙，闭门读书，开门迎友，出门赏景，对于徐枋和那些明朝遗老遗少来说，还有什么比这更让他们欣慰的事呢。

徐枋的父执杨补有《过徐俟斋涧上草堂》，诗曰：“细雨沾舟楫，西风落雁鸿。敢辞江路远，所乐故人同。门傍晚湖白，村连霜树红。深林接灯火，语绪不知终。”在一个秋雨迷蒙的傍晚，古农老人乘舟来访，剪烛夜话，想来一定颇多遗民的故国之思吧。徐枋曾这样记道：“徐枋者，文靖公长子也，年二十馀，避乱隐居。隐君雅重其人，游处如兄弟，相得甚欢。而隐君年已五十馀矣，每过其家，辄欣然卮酒，笑语终日。或时时涕泣，声尽咽以为常。”（《杨隐君传》）这段话为杨补的诗作了最好的注解。

徐枋殁后，上沙涧上草堂辟为祠堂，主祀徐枋，先后附祀杨无咎、吴祖锡、戴易、潘耒，一群志同道合的师友，终于又能相聚一起，从此形影不离了。徐达源《涧上草堂纪略序》记道：“吾吴徐俟斋先生所居涧上草堂，在上沙村，先生殁后为豪家所得，将毁以为葬地，赖门人潘稼堂太史之力，得赎归。又别以田与其孤孙，易此屋为先生祠，其事具详《遂初堂文集》中。”《涧上草堂纪略》刊刻于嘉庆十四年（1809），次第载徐枋本传、遗像、遗嘱、祠堂地址图、祠堂图，以及潘耒、袁枚、洪亮吉、孙晋灏等所撰祠堂记；再次为题辞与赠诗，乾嘉间的不少名人都留下了笔墨，有王昶、阮元、潘奕隽、梁同书、蒋业晋、徐云路、冯培、孙原湘、赵怀玉、戴敦元等三十馀人;附卷则为禁示、契约、承揽等有关祠堂的文献。

曾经被称之“不以宅人而以宅鬼”的珍珠坞,如今仅见徐枋等数座墓而已,这就足以告慰他的在天之灵。徐枋身上所表现出的那种宁死也要保全气节的文人高尚情操,那份情归吴中山水几十年如一日的执著,这方山水也终究未曾辜负于他。

后 记

写这本小书，我是乐意的，因为与光福有缘。而这缘分似乎早就注定了的，回想起来，应该源自两个方面，一是书本，上初中时偷看《红楼梦》，曹雪芹笔下妙玉于玄墓蟠香寺收集梅雪的韵事，深深烙印在我的脑海；二是游历，十几年前初到光福，对光福寺塔、香雪海梅、司徒庙柏以及蟠螭山浪涛一见如故的情愫，牢牢铭记在我的心底。既而搬来光福居住，在一次次进入山水深处、挖掘历史人文之后，又被她的文化内涵所折服，油然升起一种除喜爱之外的敬意。与有缘之地和有缘之人产生的共鸣和碰撞出的火花，就是我写这本小书的素材。

的确，在我看来，苏州似乎没有哪个古镇像光福这样，既有令人心驰神往、流连忘返的山水名胜、古观名刹，还有让人肃然起敬、举踵思慕的先茔、第宅，又有使人垂涎欲滴、念念不忘的湖鲜、蔬果，更为突出的是，生活在秀山丽水间勤劳智慧的光福人，经过他们灵巧双手制作出的精湛艺术品，令人过目难忘，如玉雕、核雕、刺绣、红木雕以及佛像雕刻等，都是自古有名，传承有序。

然而，这样兼具山水之美、人文之秀的古镇山村又能保持多久？虽说光福是苏州古镇中开发建设较慢的，不过在我搬来的六七年间也已有了翻天覆地的变化，当然最令我心痛的就是虎山桥被拆。最近又听说一则消息，说是上个月环太湖公路修筑至铜坑吴家坟时，挖到一个古墓群，共五座，打开棺材，里面的人遗容安详，如熟睡一般，男性胸前挂着朝珠，梳有辫子，说明是清代冢墓。一时引来无数村民围观，墓穴里有许多珍贵的陪葬品，胆子大的居然跳下去拿。大概后来有人报了警，不知哪个部门的人员到场查看后，认为不具文物价值，买来五口石棺，由于石棺较小，五位先辈完好的身体怎么也装不进去，只能草草就地埋于路边，石棺中加入泥土与先辈埋在一起。我听后揪心不已，看情形先辈们生前身份尊贵，死后数百年却遭此劫难，况且是在太平盛世年代，怎不叫人揪心呢。不管这则消息的细节是否真实，光福旅游开发的步伐越来越近，这是事实。据不完全统计，光福地区史料中记载的古墓就有百馀座，类似的事情今后会越来越多地出现，如何正确妥善地处理，我想应该引起相关部门的重视。

另外，就之前寻访不得的光福窑上熨斗柄，在此作点补充说明。

苏州博物馆目前正在展出唐寅书画作品，他是我的偶像，自然不会错过，赶在换作品前两日，与好友一同前往观赏。我站在“黄茅渚头熨斗柄”前，仔细端详，久久不忍离去，因为我最近探知，早在 1958 年这里已被炸毁，围湖造田（或养鱼）。熨斗柄一带曾经被误认为是西湖一景，的确，在不明真相的人眼中，似乎也只有著名的西湖才配得上。如今面对永远定格在画里的“熨斗柄”，是喜是悲是无奈，一时怎说得明白，毕竟比起苏州消失的诸多风景来说，这“熨斗柄”因唐寅而永恒，无论如何，光福人应该感恩戴德的。

看完唐寅书画展回来，夜里做了个梦，其实在我心里，这又何止是个梦呢。

梦里我坐在画舫中，仿佛置身事外，于一隅静静地看着无声电影，眼前的画面像极了明人笔下的画舫游春图。坐在对面窗边的那位先生好生熟悉，定睛细看，正是我的偶像唐寅，在斜阳映照下他是如此的光彩照人，四目相对，他眼中分明有火花闪烁，我不禁怦然心动，不敢正视，赶紧将头转向窗外，假装观赏风景。船缓缓而行，也不知到了何处，但见两岸风光如画，碧水逶迤，临河轩屋，架水石梁。不一会，水面渐阔，视野豁然，绿树浓郁，清水映照，竹林茅店，小帘低掩，酒旗飘摇，画舫聚集。只听船娘嗲嗲一声：“胥口到哉！”画舫转而进入西太湖，夕阳迎面，渔帆点点，群鸟欢歌，野凫嬉戏。左边是茫茫太湖，水之尽，群山如黛；右边是绵绵山脉，山之头，楼阁如画……

2015 年 1 月 23 日于苏州光福紫雨楼

附录：主要参考书目

吴郡图经续记，[宋]朱长文撰，江苏古籍出版社 1986 年版。
吴郡志，[宋]范成大撰，江苏古籍出版社 1999 年版。
穹窿山志，[明]李标撰，康熙刻本。
邓尉山圣恩寺志，[明]周永年撰，崇祯十七年刻本。
太湖备考，[清]金友理撰，江苏古籍出版社 1998 年版。
吴门表隐，[清]顾震涛撰，江苏古籍出版社 1999 年版。
吴郡岁华纪丽，[清]袁学澜撰，江苏古籍出版社 1998 版。
光福志，[清]徐傅编，王金庸等补辑，民国十八年苏城毛上珍版。
清嘉录，[清]顾禄撰，江苏古籍出版社 1999 年版。
百城烟水，[清]徐崧、张大纯纂辑，江苏古籍出版社 1999 年版。
香山小志，[民国]徐翥先纂，民国稿本。
吴县志，[民国]曹允源等纂修，民国二十二年苏州文新书局版。
木渎小志，[民国]张郁文纂，民国十年苏州华兴印书局版。
吴郡西山访古记，[民国]李根源撰，苏州史志资料选辑总三十二辑。
历代竹枝词，王利器等辑，陕西人民出版社 2003 年版。
江苏竹枝词集，赵明等辑，江苏教育出版社 2001 年版。
姑苏竹枝词，苏州市文化局编，百家出版社 2002 年版。
吴门柳(名人笔下的老苏州)，王稼句选编，北京出版社 2001 年版。
苏州山水，王稼句著，苏州大学出版社 2000 年版。
苏州园林历代文钞，王稼句编注，上海三联书店 2008 年版。
苏州山水名胜历代文钞，王稼句编选，上海三联书店 2010 年版。
苏州穹窿山，柯继承等编著，古吴轩出版社 2003 年版。
古镇光福，张阿土等主编，陕西人民美术出版社 2008 年版。
中国历代人名大辞典，张撝之等主编，上海古籍出版社 1999 年版。

图书在版编目(CIP)数据

胥口放舟入邓尉 / 吴眉眉著 . -- 南京 : 凤凰出版社，2015.4

（吴中文库）

ISBN 978-7-5506-2144-2

Ⅰ. ①胥… Ⅱ. ①吴… Ⅲ. ①风景名胜区 - 介绍 - 苏州市 Ⅳ. ①K928.705.33

中国版本图书馆 CIP 数据核字（2015）第 050388 号

摄　　影　（按姓氏笔划为序）
王永康　王敬明　李　新　张　平　张炎龙
郑思年　赵永清　钱桂峰　鲍建国

篆　　刻　张炎龙

书　　名　胥口放舟入邓尉
著　　者　吴眉眉
责任编辑　吴　琼
装帧设计　周　晨
出版发行　凤凰出版传媒股份有限公司
凤凰出版社（原江苏古籍出版社）
发行部电话 025-83223462
出版社地址　南京市中央路165号，邮编：210009
出版社网址　http://www.fhcbs.com
经　　销　凤凰出版传媒股份有限公司
印　　刷　苏州市越洋印刷有限公司
苏州市吴中经济开发区天鹅荡路2号，邮编：215000
开　　本　718×1005毫米 1/16
印　　张　17
字　　数　302千字
版　　次　2015年4月第1版　2015年4月第1次印刷
标准书号　ISBN 978-7-5506-2144-2
定　　价　80.00元
（本书凡印装错误可向承印厂调换，电话：0512-68180788）